Theorien der Entfremdung zur Einführung

Christoph Henning

Theorien der Entfremdung zur Einführung

JUNIUS

Junius Verlag GmbH
Stresemannstraße 375
22761 Hamburg
www.junius-verlag.de

Umschlaggestaltung: Florian Zietz
Titelbild: © picture alliance /
United Archives/IFTN
Satz: Junius Verlag GmbH
Printed in the EU 2020
ISBN 978-3-88506-704-7
2., erweiterte Auflage 2020

Bibliografische Information der Deutschen Nationalbibliothek
Die Deutsche Nationalbibliothek verzeichnet diese Publikation in der Deutschen Nationalbibliografie; detaillierte bibliografische Daten sind im Internet über http://dnb.dnb.de abrufbar.

Zur Einführung ...

... hat diese Taschenbuchreihe seit ihrer Gründung 1977 gedient. Zunächst als sozialistische Initiative gestartet, die philosophisches Wissen allgemein zugänglich machen und so den Marsch durch die Institutionen theoretisch ausrüsten sollte, wurden die Bände in den achtziger Jahren zu einem verlässlichen Leitfaden durch das Labyrinth der neuen Unübersichtlichkeit. Mit der Kombination von Wissensvermittlung und kritischer Analyse haben die Junius-Bände stilbildend gewirkt.

Seit den neunziger Jahren reformierten sich Teile der Geisteswissenschaften als Kulturwissenschaften und brachten neue Fächer und Schwerpunkte wie Medienwissenschaften, Wissenschaftsgeschichte oder Bildwissenschaften hervor. Auch im Verhältnis zu den Naturwissenschaften sahen sich die traditionellen Kernfächer der Geisteswissenschaften neuen Herausforderungen ausgesetzt. Diesen Veränderungen trug eine Neuausrichtung der Junius-Reihe Rechnung, die seit 2003 von der verstorbenen Cornelia Vismann und zwei der Unterzeichnenden (M.H. und D.T.) verantwortet wurde.

Ein Jahrzehnt später erweisen sich die Kulturwissenschaften eher als notwendige Erweiterung denn als Neubegründung der Geisteswissenschaften. In den Fokus sind neue, nicht zuletzt politik- und sozialwissenschaftliche Fragen gerückt, die sich produktiv mit den geistes- und kulturwissenschaftlichen Problemstellungen vermengt haben. So scheint eine erneute Inventur der Reihe sinnvoll, deren Aufgabe unverändert darin besteht, kompetent und anschaulich zu vermitteln, was kritisches Denken und Forschen jenseits naturwissenschaftlicher Zugänge heute zu leisten vermag.

Zur Einführung ist für Leute geschrieben, denen daran gelegen ist, sich über bekannte und manchmal weniger bekannte Autor(inn)en und Themen zu orientieren. Sie wollen klassische Fragen in neuem Licht und neue Forschungsfelder in gültiger Form dargestellt sehen.

Zur Einführung ist von Leuten geschrieben, die nicht nur einen souveränen Überblick geben, sondern ihren eigenen Standpunkt markieren. Vermittlung heißt nicht Verwässerung, Repräsentativität nicht Vollständigkeit. Die Autorinnen und Autoren der Reihe haben eine eigene Perspektive auf ihren Gegenstand, und ihre Handschrift ist in den einzelnen Bänden deutlich erkennbar.

Zur Einführung ist in der Hinsicht traditionell, dass es den Stärken des gedruckten Buchs – die Darstellung baut auf Übersichtlichkeit, Sorgfalt und reflexive Distanz, das Medium auf Handhabbarkeit und Haltbarkeit – auch in Zeiten liquider Netzpublikationen vertraut.

Zur Einführung bleibt seinem ursprünglichen Konzept treu, indem es die Zirkulation von Ideen, Erkenntnissen und Wissen befördert.

Michael Hagner
Ina Kerner
Dieter Thomä

Inhalt

1. Einleitung: Reden über Entfremdung

Was meint die Rede von Entfremdung? Ich möchte mit einigen Schilderungen aus der gegenwärtigen Arbeitswelt beginnen. Eine Pharmazie-Arbeiterin, die von Schweizer Soziologen interviewt wird, erzählt aus ihren Erfahrungen mit Umstrukturierung:

»›Es wird sehr schlecht produziert. Es zählt nur die Menge, nicht die Qualität. Es wird zwar immer noch gesagt, aber es wird nicht mehr gehandhabt. Das ist mein Eindruck.‹ [Interviewer:] *Ja. Können Sie das noch ein bisschen erklären? Was heißt das jetzt?* ›Schneller, schneller, schneller. Es wird einfach nicht mehr, wie soll ich sagen? Es muss einfach abgefüllt werden, an einem Tag, egal wie. Dann nehmen sie es in Kauf, dass man am Schluss viel verworfen hat, oder viel Ausschuss hat. Das nehmen sie in Kauf. Hauptsache, man zieht es durch.« (Schultheis u. a. 2010, 165; zur Beschleunigung siehe Kap. 10)

Die Veränderungen der letzten Jahrzehnte haben dazu geführt, dass diese Person sich schlechter mit ihrer Arbeit identifizieren kann, welche sie – wie sie angibt – auch körperlich zunehmend ermüdet. Es waren solche Beobachtungen, die Karl Marx einst motiviert hatten, von einer Entfremdung arbeitender Menschen von ihrer Tätigkeit und den Produkten ihrer Tätigkeit zu sprechen (siehe Kap. 6).

Zweitens: Ein Zeitarbeits-Feuerwehrmann aus den USA berichtet: »I don't want to do anything that would risk a regular job. There are plenty of other guys that would take that job, including the other temp guys ... I'm just not going to risk it. Shut up and put up with it I guess« (Halbesleben/Clark 2010, 538 f.). Der

Anteil der Leih- und Zeitarbeit ist in den letzten Jahrzehnten stark gewachsen. Obwohl die Betroffenen viele Beschwerden haben, artikulieren sie ihre Unzufriedenheit nicht, weil sie unter starkem Druck stehen. Laut Halbesleben/Clark haben sie in der Arbeit wenig zu sagen und kaum soziale Kontakte. »Der Arbeiter fühlt sich daher erst außer der Arbeit bei sich und in der Arbeit außer sich. Zu Hause ist er, wenn er nicht arbeitet, und wenn er arbeitet, ist er nicht zu Hause.« (Marx, MEW 40, 514) Obwohl einige Autoren meinten, die Entfremdungskritik treffe nur die dunklen Fabrikhallen des 19. Jahrhunderts (siehe Kap. 7), sind solche Erfahrungen nach wie vor verbreitet – sogar dort, wo die Arbeit immer mehr zum Zuhause wird (*When work becomes home and home becomes work*, Hochschild 1997).

Eine Nanny etwa, die Arlie Hochschild jüngst interviewt hat, berichtet, dass ›ihre‹ Familie (ihr Arbeitgeber), bei der sie täglich über zehn Stunden verbringt, sie zwar ordentlich bezahlt, dass sie von ihr aber kaum beachtet wird. Ihre soziale Tätigkeit führt gerade nicht zu ausfüllenden Kontakten:

»I'm invisible to them. I'll be in a room bustling about and they won't be aware I'm there. I'm sensitive to moods, and if I sense tension, I disappear. Mostly, though, I'm in the room and they don't see me. Neither do their guests« (Hochschild 2012, 159).

Wie ein viertes Beispiel zeigt, trifft das nicht nur ›Ausnahmen‹ wie Leiharbeiter oder Nannys. Eine Studie aus der Türkei zeigt, dass auch gut bezahlte BankerInnen sich entfremdet fühlen.[1] Bei solchen Erfahrungen handelt es sich keineswegs nur um eingrenzbare Dimensionen bestimmter Arbeitsformen, denen man zur Not aus dem Weg gehen könnte. Sie haben Auswirkungen für die ganze Identität der Arbeitenden und damit auf die sozialen Beziehungen einer Gesellschaft insgesamt. Teresa Brennan hat die Auswirkung entgrenzter Formen von Arbeit und der Politik der

Deregulierung auf die nervliche und körperliche Gesundheit als »Biođeregulierung« beschrieben. Die wachsende Geschwindigkeit von Produktionsprozessen habe einen Raubbau nicht nur an der äußeren Natur, sondern auch an der Natur des Menschen zur Folge; und verschlimmert wird dies durch den ständigen Abbau von Ruhe- und Schutzzonen (freier Zeiten und Räume sowie sozialstaatlicher Sicherungen).[2]

Über solche Entfremdungserfahrungen wird, wenn man genauer hinschaut, an allen Ecken und Enden geforscht: Eine Studie aus dem Nigerdelta untersucht, welchen Einfluss Resilienz auf die Umsetzung von Entfremdungserfahrungen in Stress-Symptome und damit auf das Wohlbefinden hat (Ifeagwazi 2015); eine russische Soziologin wendet die Middleton-Skala, ein amerikanisches Forschungsinstrument der 1960er Jahre, das Merkmale sozialer Benachteiligung mit Entfremdungserfahrungen in Beziehung setzt, auf die gegenwärtige Situation in Russland und Kasachstan an (Lytkina 2015); und eine deutsche Autorin beschreibt ihre Erfahrungen als Lohnsklavin bei Amazon auf schizoide Weise (sie spaltet das Arbeits-Ich vom Erzähl-Ich ab; Geißler 2014). Angesichts der Allgegenwart solcher Berichte haben auch die Medien das Thema wiederentdeckt:

> »Das Gefühl der Entfremdung macht sich wieder vermehrt breit – egal ob es sich um Entfremdung in der Arbeit, in der Liebe oder vom Leben an sich handelt. Es ist wieder erlaubt, über die gesellschaftlichen Rahmenbedingungen für ein gelungenes Leben zu reden.« (Weber 2010)

An all diesen Beispielen lässt sich dreierlei ablesen: *Erstens* ist das Thema der Entfremdung keineswegs veraltet, sondern von wachsender Bedeutung – auch wenn alte Theoriehasen darüber die Nase rümpfen mögen (zur Kritik an der Entfremdungskritik Kap. 4, 7 und 9). *Zweitens* sind Entfremdungserfahrungen keine regional begrenzte Erscheinung, die nur angegraute westliche Großstadtintellektuelle betreffen würde, sondern zunehmend ein globales und klassenübergreifendes Problem. Und *drittens* ist Entfremdung kein rein philosophisches Thema mehr. Allerdings kommen die Grundbegriffe und Gedanken, mit denen man es hier zu tun hat, aus dem Arsenal philosophischer Texte, denen wir in diesem Buch noch begegnen werden (etwa von Rousseau, Hegel oder Marx). Bevor wir uns in die Untiefen dieser verästelten Untersuchungen stürzen, sollten wir mit einem Vorverständnis ausgestattet sein, was unter Entfremdung im philosophischen Sinne eigentlich zu verstehen ist.

Ein heuristisches Modell von Entfremdung

Für die Analyse von Entfremdungserfahrungen sind zwei Dinge vorausgesetzt. Erst beide Dimensionen zusammen machen die spezifisch moderne Erfahrung aus, welche die Entfremdungstheorie erfassen und in der Regel auch verändern möchte. Die erste Dimension ist verallgemeinerbar und stellt die anthropologische Grundlage dar, die man auch in anderen Kulturen oder zu anderen Zeiten finden kann; die zweite Dimension ist historisch spezifisch und kennzeichnet vor allem die moderne Welt, die damit kritisiert werden soll. Die erste Dimension bildet die »Anthropologie des Ausdrucks«; die zweite, spezifischere Dimension ist eine auf sie bezogene Theorie der modernen Gesellschaft. Eine Dimension allein kann nur schwer erklären, was an einer Entfremdung problematisch sein soll – Beispiele für solche Verharmlosungen von Entfremdung können von beiden Dimensionen ausgehen, wenn die jeweils andere fehlt.[3] Sehen wir uns das genauer an.

Die Anthropologie des Ausdrucks lässt sich am besten über die Lokalisierung des »Aus« (in Ausdruck) erläutern.[4] Wenn etwas sich ausdrückt, dann kommt etwas nach außen, was vorher »innen« war – wenn auch in einer anderen Form. Diese Semantik von innen und außen ist für die Entfremdungstheorie zentral – Marx spricht von »Entäußerung« und davon, wie uns etwas »äußerlich« wird (MEW 40, 514), und David Riesman (1956) beschreibt ein Jahrhundert später den »außengeleiteten Charakter«. Offensichtlich wird das »Außer-sich«-Sein problematisiert, aber dies nicht allein, weil es ein Außen ist. Denn das Von-innen-nach-außen-Treten ist noch keine Entfremdung. Im Normalfall gibt es wieder eine Aneignung, eine Rück-Verinnerlichung. Kommt beides auf die rechte Weise zusammen, kann man von einer gelingenden Entwicklung sprechen, denn das Subjekt, das sich auf diese Weise geäußert und seine Äußerung dann wieder angeeignet hat, ist nicht mehr dasselbe wie vorher. Es entwickelt und »bildet« sich im fortlaufenden Prozess des Sich-Äußerns und der Aneignung von Äußerungen (zu Humboldt siehe Kap. 3). Zur Verdeutlichung eignen sich einfache Beispiele wie ein *Gefühl*, ein *Gedicht* und ein *Geschenk*.

Wenn jemand etwas empfindet, kann er diese Empfindung zum Ausdruck bringen: etwa durch einen Gesichtsausdruck (sagen wir: ein Lächeln) oder eine sprachliche Äußerung (etwa: »Ich bin so froh«). Dieses Entäußerte ist nicht beziehungslos zu der Person, die es geäußert hat, sondern diese kann sich ihr Entäußertes wieder aneignen. So lässt sich sagen, dass ich mein eigenes *Gefühl* durch diese Äußerung allererst als solches erkenne (meine noch unspezifische Empfindung durch die Äußerung forme und als ein bestimmtes Gefühl einordnen kann). Vielleicht »spiegelt« mir auch jemand anders meine Fröhlichkeit zurück. Die zurückgespiegelte und damit geteilte Freude ist eine gute Weise, sich die Wieder-Aneignung der eigenen, zum Ausdruck gebrachten Freude vorzustellen.

Ähnliches vollzieht sich, wenn ich für jemanden ein *Gedicht* schreibe: Hier ist noch deutlicher zu erkennen, dass dieses zum Ausdruck Gebrachte zwar »außen« ist (es ist nicht mehr »in« meinem Kopf oder Herzen, sondern es steht *auf* einem *vor* mir liegenden Papier), aber dennoch etwas von mir aufbewahrt oder repräsentiert. Es ist mir insofern nicht wirklich »äußerlich«: Es ist mir nicht gleichgültig. Wie ist in diesem Fall eine Wieder-Aneignung zu denken? Beispielsweise kann ich dieses Gedicht nach Jahren wieder in die Hand bekommen. Das würde mir erlauben, mich in Beziehung zu einer Phase meines Lebens zu setzen, die mir in dieser Intensität sonst nicht mehr präsent wäre. Sie wird so wieder Teil meines »inneren« Lebens, und genau das ist ein wichtiges Motiv des Schreibens über sich selbst.

Eine Reaktion auf mein Gedicht kann ich aber auch von derjenigen Person bekommen, für die das Gedicht gedacht war. Wenn diese Person sich darüber freut und das wieder zum Ausdruck bringt, wäre das eine gelingende Interaktion, aus der ich erneut etwas »zurückbekomme«. Es muss nicht immer so harmonisch sein – vielleicht gibt man mir auch zu verstehen, dass ich nicht gut dichten kann und in Zukunft besser auf Pralinen zurückgreifen sollte. Was ich zurückbekomme, ist nicht identisch mit dem, was ich vorher ausgedrückt habe, ebenso wenig wie das Ausgedrückte mit dem identisch ist, was ich zuvor empfunden habe. Dennoch lässt sich dieser Prozess im Modell eines Kreislaufs fassen, in welchem Subjekte etwas außer sich setzen und es sich in veränderter Form wieder aneignen.[5] Im Durchlaufen dieses Kreislaufs verhalten sich die Subjekte zu sich selbst (vermittelt über sinnhafte Objekte und über andere Menschen) und entwickeln sich weiter – altmodischer gesagt: Man »bildet« oder »vervollkommnet« sich.

Um die Verbindung der Entfremdungserfahrung zur politischen Ökonomie zu sehen, die schon bei Rousseau angelegt ist und in der Folge immer wichtiger wird, sehen wir schließlich auf das letzte Beispiel, das *Geschenk*. Sagen wir, ich schenke jemandem einen Abend, bei dem ich für sie und ein paar Gäste etwas koche. Durch meine Tätigkeit entsteht eine Geselligkeit, in der ich in doppelter Weise »enthalten« bin: Einmal zeigen sich meine spezifischen Fähigkeiten (ob ich ein guter Koch bin), daneben kommt meine Zuneigung zu dieser Person zum Vorschein (sie tritt auf lesbare und schmeckbare Weise nach außen). Ich muss diese Zeit opfern und ich muss den Geschmack dieser Person treffen, was eine gewisse Aufmerksamkeit für diese Person zum Ausdruck bringt. Hier ist klar, was Wiederaneignung meint – es ist zunächst das gemeinsame Essen. Wenn ich nicht dabei sein dürfte, wäre das ›befremdlich‹. Ich bekomme dabei jedoch nicht nur meine Nudeln zurück, indem ich sie esse. Auch der gemeinsame Abend, die bleibende Bindung zu den anderen sowie eine mögliche Rückeinladung sind als Rückflüsse meiner Äußerung zu mir zu begreifen. Durch meine Entäußerung wird etwas in der Welt gestiftet, und zugleich ändert sich etwas für mich.

Das Gesagte macht zweierlei deutlich: *Erstens* ist an dieser Weise, menschliche Praxis als eine des Ausdrucks zu denken, noch nichts Problematisches. Es ist nicht nur unvermeidbar, dass man sich auf diese Weise entäußert, es kann sogar angenehm sein – nicht nur vom Rückfluss der Ergebnisse her betrachtet, sondern schon die schöpferische Tätigkeit selbst kann Freude bereiten (das Wort Ekstase, wörtlich Herausstand, steckt darin, das »Ausgelassen«-, »Außer-Rand-und -Band«- oder Im-»Flow«-Sein). *Zweitens* ist das keine spezifisch moderne Erscheinung. Vielmehr lassen sich Kulturen generell so begreifen: die »Götter Griechenlands« etwa, um mit Schiller zu reden, lassen sich als Affektkatalog verstehen, in dem die Klaviatur menschlichen Empfindens (ein Gott des Zorns, eine Göttin der Liebe usw.) ausgebreitet »vor« den Menschen lag. Die Wieder-Aneignung dieser menschlichen

Selbstreflexion durch die religiöse Praxis hat den Menschen daher eine Beziehung zu sich selbst ermöglicht, selbst wenn das unerkannt geschah (ein Gedanke Feuerbachs, siehe Kap. 5). Noch die marxistische Philosophin Agnes Heller entwickelt daraus ein Wertaxiom: »Der höchste Wert besteht darin, dass die Individuen sich den gattungsmäßigen Reichtum aneignen können.« (Heller 1972, 9) Gattungsmäßiger Reichtum meint die Objektivierung und zugleich die Entwicklung menschlicher Fähigkeiten. Sinnhaft aneignen kann man sich also nicht nur eigene Entäußerungen, sondern auch die von anderen (darauf beruht die Idee der Bildung).

Wenn diese Entäußerung selbst noch nicht das Problem ist, wann und wodurch setzt dann eigentlich Entfremdung ein? Entfremdung setzt ein, wenn die Beziehung zu diesem selbst Gesetzten nicht mehr intakt ist; wenn das, was eigentlich Bestandteil des identitären oder kulturellen Kreislaufs ist, nicht mehr als Teil des Eigenen erkennbar ist und folglich nicht mehr in dieser Weise materiell oder sinnhaft angeeignet werden kann. »Entfremdung ist die Verkennung und Stillstellung dieser Aneignungsbewegung«, ein »gestörtes Aneignungsverhältnis« (Jaeggi 2005, 19, 183, siehe Kap. 9).[6] Dann erst wird der Zwischenzustand des Außer-sich-Seins zu einem Dauerzustand. Das Äußere *bleibt* außen und wird so zu etwas Fremdem. Dieses Außen kann durchaus wachsen und großartige Qualitäten erreichen – das Problem ist weniger die Qualität des Entäußerten, sondern dessen mangelnde Aneignung. In den Worten Georg Simmels betrifft diese Kritik die »subjektive« Kultur, nicht die »objektive« als solche (Kap. 7; auch Kap. 2).

Als Ursache für diese Störung, dieses Stehenbleiben im Fremdzustand lassen sich verschiedene Faktoren denken: Sie kann durch eine Gewalteinwirkung Dritter, durch mangelndes Verstehen auf Seiten der Einzelnen oder durch Sachzwänge bewirkt werden.[7] Wichtig zu sehen ist zunächst, dass das Fremdwerden mit einer versäumten Wiederaneignung von etwas selbst Gemachtem zu tun hat – es handelt sich um einen gestörten Rückfluss. Eine solche Diagnose der Entfremdung der Menschen von sich und ihrer Umwelt gehörte vor wenigen Jahrzehnten zu den meistdiskutierten Themen sowohl in der Sozialphilosophie wie in der breiteren Öffentlichkeit. Dass es ein »Unbehagen« (Sigmund Freud), ein Sich-nicht-beheimatet-Fühlen in der anonymen und technisierten Welt der Spätmoderne gab, darüber schienen sich verschiedenste intellektuelle Strömungen und viele Kulturproduzenten einig zu sein.

Wirft man einen Blick in die Filmwelt, so trifft man bis heute häufig auf solche Empfindungsräume in visualisierter Form: Menschen finden heraus, dass sie in Wirklichkeit jemand oder etwas anderes sind, als sie dachten, dass sie ›eigentlich‹ Klone, Roboter oder Computerprogramme sind oder dass das, was sie bisher als Realität erlebt haben, ihnen von einer großen Maschine (etwa der »Matrix« oder der CIA) bloß vorgegaukelt wurde.[8] Ihre Existenz vor dieser Entdeckung wird zum Schein, mit dem man sich nur noch schwer identifizieren kann, während die reale Existenz in Spannung zur Welt gerät. In scheinbar weniger kulturkritischen Varianten finden die ›Helden‹ (in der Regel Verliererfiguren und hässliche Entlein) plötzlich heraus, dass sie ›eigentlich‹ Superhelden oder Götter sind. Doch auch dadurch wird die bislang gelebte Realität zu einer fremden, in der die Helden gezwungen werden, bloße Rollen zu spielen. Eine Entfremdungstendenz drückt sich hier untergründig darin aus, dass eine abgekoppelte Idealisierung des modernen Lebens, wie sie auch in den *second realities* der digitalen Welt vorkommt, eine Entfremdung gegenüber dem realen Leben der Menschen nicht nur nicht überwindet, sondern diese vielmehr noch verstärken kann.

Gründe für die Inflation der Entfremdungsdiagnosen

Wie erwähnt gab es bis etwa 1980 zur Entfremdung eine fast unüberschaubare Forschungstätigkeit in den Feldern der Psychologie, der Literaturwissenschaft, der Philosophie und vor allem der Soziologie. Die Sammelbände zum Thema aus den 1970er Jahren füllen ganze Regalmeter. Bereits 1959 bemerkte der amerikanische Soziologe Melvin Seeman: »Das Problem der Entfremdung zieht sich als immer wiederkehrendes Thema durch alle klassischen Werke der Soziologie.« Es beherrsche noch immer »die zeitgenössische Literatur« (Seeman 1959, 360 f.). Manche befürchtete deshalb schon in den 1970er Jahren, der Begriff Entfremdung müsse mittlerweile für alles Mögliche, vielleicht gar für Beliebiges herhalten (Bronfenbrenner 1973). Das mag ein Grund dafür sein, dass es zwischenzeitlich etwas ruhiger um sie war. Doch wie wir sahen, treten Beispiele für menschliche Selbstentfremdung neuerdings wieder stärker ins öffentliche Bewusstsein. So gibt es eine Zunahme an Depressionen und Burnout-Phänomenen (siehe Kap. 9), ja auch an Suiziden, die wohl in Zusammenhang mit neuen Formen von Arbeit und Erziehung stehen (besonders drastisch in Japan oder China). Zudem gibt es durch die weltweite Finanzkrise eine »Entfremdung« der Menschen von ihren Eliten und Institutionen sowie eine unverändert starke Vernutzung und Verschmutzung natürlicher Ressourcen (man denke nur an die immer größer werdenden Autos), obwohl doch ein allgemeines Bewusstsein von der Umwelt- und Klimakrise zu bestehen scheint. Es ist also an der Zeit, sich dieses Begriffes philosophisch von Neuem zu versichern. Dabei müssen wir uns zunächst darüber klar werden, warum er einst so inflationär verwendet wurde. Aus alten Fehlern sollte man gelernt haben, wenn das Spiel von Neuem beginnt (Yuill 2011). Überlegen wir daher, wie es zu dieser Inflation kommen konnte.

Wer von Entfremdung spricht, der will sagen, dass Menschen etwas »fremd« geworden ist, was es vorher nicht war. Wie kann eine solche Diagnose universal werden? Kann alles Eigene als fremd erscheinen? Für ein solches Allgemeinwerden kann es vier Gründe geben: Es kann *erstens* ein spezielles gesellschaftliches Phänomen meinen, welches universal geworden ist. In dieser Hinsicht sprach Adorno von einem »universalen Verblendungszusammenhang von Verdinglichung« (Adorno GS 7, 252) oder einer »totalen gesellschaftlichen Verblendung« (Adorno GS 4, 235, siehe Kap. 8). Wenn der Kapitalismus eine allgegenwärtige Entfremdung bewirkt, wie in der marxistischen Theorielinie angenommen wird (Kap. 6), dann könnte das etwa daran liegen, dass die kapitalistische »Landnahme« sich mittlerweile bruchlos auf jeden gesellschaftlichen Teilbereich erstreckt (Gesundheit, Renten, Verkehr, Erziehung, Bildung, Kultur usw.). Das ist eine starke These. Sie hinkt schon insofern, als man von einer völligen Entfremdung gar nicht *wissen* könnte – denn wüsste man von ihr, wäre sie nicht allumgreifend. Gleichwohl sprechen einige Autoren von einer »totalitären Herrschaft« des neuen Kapitalismus (Rosa 2012, 284; Pauen/Welzer 2015; siehe Kap. 10).

Zweitens könnte der Begriff Entfremdung etwas auf den Punkt bringen, was deshalb universal ist, weil es in der Natur des Menschen liegt. Es wäre damit zugleich unaufhebbar, weshalb diese Position zugleich als Kritik der ersten zu verstehen ist. Ein Phänomen, das aus der ersten Sicht als historisch und damit als überwindbar erscheint, wird hier als natürlich ausgegeben (siehe Kap. 7). Es ist aus dieser Perspektive kein Wunder, dass Entfremdung überall vorkommt, ja möglicherweise ist sie aus diesem Grund nicht einmal kritisierbar. Der Pädagoge Jürgen Hüllen etwa argumentiert: »Stets bleibt der existierende Mensch hinter seiner Idee vom wahren Menschen zurück; der Begriff des Menschen impliziert eine anthropologische Differenz.« (1982, 9) Hüllen findet Entfremdung daher schon bei Plato oder in der Bibel, womit sie ihren historischen und gesellschaftstheoretischen Index verliert. Eine verwandte Position werden wir bei Hegel kennenlernen, für den Entfremdung einen notwendigen kognitiven Prozess auf dem Weg zur Selbsterkenntnis darstellt (Kap. 4).

Drittens könnte man, in kritischer Reaktion auf die erste und zweite Lesart, darauf hinweisen, dass das Wort Entfremdung einen zu großen Bedeutungsumfang habe, um etwas Spezielles zu erfassen. Wenn es nur darum geht, dass etwas fremd werden kann, dann kann letztlich alles allem fremd werden und umgekehrt, daraus allein lässt sich noch keine Theorie machen. Für eine solche Verhältnisbestimmung benötige ich nur zwei Pole und kann dann den Abstand des einen Pols zum anderen als Entfremdung beschreiben. Gibt es in einer Philosophie etwa nur Welt und Gott, so kann ich entweder in-der-Welt und damit Gott entfremdet sein oder in-Gott-sein und damit der Welt entfremdet (in diesem Sinne schon Meister Eckhart, Nicolaus 1995, 19 f.). Ähnliches lässt sich für Sinnlichkeit und Verstand, Subjekt und Objekt und jeden denkbaren philosophischen Dualismus durchspielen. Wenn man es profaner mag, kann man sich auch eine Person vorstellen, die zwischen zwei Liebhabern hin und hergerissen ist. Das Problem dieser allzu breiten Lesart ist folgendes: Es gibt in diesem Bild keinen Punkt der *Nicht-Entfremdung* mehr – außer jenem kurzen Moment der Indifferenz zwischen beiden Polen. Von einem solchen »glücklichen Augenblick« ist etwa bei Diderot die Rede (Thomä 2013, 192). Doch wenn solch kurze Momente der Unentschiedenheit und des Übergangs das Einzige wären, was sich als nicht-entfremdet denken lässt, dann verlöre die Entfremdungstheorie den Halt in einem starken Gegenbegriff von Entfremdung. Ein so breit angelegtes Wort würde alles Mögliche umfassen: Es kann den Verkauf eines Gegenstandes (auch »Veräußerung« genannt) ebenso meinen wie eine Sünde, ein postnatales Problem zwischen Mutter und Kind oder einen der eigenen Gemeinschaft durch abweichendes Verhalten fremd gewordenen »Outlaw«.

Aufgrund dieser Breite kann man die einstige Omnipräsenz des Wortes in einer *vierten* Lesart auch diskursanalytisch deuten. Es gab weltpolitische Gründe dafür, dass die Diskussion über Entfremdung mit einer Bedeutung aufgeladen wurde, die philosophische Themen sonst fast nie haben. Das heißt nicht, dass der beschriebene Gegenstand »universal« war, sondern dass es aus historischen Gründen besonders nahelag, sich philosophisch über dieses Thema zu *verbreiten*. Warum war das so? Zwar war in der Philosophie schon im 18. Jahrhundert von Entfremdung die Rede (wenn auch das Substantiv noch nicht gebildet wurde), doch zu einem großen Thema wurde sie erst bei Karl Marx – oder besser gesagt: mit der postumen Publikation seiner *Pariser Manuskripte* von 1844, in denen er seine Entfremdungstheorie entwickelt, im Jahre 1932 (Quante 2009, 334 f.). Zu dieser Zeit war der Kommunismus, der sich auf Marx bezog, bereits eine Weltmacht geworden, hatte allerdings in Gestalt von Stalin auch schon seine repressive und gewaltsame Seite gezeigt. Das war für viele progressive Intellektuelle, die Sympathien für das Denken von Marx hatten, der Anlass, sich von dieser Politik abzuwenden (das Eigene war fremd geworden) und sich diesem Teil seiner Theorie zuzuwenden. Die heimatlosen Intellektuellen waren auf der Suche nach Orientierung – die Entfremdungstheorie bot sie.

Doch auch im Marxismus war die Entfremdungsthematik umstritten: Meinte das eine Lager, dass sich der spätere Marx von seinen anthropologischen Anfängen (und damit von der Entfremdungsthematik) verabschiedet habe, wie etwa Louis Althusser in einflussreichen Arbeiten behauptete, so waren andere wie der ›Freudo-Marxist‹ Erich Fromm oder der ›Weber-Marxist‹ Georg Lukács der Auffassung, dass noch das polit-ökonomische Denken des späteren Marx von den früheren Ansätzen motiviert gewesen sei. Doch hatte diese theoretische Vielfalt eine leicht nachzuvollziehende Logik: Am Thema der Entfremdung hatten die großen weltanschaulichen Gegensätze jener Zeit einen wunderbaren Stellvertreter. So konnte man entweder den Systemgegensatz – Kommunismus gegen Bürgertum – philosophisch abbilden und die bürgerliche Welt im Namen der Entfremdung kritisieren, wie das Georg Lukács und die Frankfurter Schule taten; oder man konnte gegen den Kommunismus ins Feld führen, dass Entfremdung entweder unaufhebbar sei, weil sie in der Natur des Menschen gründe, oder dass sie zwar spezifisch modern sei, sich aber nicht auf die Ökonomie beschränke (wie man Marx missverstand), sondern auch im Bereich von Politik und Verwaltung zu finden sei. Bereits Max Weber (1918) hatte ausgeführt, dass das, was Marx an der kapitalistischen Wirtschaft kritisierte (die »Trennung des Arbeiters vom Arbeitsmittel«), sich in der Moderne in allen möglichen »Anstalten« finde (Weber nennt hier die Universität und das Heer). Möglicherweise hatte der bürgerliche Staat darauf eine bessere Lösung gefunden als der kommunistische!

Dieses Thema ließ sich zu Hegel zurückverlängern: Entweder zeigte man mit der Abhängigkeit Marxens von Hegel auf, dass Marx im Grunde auch ein bürgerlicher Denker war (und der Sozialismus auf einem Irrtum beruhte); oder man versuchte mithilfe der schon bei Hegel angelegten Kapitalismuskritik nachzuweisen, dass dieser im Grunde ein Vorläufer des Sozialismus gewesen sei (dazu bereits Henning 2005: 336 ff.). So kommt es, dass nicht nur marxistische Denker – ob nun systemtreue oder »westmarxistische« Dissidenten – über Entfremdung schrieben, sondern auch gestandene konservative Denker wie etwa Ernst Nolte (1952), Günter Rohrmoser (1961), René König oder Arnold Gehlen (1963).

Schließlich konnten sich auch die heimatlosen Linken mit dieser Idee auf Marx berufen, wenn sie den Realsozialismus kritisieren wollten – Entfremdung erlaubte eine innersozialistische Kritik, die sich in den 1930er und 1940er Jahren bei Herbert Marcuse ebenso findet wie noch in den 1970er Jahren in der osteuropäischen Praxisphilosophie; und sie erlaubte es den sich als radikaler verstehenden Ultra-Marxisten wiederum, sich von dieser weichen, als zu »humanistisch« empfundenen Kritik abzugrenzen, wie es paradigmatisch Louis Althusser tat, was als radikale Überbietungsgeste über den Marxismus, etwa noch bis Michel Foucault, hinauswirkte. Wer sich mit der Diskussion um Entfremdung befasst, hat es also stets mit einem guten Stück Zeitgeschichte zu tun.

Mit dem Fall der Mauer – und der vorangehenden Ermüdung diesseits des eisernen Vorhangs – kam dem Thema der Entfremdung der welthistorische Resonanzboden abhanden. Mit der langen Krise des Marxismus ist es auch um die Entfremdungstheorie stiller geworden.[9] Durch die postmoderne Essentialismuskritik der 1980er Jahre sind sogar mögliche Gegenbegriffe einer Entfremdung philosophisch fragwürdig geworden (etwa Authentizität, Autonomie und Selbstverwirklichung). Wer heute die Aufmerksamkeit der *peers* erregen möchte, schreibt lieber über spekulativen Materialismus, Postkolonialismus oder Intersektionalität. Doch damit ist noch nichts über den Gegenstand selbst gesagt. Ob es Erfahrungen von Entfremdung noch gibt oder nicht, ist nicht davon abhängig, ob es gerade *en vogue* ist, darüber zu sprechen. Diese Frage kann nur empirisch beantwortet werden.[10] Aber innerhalb dieser Empirie gibt es ein Problem, das gelöst werden muss.

Ein Problem: Muss man wissen, dass man entfremdet ist, um entfremdet zu sein?

Kann man eigentlich auch dann von Entfremdungserfahrungen reden, wenn die Personen, die solche Erfahrungen machen, diese selbst nicht *als* Entfremdung beschreiben? Diese uralte Streitfrage hat mit der Frage nach dem Verhältnis zwischen der Sache und dem Reden *über* diese Sache zu tun: Ist das Vorliegen von Entfremdungserfahrungen davon abhängig, dass es einen Diskurs über Entfremdung gibt? Und was würde es für diese Erfahrungen bedeuten, wenn es theoretisch nicht mehr »chic« wäre, sie als Entfremdung zu deuten? Sind sie objektiv noch immer als Entfremdung zu dechiffrieren oder wäre dies bloß ein besserwisserischer Paternalismus, vor dem neuere »kritische Theorien«, die niemandem wehtun wollen, auf der Hut sind?

Das ist eine vertrackte Frage, denn beide Antwortmöglichkeiten bringen Probleme mit sich: Altmarxisten könnten sagen, dass ein Wissen von der Entfremdung nicht nötig ist, um als entfremdet zu zählen (vgl. MEW 2, 37). Geht man mit Adorno davon aus, dass der »Verblendungszusammenhang« universal ist, dann *kann* man gar nicht wissen, dass man entfremdet ist – denn wüsste man es, wäre man nur *zum Teil* entfremdet. Es macht aus dieser Sicht keinen Sinn, eine Entfremdungsdiagnose daran zu koppeln, dass die Betroffenen wissen, dass sie entfremdet sind, denn damit würde man einen Großteil der Phänomene, um die es geht, aus dem Blick verlieren. Um es überspitzt zu sagen: Auf diese Weise »entfremdet« werden in dieser Tradition (etwa bei Fromm 1941) solche Menschen genannt, die sich ihre Freiheit für ein Linsengericht haben abkaufen lassen. Sie lesen die falschen Zeitungen, hören die falsche Musik (den von der »Kulturindustrie« für sie vorgefertigten gedankenlosen »Schund«, Adorno GS 3, 141), sie wählen daher womöglich die falschen Politiker und affirmieren insgesamt die katastrophalen gesellschaftlichen Verhältnisse. Und zwar tun sie das, obwohl sie mit alldem eigentlich unglücklich sind. Doch weil sie die Lage nicht verstehen (ihnen fehlt die »Einsicht in die Gestaltbarkeit«, Jaeggi 2013, 445), finden diese Menschen nur vorreflexive Wege, ihre Frustration abzubauen: Sie werden »autoritäre Persönlichkeiten«, üben sich in Gewalt oder müssen zur Flasche greifen. Wird es gar zu arg, suchen sie sich einen Sündenbock, auf den sie ihren Zorn ableiten; dann werden sie Nationalisten und Chauvinisten. Müsste man angesichts einer solchen Diagnose darauf warten, dass diese Menschen »erwachen« (wie Walter Benjamin es nannte) und die ihnen gestellte Diagnose teilen, könnte man all das nicht mehr kritisieren. Denn dass sie es *nicht* tun (dass zum Beispiel so viele deutsche Arbeiter zur Weimarer Zeit national wählten), das drückt ja gerade ihre Entfremdung aus.

Aus dieser Sicht muss man »Entfremdung« also aus einer Beobachterperspektive feststellen, man muss einen »Bruch mit den ... Selbstdeutungen der Akteure« vollziehen (Celikates 2009, 137). So repräsentierte das Proletariat für den jungen Marx den »völligen Verlust des Menschen«: Es sei eine Klasse, die »einen universellen Charakter durch ihre universellen Leiden besitzt«, weil »das Unrecht schlechthin an ihr verübt wird« (MEW 1, 390). Universelles Leiden und völliger Verlust des Menschen – das könnte heißen, dass die Betroffenen von außen befreit werden müssten, wie es die leninistische Partei neuen Typs dann praktizierte, indem sie den Proletariern das Klassenbewusstsein nur »zugerechnet« hat (Lukács 1923, 73, siehe Kap. 8). Eine solch herabblickende Sicht auf die Arbeit hat philosophisch eine lange Tradition. Weil Arbeit die Menschen kulturell degradiere, waren die Arbeitenden schon bei Aristoteles aus der Bürgerschaft ausgeschlossen, und David Hume urteilte noch im 18. Jahrhundert: »poverty and hard labour debase the minds of the common people, and render them unfit for any science and ingenious profession« (Hume 1742: I.XXI.3; siehe Adam Smith in Kap. 6).

Aus dieser Beobachterperspektive wird ein – wenn auch wohlmeinendes – Urteil über Menschen gefällt, ohne dass sie ein Mitspracherecht haben. Ein früher Kritiker pointierte das so: »Many assertions of ›alienation‹ are simply and accurately described as contentions that members of some ›problem‹ groups are at odds with the spokesman's value orientation« (Lee 1972, 123; Zima 2014, 3). Das wäre paternalistisch. Nun lassen sich manche Formen von Paternalismus *rechtfertigen* (etwa in der Erziehung oder Medizin). Zu kritisieren ist Paternalismus vor allem dann, wenn er sich nicht rechtfertigen lässt – zum Beispiel weil er auf einer metaphysischen Grundlage beruht, die nicht alle teilen. Aussagen über die »wahre Natur« der Menschen sind, so sagen Kritiker, solch metaphysische Ansprüche, denn in Wirklichkeit hätten wir keinen epistemischen Zugang zu solchen Dimensionen (Jaeggi 2005, 43ff.).

Die jüngere kritische Theorie schließt daraus, man dürfe die Menschen nicht länger mit *inhaltlichen* Diagnosen konfrontieren, die sie vielleicht nicht unterschreiben würden. Der abstrakteren »Kritik neuen Typs« (Jaeggi 2013, 278) geht es nur noch darum, Lebensformen zu etablieren, unter denen die Menschen eine solche Kritik selbst artikulieren können. Aber wird damit nicht impliziert, dass Menschen, die das nicht tun, »unvernünftig« leben? Es könnte nämlich Folgendes unterstellen: ›Die Menschen müssen es zwar selber tun, aber wir müssen sie erst einmal dazu *bringen*, es tun zu *können*.‹ Wäre das nicht ebenso bevormundend wie die leninistische Parteitheorie, deren Fallstricken man entkommen möchte (und von der der »neue Typ« kommt)? Damit wird das Problem auf eine höhere Abstraktionsebene verschoben, ohne es zu lösen: An die Stelle einer inhaltlich-empirischen Kritik an gesellschaftlichen Verhältnissen wird nur noch (quasi-transzendental) auf notwendige Lebensstil-Bedingungen jeder möglichen Kritik verwiesen, und man überlässt den Rest den Betroffenen selbst.

Wenn man Entfremdung nur dort erblickt, wo die Menschen *wissen*, dass sie entfremdet sind, ist die Diagnose einer Entfremdung nicht länger paternalistisch, denn sie lässt sich auch von innen erkennen und kritisieren. Dafür spricht schon das Wort: Ent-fremdung heißt ja, dass einem selbst etwas fremd wird. Doch fremd werden kann mir etwas nur, wenn es nicht immer fremd war, sondern ich »das andere« noch kenne (Anders 1956, 128). Wer aber weiß, wie es anders geht, kann auch erkennen, dass im gegenwärtigen Zeitalter etwas nicht in Ordnung ist. So ging auch der Marxismus vor Lenin von der »Selbsttätigkeit« (MEW 4, 490) der Unterdrückten aus (»es kann die Befreiung der Arbeiter nur das Werk der Arbeiter sein«). Das klingt weniger fremdbestimmt, hat jedoch einen anderen Haken: In dieser Fassung verliert die Theorie ihren aufschließenden Charakter – und damit ihren Sinn. Wenn man diese Theorie nur artikulieren kann, wenn die anderen ohnehin schon wissen, dass es so ist, braucht man sie nicht mehr. Was theoretischen Paternalismus vermeiden will, schlägt am Ende auf die Theorie selbst zurück. Die zu erwartende Reaktion aus der ersten Richtung wäre zudem, dass man so all die Entfremdungsphänomene aus dem Blick verliert, bei denen *nicht* immer schon auf eine totale Selbsttransparenz der Menschen gerechnet werden kann.

Damit stehen wir vor der unerfreulichen Wahl zwischen zwei wenig attraktiven Möglichkeiten: entweder für andere reden und paternalistisch sein oder auf das Wissen der anderen vertrauen, damit den Gegenstandsbereich einengen und sich als Theorie erübrigen. Es ist in diesem Zusammenhang interessant, dass auch Gayatri Spivak sich in ihrem berühmten Aufsatz *Can the Subaltern Speak?* in diesem Zwiespalt gefangen sieht: Einerseits war es die Absicht der Postcolonial Studies, nicht einfach eine westliche Theoriesprache auf nicht-westliche Kontexte aufzupressen, sondern die anderen Verhältnisse in ihrer Andersheit zu markieren. Manche westliche Adepten folgerten daraus, sie dürften nicht länger für diese anderen sprechen (was die eigenen Theorien, etwa der Entfremdung, erübrigte), sondern sie müssten diese selbst sprechen lassen. Genau dagegen wendet sich Spivak: Subalternen ohne Weiteres zuzumuten, politisch und intellektuell für sich selbst zu sorgen, überspringe gerade deren tatsächliche Situation von Unterdrückung, Ausbeutung und Ausgrenzung. Der Effekt der poststrukturalistisch inspirierten Selbstaufgabe des kritischen Vokabulars auf Seiten westlicher Intellektueller sei ein unangebracht naiver Blick auf verwickelte globale Situationen. Sie bewirke eine Entsolidarisierung ausgerechnet im Namen des Postkolonialismus.[11]

Es bietet sich daher an, Entfremdung auf eine dritte Weise zu verstehen, die beide Extreme vermeidet. Man benötigt kein klares Bewusstsein davon, entfremdet zu sein, um »entfremdet« genannt werden zu können. Doch man kann nicht alles und jeden entfremdet nennen, auch wenn die Betroffenen das nicht einsehen. Die mittlere Position besagt, dass die Betroffenen zumindest *Betroffene* sein, also unter etwas leiden müssen, damit die Diagnose triftig wird. Auch Marx ging von einem Leiden aus, wenn er schrieb, dass der entfremdete Arbeiter »sich in seiner Arbeit ... nicht wohl, sondern unglücklich fühlt« (MEW 40, 514; s.o. das »universelle Leiden«). In einer Situation des diffusen Unbehagens tritt die Entfremdungstheorie als *Deutungsvorschlag* auf, welcher das Leiden möglicherweise theoretisch erklären und den Widerwillen dagegen praktisch kanalisieren kann.[12] Zwar ist nicht jede Art von Leid als Kandidat für eine Entfremdung zu verstehen, sondern nur diejenigen Varianten, die sinnvollerweise mit gesellschaftlichen Faktoren in Verbindung gebracht werden können.[13] Aber ohne ein tatsächliches Leiden fehlt der Anhaltspunkt für diese Theorie. Luc Boltanski und Eve Chiapello haben das elegant ausgedrückt (mehr zu ihnen in Kap. 9):

»Die Versprachlichung der Kritik setzt eine leidvolle, als beklagenswert empfundene Erfahrung voraus [...] Ohne diese erste, im Grunde sentimentale Gefühlsregung kann das Schwungrad der Kritik nicht in Gang kommen. Allerdings ist es ein weiter Weg vom Anblick des Leids bis zur artikulierten Kritik. Der Kritiker benötigt dazu eine theoretische Grundlage und eine argumentative Rhetorik. Nur so kann er sich zu Wort melden und das individuelle Leid in allgemeinwohlorientierte Begrifflichkeiten fassen.« (Boltanski/Chiapello 1999, 79)

Mit diesem Verweis auf sozial induziertes Leid als Anhaltspunkt ist der Vorwurf des *Paternalismus* hoffentlich ausgeräumt: Niemand soll bevormundet werden, es handelt sich eher um ein um Besserung bemühtes Deutungsangebot, das Hilfe zur Selbsthilfe sein will. (Dafür muss man nicht immer weitere Abstraktionsebenen erklimmen, sondern benennt das Problem am besten auf der Ebene, auf der es liegt – auf einer konkreten.) Wir werden sehen, dass ein solches Leid und die Absicht einer theoretischen Hilfe zur praktischen Selbsthilfe in den meisten Fällen tatsächlich im Vordergrund stehen. Kommen wir damit zu unserem historisch angelegten Überblick, in dem die wichtigsten Stationen des Denkens über Entfremdung von Rousseau bis zur Gegenwart erläutert werden. Wir beginnen mit den Vorläufern der eigentlichen Theorie.

Vorgeschichten

Systematische philosophische Bedeutung erhält der Begriff der Entfremdung erst im 18. Jahrhundert (Kap. 2). Das Wort »fremd«

wird allerdings in den meisten Sprachen weitläufig gebraucht, und so verwundert es nicht, dass auch die Prozessform »entfremden« und die Zustandsbeschreibung von »Entfremdung« bereits zuvor in philosophischen, theologischen und staatstheoretischen Schriften anzutreffen sind. Diese unterschiedlichen Verwendungsweisen haben noch keinen Zusammenhang (ähnlich wie die unterschiedlichen Wortbildungen aus einem Wort wie »nahe« – annähern, der Nächste, Nächstenliebe etc. – noch kein philosophisches Thema ergeben), doch ist es zum Verständnis der späteren Debatten wichtig, die verschiedenen Assoziationsräume des Wortes zu kennen, denn diese schwingen weiterhin mit. Thematisch – nicht chronologisch – gegliedert lassen sich dabei einige Motive voneinander abgrenzen (aufschlussreich dazu noch immer Schacht 1970).

Ein *erster* Bereich ist bereits bei Aristoteles die Entäußerung im Sinne des Verkaufens: »Veräußerung heißt geben oder verkaufen.« (*Rhetorik* 1361a 22) Noch heute spricht die Betriebswirtschaft vom »Veräußerungsgewinn«. Bildlich gesprochen geht hier etwas von innen (etwa dem Warenlager) nach außen (an die Kundschaft), in die Fremde. Daran lassen sich zwei Beobachtungen knüpfen: Zunächst wird dieses räumliche Verhältnis von innen und außen auch im philosophischen Wortgebrauch seit Rousseau und Marx aufgerufen – wenn etwas uns »bloß äußerlich« geworden ist (wir keinen »innerlichen« Bezug mehr dazu haben, uns etwa ein Ritual hohl vorkommt), dann ist es in diesem Sinne entfremdet. Offensichtlich lässt sich also eine Verbindung herstellen zwischen dem Akt des Verkaufens (oder Verkauftwerdens) und dem Vorgang des Fremdwerdens; das hat die Wirtschaftstheorie noch im 20. Jahrhundert gesehen (Titmuss 1970). Besonders virulent wird dieser Gedanke, wenn das »Veräußerlicht-Werden« auf *Rechte* bezogen wird, wie dies bereits in der Staatstheorie von Hugo Grotius der Fall ist. Denn daran heftet sich die Frage, ob es nicht auch »unveräußerliche« Rechte geben müsste (engl. *inalienable rights*; Hegel 1820, § 29).

Das führt sogleich zu einem *zweiten* Assoziationsraum, nämlich dem des Fremden: Der Geschmack der Fremde, der dem verkauften Produkt, ja überhaupt dem Handel anhaftet, kann sich auch auf das Trägersubjekt, also den Handeltreibenden ausdehnen. Dieser hält sich für seine Geschäfte oft in der Fremde auf oder entstammt selbst einer solchen. »In der ganzen Geschichte der Wirtschaft erscheint der Fremde allenthalben als Händler.« (Simmel 1908, 765) »Bei Aristoteles bezeichnet *allotrios* den aus Verkehr und Recht der Polis, in der Vulgata den aus der Gemeinschaft des Volkes Israel Ausgeschlossenen.« (Ritz 1972, 510; nach Aristoteles, *Politik* 1268a 40, und *Epheser* 2.12; vgl. Schacht 1994, 38) Dieser Fremde ist nicht einfach fern oder unbekannt, sondern er ist, wie Simmel sagt, »ein Element der Gruppe selbst« (1908, 765). Es handelt sich um einen bewussten Ausschluss von Personen, die ebensogut hätten integriert werden können. Ein Beispiel dafür ist Hiob, der aufgrund seiner Krankheit von seiner Familie ausgestoßen wird – »meine Verwandten sind mir fremd geworden. [...] Mein Odem ist zuwider meiner Frau (alternativ übersetzt: »Ich bin entfremdet meinem Weibe«), und den Söhnen meiner Mutter ekelt's vor mir.« (Hiob 19.14 und 17) Eine solche soziale Exklusion ließ sich religiös noch weiter aufladen, dann bezog sie sich auf Sektierer und Häretiker, die sich von der – aus der Sicht der Ausschließenden – »wahren« Lehre entfernten: »Ihr Verstand ist verfinstert, und sie [die Heiden] sind entfremdet dem Leben, das aus Gott ist.« (Epheser 4.18) Ritz (1972, 511) nennt für einen solchen Wortgebrauch Athanasius und Augustinus, Trebess (2001, 7) Luther und Calvin, die die Entfremdung ihren jeweiligen innerchristlichen Gegnern vorwarfen. Erich Fromm (1955, 108 ff.) sieht diese Strategie bereits bei den Propheten am Werk, die ihren Zeitgenossen vorwarfen, sie hätten sich von ihren eigenen Ursprüngen entfernt.

Entfremdung im Sinne eines Fremdwerdens gegenüber der wahren Lehre, also dem von anderen für »normal« Gehaltenen, kann *drittens* auch in einem säkularen Sinne verstanden werden als geistige Verwirrung, als *alienatio mentalis* (dafür zitiert Ritz 1972, 511f., Origines und Thomas von Aquin), wie sie im medizinischen Feld später etwa von Philippe Pinel (1745–1826) entwickelt wurde. Sie kann aber auch umgekehrt aufgelöst werden – dies wird bei den »positiven« Theorien der Entfremdung aus dem Bereich der Anthropologie und Soziologie wichtig werden –, indem das, von dem man sich in einer solchen Bewegung entfremdet, selbst das Fremde und Gottlose ist. In diesem *vierten* Sinn bezeichnet Entfremdung eine Herauslösung des Menschen, oder besser: seiner Seele, aus dem »Eingerichtetsein in das trügerische, vom Heil getrennte Leben der Menschen in dieser Welt«, wie die Gnosis den Gedanken entwickelt und wie er später in der Mystik als »ekstatische Lösung von den leiblichen Sinnen« wiederkehrt (Ritz 1972: 511). So ist die erste *deutsche* Verwendung des Wortes bei Meister Eckhart gemeint: »Eyâ, sol ich nu daz sprechen gotes in mir vernemen, sô muoz ich alse gar entfremdet sin von allem dem, daz min ist, recht als mir daz fremde ist.«[14]

Das ist eine Umwertung der Entfremdung – sie wird als positiv bewertet, weil das, worin der Mensch heimisch zu sein glaubt, nicht *wirklich* seine Heimat ist. In dieser Hinsicht folgt allerdings auch diese Verwendung der zweipoligen Logik des Begriffes, in der Annäherung an den einen Pol stets Entfernung vom anderen Pol heißt. Es ist für das Verständnis der Entfremdungsdebatten des 20. Jahrhunderts, in denen meist auch der Marxismus mitverhandelt wurde, wichtig zu wissen, dass auch Karl Marx ein gnostisches Denken vorgeworfen worden ist (etwa von Eric Voegelin, Jacob Taubes oder Heinz Dieter Kittsteiner). Diese Parallelisierung konnte sich des Entfremdungsbegriffes bedienen: Wie die Gnostiker aus dieser Welt entfliehen wollten (und ihr deswegen keine Achtung entgegenbrachten), habe auch der Marxismus ein Wolkenkuckucksheim errichtet, wenn er glaubte, alles Bürgerliche und Althergebrachte in Grund und Boden kritisieren zu können (dazu in Kap. 6). Darin muss man allerdings eine verfehlte Re-Theologisierung säkularer Gehalte sehen, denn Marx ging es gerade nicht um Weltflucht, sondern um eine Überwindung der Entfremdungserfahrungen in dieser Welt.

Elemente dieser historischen und vor-systematischen Verwendungen des Wortes werden wir in den folgenden Kapiteln immer wieder entdecken. Kommen wir damit zum Beginn der uns interessierenden Diskussion im 18. Jahrhundert.

2. Außer-sich-Sein als Ausnahmezustand: Entfremdung bei Rousseau

»Radikale Vergesellschaftung heißt radikale Entfremdung.«
(Adorno, GS 3, 81)

Wenn im Folgenden von Entfremdung die Rede ist, dann meint das die spezifisch moderne Erfahrung, dass Menschen sich aufgrund gesellschaftlicher Entwicklungen selbst abhanden kommen können. Sie verlieren damit, wie man mit Hartmut Rosa sagen kann, die Fähigkeit zur »Resonanz« mit ihrer sozialen und natürlichen Umwelt sowie mit sich selbst. Eine lebendige Beziehung mit diesen Regionen muss zumindest noch erinnert werden, um vermisst werden zu können. Vielleicht deshalb tritt die radikalste Kritik an solchen Phänomen bereits zu Beginn der sozialen Umstellung von traditionellen zu modernen Gesellschaften auf den Plan. Den Beginn der Moderne setzen wir für unsere Zwecke um das Jahr 1750 an, denn in dieser Zeit lässt sich eine sozialtheoretische Reflexion vernehmen, die diese Art von Entfremdungserfahrung bereits mit Händen greifen lässt.[15] Wir beginnen mit Jean-Jacques Rousseau (1712–1778), dem neben David Hume und Immanuel Kant wohl wichtigsten europäischen Philosophen des 18. Jahrhunderts.

Entfremdung im Zentrum des Werkes von Rousseau

Rousseaus Werk ist sehr vielfältig, aber es lässt sich gut entschlüsseln, wenn man die Entfremdung als das große Thema begreift, um das seine philosophischen Hauptwerke zentriert sind.[16] Die ersten beiden *Diskurse* von 1750 und 1755 artikulieren die radikale und wirkungsmächtige These, dass sich die Menschen in den meisten zeitgenössischen europäischen Gesellschaften in Wirklichkeit selbst abhandengekommen sind – sie entäußern sich nicht nur in kulturellen Produkten, denn das ist schwer zu vermeiden, sondern sie sind in der Äußerlichkeit dieser Produkte gleichsam stecken geblieben. Daher sagt Rousseau bewusst, der moderne gesellschaftliche Mensch lebe *immer* »außer sich«:

> »Der Wilde lebt in sich selbst, der Mensch in der Gesellschaft ist immer außer sich und vermag nur in der Meinung der anderen zu leben. Die Empfindung seines eigenen Daseins entnimmt er sozusagen allein ihrem Urteil.« (Rousseau 1755, 123)

Es ist zu einem kulturellen Zustand, zum Merkmal eines ganzen »Zeitalters« (Fichte) geworden, dass die eigenen Produkte nicht mehr sinnhaft angeeignet werden. Der Rückfluss ist gestört (Spelsberg 2012, 108, 123 ff.). Daher geht es Rousseau in seinem Werk darum, ein Sich-wieder-Aneignen des Menschen möglich zu machen. Spätere Werke erproben daher verschiedene *Rückwege aus der Entfremdung* (Buck 1984): Der *Gesellschaftsvertrag* von 1762 dreht das große Rad und schlägt vor, die politischen und sozialen Verhältnisse auf eine Weise zu verändern, dass eine jede am Ende wieder mit sich selbst in Einklang sein kann. Die politischen Schriften entwerfen mit der kollektiven Selbstgesetzgebung und der öffentlichen Erziehung ein Bild von Gesellschaft, in der sich der Einzelne in seinen Institutionen wiedererkennen kann. Entfremdung meint also den Prozess eines Sich-fremd-Werdens aufgrund eines Lebens im Ungleichgewicht, im Widerspruch mit sich; und der Politik wird es zugetraut, für alle Menschen wieder die Möglichkeit einer Balance herzustellen.

In anderen Schriften variiert Rousseau dieses Thema auf mikropolitische Weise. *In Émile oder über die Erziehung* (ebenfalls 1762 erschienen) entwirft Rousseau das Bild einer privaten Erziehung, die die Entstehung einer solchen Entfremdung, einer inneren Zerrissenheit, schon im Kleinen verhindert. In dem überaus erfolgreichen Liebesroman *Julie oder die neue Heloise* von 1761 bringt Rousseau das Thema in die Form einer Liebesbeziehung (wenn auch einer tragischen). Im Spätwerk der *Träumereien eines einsamen Spaziergängers* (1776–78) experimentiert er in einem noch kleineren Format: nämlich mit sich selbst, als einsamer Spaziergänger auf einer Insel, der versucht, sich in der Verlorenheit an die Natur, und zugleich im Schreiben darüber, selbst in eine Balance zu bringen. Diese »Balance« stellt einen verbindenden Grundgedanken dar: Möglichkeiten und Wünsche des Menschen, aber auch sein Denken und sein Fühlen sollen nicht auseinandertreten. Ziel ist es in allen diesen Werken, das permanente Außer-sich-Bleiben zu verhindern und das Glück »der *inneren* Einheit, des Einverstandenseins mit sich«, aber auch mit den anderen zu erreichen.[17]

An dieser Stelle lässt sich ein Einwand erheben. Man könnte fragen: Ist die Rede von einer Balance angesichts der beiden Extreme, die Rousseau vertritt, nicht fehl am Platze? Das eine Extrem ist der Mensch im Naturzustand aus dem zweiten *Diskurs*, der so vorsozial gedacht ist, dass er noch nicht einmal sprechen kann (Rousseau 1755, 75 und 89). In einer solch dumpfen Eintönigkeit könnte nichts in Balance mit etwas anderem stehen. Das andere Extrem ist der völlig sozialisierte Mensch aus dem *Gesellschaftsvertrag*, der eine vollständige »Entäußerung« an den Staat zu erbringen hat (aliénation totale, 1762a, 280, Buch I.6). Der Einwand besagt, dass es in keinem dieser Szenarien eine Möglichkeit für eine Balance gibt, da beide monistisch angelegt sind – es gibt auf der einen Seite *gar keine* Sozialität (»Der wilde

Mensch lebt verstreut unter den Tieren«, 1755, 65), auf der anderen Seite hingegen *nur noch* ein »gemeinsames Ich« (1762a, 280), von dem der Einzelne nur ein Glied ist. Nicht einmal *zwischen* diesen beiden Zuständen kann es eine Balance geben, da sie einander ausschließen (völlige Gesellschaftslosigkeit hier, totale Vergesellschaftung dort). Ist das ein triftiger Einwand? Schauen wir uns, um das zu beantworten, einzelne Texte näher an.

In den frühen *Diskursen* von 1750 und 1755 wird sich Kultur erstmals selbst zum Problem. Das geschieht nicht durch Erfahrungen kultureller Differenz, die es schon vorher gab (artikuliert etwa in Werken über die Indianer von Las Casas im 16. Jahrhundert oder in Montesquieus *Persischen Briefen* von 1721), sondern durch den einschneidenden Gedanken einer Kontingenz von Kultur überhaupt. Darin steckt bereits eine Antwort auf den Einwurf: Die Idee eines noch nicht sozialisierten Natur-Menschen braucht Rousseau als methodischen Abstoßungspunkt, um das Rad der Kritik an seiner Zeit in Schwung zu bringen. Weder wird damit behauptet, dass es einen solchen Zustand jemals gegeben habe, noch wird gar gesagt, dass er erstrebenswert sei und es zu ihm zurückzukehren gelte. Schon der erste *Diskurs über die Wissenschaften und Künste* (1750) artikuliert diesen methodischen Gedanken einer kritischen Komparatistik:

> »Man kann nicht über die Sitten nachdenken, ohne dass man sich zugleich der Einfalt der ältesten Zeiten erinnerte. Es ist ein schönes Bild, allein von den Händen der Natur geschmückt, zu dem der Blick unaufhörlich zurückkehrt und welches man mit Bedauern verlässt.« (Rousseau 1750, 26)

Mit den glücklichen Zeiten, die hier als Vergleichsmaßstab dienen, ist allerdings keine graue und vorsoziale Urzeit gemeint, wie der Einwand voraussetzt, sondern vielmehr eine frühe Stufe der Zivilisierung (die den Naturzustand bereits verlassen hat), in der

»unsere Sitten bäuerisch, aber natürlich« waren (1750, 13). Im zweiten *Diskurs über den Ursprung der Ungleichheit* wird noch klarer, dass die herbeigesehnte Zeit gar keine vor-zivilisierte Urzeit ist, sondern vielmehr ein glücklicher und darum stabiler Zwischenzustand zwischen dem fiktiven Naturzustand und der Gegenwart:

> »[S]o musste dennoch diese Zeit, da sich ihre Fähigkeiten entwickelten, die glücklichste und die dauerhafteste Epoche sein, weil sie zwischen der Sorglosigkeit des ursprünglichen Zustandes und der ungestümen Betriebsamkeit unserer Eigenliebe die wahre Mitte hält. Je mehr man über diese Sache nachdenkt, desto mehr wird man finden, dass dieser Zustand, den Umwälzungen am wenigsten unterworfen, für den Menschen am besten war.« (Rousseau 1755, 100)

Die Kritik hat die Form einer U-Kurve: Der methodisch gesetzte Anfangszustand, in dem der Mensch »einem stumpfsinnigen und beschränkten Tier« ähnelt (Rousseau 1762a, 284), ist für Rousseau genauso wenig erstrebenswert wie die Lage einer entfremdeten Gegenwart. Das goldene Zeitalter liegt *dazwischen*, weil sich in ihm – nach dem Leitgedanken der Balance – die richtige Mitte zwischen dem Bei-sich-Sein und dem Außer-sich-Sein in den eigenen Erfindungen eingestellt hat. (Die richtige Mitte strebte schon Aristoteles mit seiner *Mesotes*-Lehre an.) Davon ausgehend lässt sich leicht nachvollziehen, was für Rousseau das Problem der neueren Zeit ist. Doch wie kam es dazu?

Der Gedanke des ersten *Diskurses* ist es, dass die Wiederaneignung des in Form der Wissenschaften und Künste zum Ausdruck Gebrachten auf ganzer Linie misslungen ist: »Wie schön wäre es, wenn das äußerlich gesetzte Wesen jederzeit das Bild der Beschaffenheit unseres Herzens wäre.« (1750, 12) Rousseau verweigert den Wissenschaften und Künsten keinesfalls den Respekt (»Es ist ein schönes und großes Schauspiel«, 1750, 11). Seine Kritik lautet vielmehr: Sie werden auf eine Weise praktiziert, die dazu führt, dass sie nicht mehr zur Bildung des Menschen beitragen, ja diese sogar *negativ* beeinflussen: »[J]e mehr unsere Seelen verdarben, desto vollkommener sind unsere Wissenschaften und Künste geworden.« (1750, 14) Es fehlt der Moment, wo der Mensch wieder »in sich zurückkehrt« (1750, 11); wo all diese Entäußerungen wieder angeeignet werden und die Menschen bereichern. Das Problem ist, dass alles äußerlich *bleibt* und damit nicht zur »Läuterung der Sitten« beitragen kann. Das ist noch der Gedanke von Georg Simmels *Tragödie der Kultur* (1911): Das äußerlich gesetzte Wesen (für Simmel: die »objektive Kultur«) *bleibt* äußerlich und wird nicht mehr verinnerlicht – sie wird nicht mehr zur Beschaffenheit unseres Herzens, zur »subjektiven Kultur« (Simmel).

Aber wie ist das zu erklären? Hier sind zwei Schritte zu unterscheiden: Rousseau beschreibt zum einen, wie sich Menschen in ihrer Kultur selbst vergessen, weil sie sich nur noch nach den anderen richten – es herrscht ein sozialer Konformismus, den John Stuart Mill, Friedrich Nietzsche und Martin Heidegger später ähnlich beklagten (»Eine Heerde! Jeder will das Gleiche«, so Nietzsche im *Zarathustra* I, § 5 von 1883). Für diese Menschen ist an kulturellen Werken nur ihre Statuszuschreibung wichtig – wer das größere Auto fährt oder die teurere Kunst besitzt, hat die anderen ausgestochen. Der in diesen Werken verkörperte Wert kommt nicht mehr zur Geltung;[18] ja, vielleicht *ist* in Werken, die nur zu Statuszwecken gemacht sind, gar kein menschlicher Wert mehr enthalten (so die Kritik am Luxus noch bei Thorstein Veblen oder Robert H. Frank). Durch eine solch äußerliche Kultur werden die Menschen verleitet, ihr eigenes Sein zu überspringen und nur noch im Schein zu leben. Genau dies ist die Urform der Rousseau'schen Entfremdung – man folgt dem Schein, nicht mehr dem Sein:

»Die Höflichkeit fordert ohne Unterlass, der Anstand befiehlt, man folgt beständig dem allgemeinen, niemals seinem eigenen Sinne. Man wagt nicht mehr als derjenige angesehen zu werden, der man wirklich ist.« (Rousseau 1750, 13)

Die »unselige Begierde, sich hervorzutun« (1750, 23; siehe 1755, 99), die Tendenz, das Bewusstsein seiner Eigenheit nur aus dem Urteil der anderen zu ziehen, steigert sich immer weiter, weil sie unerfüllbar ist: Da durch den Konformismus letztlich »alle dasselbe tun« (1750, 13), kann es keinem gelingen, sich vor den anderen auszuzeichnen. Dieses Motiv der Jagd nach Status (*keeping up with the Joneses*) wird später wieder aufgegriffen, etwa bei Rosa (2013). Doch diese wilde Jagd nach sozialer Distinktion ist für Rousseau ein Symptom, das weiter erklärt werden muss. Diese Einsicht in die Nicht-Selbstverständlichkeit einer solchen Lebensform erzielt Rousseau im zweiten *Diskurs* von 1755 *Über den Ursprung der Ungleichheit* durch die Fiktion des Naturzustandes, in dem es noch keine soziale Distinktion gab – sie gehört nicht notwendig zur Natur des Menschen, sondern muss historisch erklärt werden. Aber warum gibt es sie heute? Es gibt zwei Lesarten der Ursache, die man für dieses Symptom angeben könnte.

Entweder liegt es, in einer *ersten* Lesart von Rousseau, die ihm viel Spott eingetragen hat, an der Tatsache der Vergesellschaftung selbst. Der unumkehrbare Untergang wäre dann bereits mit dem Schritt aus dem vorsozialen Naturzustand in die Vergesellschaftung besiegelt. Das wäre fatalistisch, weil es keinen Weg hinter die Zivilisierung zurück gibt. Das hat Rousseau zwar abgelehnt,[19] doch legt er diese fatalistische Lesart stellenweise nahe, wenn er sagt, dass das Phänomen einer solchen Entfremdung der Menschen *zu allen Zeiten* vorgekommen ist (er nennt Ägypten, das antike Griechenland, Rom oder China; 1750, 15 f.).

Allerdings gibt es Ausnahmen: Neben Sparta seien dies die frühen Perser und Römer, die Skythen, die Indianer und die alten Germanen sowie zu Rousseaus Zeit die Schweizer.[20] Es muss folglich etwas geben, das diese Völker davor bewahrte »abzusinken« (15, in anderen Übersetzungen heißt es »entarten«). Dabei handelt es sich um die Fähigkeit, den Versuchungen der öffentlichen Meinung (frz. opinion) und der Anerkennung durch andere zu trotzen und authentisch zu bleiben: »Ich will bleiben, was ich bin«, sagt Rousseau mit Sokrates gegen die Sophisten (18).[21] Nach dieser *zweiten* Lesart kann man also den Punkt finden, an dem die Zivilisierung von einer zuträglichen Entwicklung der menschlichen Fähigkeiten in eine negative Richtung umschlägt. Es handelt sich um keinen Automatismus, sondern um »Missbräuche« (1750, 29; Sturma 2001, 67 ff.; Spelsberg 2012, 29).

Das verschiebt die Frage dahin, was der Grund für dieses Umkippen der kulturellen Entwicklung vom Glücken zum Missglücken ist. Schon im ersten *Diskurs* geht die angegebene Ursache für den Verfall in eine ökonomiekritische Richtung (darin ist Rousseau ein Vorläufer von Marx): Rousseau steigt textual zwar mit der *Wissenschaft* ein, doch dies war die von außen vorgegebene Fragestellung der Akademie von Dijon, um deren Preis sich Rousseau mit dieser Schrift erfolgreich bewarb. Die Voraussetzung für wissenschaftliche Betätigung ist für Rousseau, wie schon für Aristoteles, die Muße (Wissenschaften bedürfen der Freiheit von Arbeit: »Sie sind aus dem Müßiggang entstanden«, 22). Hinter der Muße steht der Luxus (denn man braucht für diese ökonomisch zunächst unproduktive Tätigkeit Ressourcen, und das setzt einen Überfluss voraus: »Der Luxus zeigt sich selten ohne die Wissenschaften und Künste, und diese niemals ohne jenen«, 23). Hinter dem Luxus wiederum steht die *soziale Ungleichheit*, denn nicht alle Menschen haben diesen Überschuss. Vielmehr ist der Preis des Luxus der Wenigen die Armut der Vielen. Damit spricht

Rousseau eine Klassenteilung an, die die Oberschichten von der Arbeit befreit und damit ›verzärtelt‹:[22]

»Woher entstehen all diese Missbräuche wohl anders als aus der unseligen Ungleichheit, welche die Unterscheidung der Fähigkeiten und die Geringschätzung der Tugenden unter den Menschen gebracht hat?« (Rousseau 1750, 29)

So kommt es erst mit der sozialen *Ungleichheit* zu der negativen Wirkung der Wissenschaften und Künste auf die Bildung der Menschen. Das kann man so erklären: Der eigentliche Zweck der Wissenschaften – sie erzeugen »nützliche Werke« (30) – wird in der Regel begleitet von dem Ruhm der Forschenden, sofern sie erfolgreich sind. Rousseau beklagt nun eine Verkehrung dieser Nebensache (»Jeder Künstler will gelobt werden«, 25) zum eigentlichen Zweck der Kunst und Wissenschaft: Man strebt nicht mehr nützliche Ergebnisse an, für die man dann nur Ruhm erlangt, wenn das wissenschaftliche Tun gelingt; sondern man strebt in erster Hinsicht den Ruhm selbst an (»die angenehmen Talente« werden »den nützlichen vorgezogen«, 30; damit wird die selbstische Eigenliebe entflammt, worin Neuhouser 2012 die Wurzel des Übels sieht). Diese selbstzweckhafte Popularität gibt es nur, weil genügend Menschen im Überfluss leben und sich mit solch nebensächlichen Dingen befassen können. Damit ist zu erklären, dass sich Wissenschaften und Künste zunehmend auf Themen kaprizieren, bei denen den Künstlern und Forschenden so ein Ruhm aussichtsreich erscheint, ohne dass ein konkreter Nutzen der Ergebnisse noch im Vordergrund stehen müsste. Der Ruhm lässt sich dabei als etwas begreifen, das der Praxis selbst äußerlich ist, während der Blick auf den Eigensinn der Gegenstände (der Nutzen) als immanentes Gut einer produktiven Tätigkeit gelten kann – man hätte es dann bereits mit einer Entfremdung sowohl von den Produkten wie von den Tätigkeiten zu tun, wie es später bei Marx auftauchen wird (siehe Kap. 6).

Diese Verbindung zwischen sozialer Ungleichheit und primär prestigeträchtigen (für Rousseau unsinnigen) Themen der Kunst und Wissenschaft, die letztlich dazu führt, dass die Menschen sich selbst verlieren, haben andere Aufklärer von Rousseau aufgegriffen. Hier beispielsweise Helvétius:

»Wer Geld hat, gibt es gewöhnlich der Person, die ihm am meisten Vergnügen verschafft. Diese Person ist aber nicht immer die rechtschaffenste. ... Wenn nun aber das Interesse des Mächtigen oft dem nationalen Interesse entgegengesetzt ist, dann werden die größten Belohnungen ... oft für Handlungen vergeben, die den Großen persönlich von Nutzen, der Öffentlichkeit aber schädlich ... sind. Daher werden dort so oft Menschen mit Reichtümern überhäuft, denen Gemeinheiten, Intrigen, Spitzelei etc. nachgesagt werden; daher bringen die Belohnungen in Geld, die fast immer dem Laster zuerkannt werden, dort so viele lasterhafte Menschen hervor.« (Helvétius 1772, 329 f.)

Gegen diese Kultur der leeren Ruhmsucht und der destruktiven sozialen Distinktion stellt Rousseau hier das Vertrauen auf das *Eigene*. Es wird als Gewissen oder Stimme der Natur vorgestellt (»im Innersten meines Herzens«, 10; spätere Schriften öffnen das in Richtung Politik, sofern man auch als Bürger unter Gleichen mit sich im Reinen sein kann). Das hatte auf nachfolgende Strömungen wie Empfindsamkeit, Sturm und Drang und Romantik einen großen Einfluss (Taylor 1989, 185 ff.):

»Wozu sollen wir unser Glück in der Meinung eines anderen suchen, wenn wir es in uns selbst finden können? [...] O Tugend! [...] ist es nicht, um deine Gesetze zu kennen, genug, dass man in sich gehe?« (Rousseau 1750, 34)

Der erste *Diskurs* nimmt also eine Gegenüberstellung zwischen einer gelingenden Selbstbeziehung und einem Zustand der Entfremdung vor, in dem Menschen sich primär an dem Urteil der anderen orientieren. Das ist schädlich, weil diese anderen in der französischen Kultur der Oberflächlichkeit leben und daher denkbar schlechte Ratgeber sind. Der zweite *Diskurs* von 1755 äußert sich weitaus präziser über Dinge, an die im ersten nur appelliert wird: etwa die Natur des Menschen und die Ursachen der sozialen Ungleichheit. Doch kommt Rousseau hier zu einem ähnlichen Schluss. Würde jemand sein Thema weiter verfolgen, würde er nämlich Folgendes herausfinden:

> »Aus der aufs Äußerste gebrachten Ungleichheit der Lebensumstände und der Güter, aus der Verschiedenheit der Leidenschaften und der Talente, der unnützen Künste, der schädlichen Künste, der eitlen Wissenschaften entsprängen unzählige Vorurteile, die der Vernunft, dem Glück und der Tugend gleichermaßen zuwiderliefen. Man würde sehen, wie die Herrschenden alles zum Gedeihen bringen, was die Kräfte der vereinigten Menschen schwächen kann, indem es sie entzweit.« (Rousseau 1755, 120)

Soziale Ungleichheit hat also unnütze Wissenschaften und schädliche Künste zur Folge, und diese Fehlentwicklung resultiert in einer Schwächung der Kulturen – es gibt keine soziale Einheit mehr, sondern Entzweiung zwischen den Menschen. Entfremdung wird auch hier als Außer-sich-Sein gekennzeichnet (»[D]er Wilde lebt in sich selbst, der Mensch in der Gesellschaft ist immer außer sich« 1755, 123; Neuhouser 2012, 121). Sie wird nun außerdem als Denaturierung gelesen: in der Gesellschaft finde sich nur noch »eine Ansammlung gekünstelter und künstlicher Leidenschaften«; die Menschen haben »eine andere Natur angenommen« (122; diese natürliche Künstlichkeit wird im *Gesellschaftsvertrag* erneut thematisiert und später von Helmuth Plessner aufgegriffen).

Der zweite *Diskurs* gelangt allerdings auf einem verschlungeneren Weg zu diesem Ziel. Um zu verstehen, wie die soziale Ungleichheit hat entstehen können, die zuletzt in Entfremdung resultiert, geht er auf den Menschen als Naturwesen zurück, der noch keine Ungleichheit, keine Äußerlichkeit und soziale Distinktion kenne. Rousseau möchte das nicht als historische Fiktionen, sondern als »hypothetische Vernunftschlüsse« verstanden wissen und »alle Tatsachen beiseite lassen« (1755, 61). Die Logik ist einfach: Wenn die Menschen als Naturwesen noch gleich sind, muss Ungleichheit kontingent entstanden sein. Es gilt, diese Entstehung aufzuspüren, um ihre entfremdenden Folgen besser verstehen und ihnen künftig besser entgegenwirken zu können.

An Rousseaus Konzeption des Naturmenschen sind drei Fähigkeiten hervorzuheben. Die erste ist die Selbsterhaltung, die durch eine noch unkorrumpierte Selbstliebe angetrieben wird (*amour de soi*).[23] Das ist diffizil, denn den ausufernden Egoismus, der häufig als Ursache für die Pathologien der kapitalistischen Gesellschaft verantwortlich gemacht wird, begreift Rousseau als Wirkung, nicht als Ursache: Erst die auf Ungleichheit beruhende Gesellschaft transformiert die Selbstliebe in den ungehemmten Egoismus, dem es um die vergleichende Wertschätzung anderer geht (*amour-propre*). Der natürliche Mensch mag sich selbst und ist in Balance, aber diese Form der Selbstliebe ist einfach zufriedenzustellen (»Hiermit sind alle seine Bedürfnisse befriedigt«, 64), deswegen darf man sich diese Menschen als glückliche vorstellen (81).

Die zweite Fähigkeit ist das Mitleid (83), das wie die Selbstliebe auch Tiere kennen. Es kann dazu dienen, »bei jedem einzelnen die Wirksamkeit der Selbstsucht« zu mäßigen (85; das entspricht modernen Befunden, Batson 2011). Erst die dritte Fähigkeit unterscheidet die Menschen von den Tieren – nämlich die Fähigkeit, sich weiterzuentwickeln und zu vervollkommnen, die *perfectibilité* (71, 91). Menschen können auf sich selbst einwirken, sich stets weiter formen und neue Fähigkeiten entwickeln. Dies allerdings kann in verschiedene Richtungen ausschlagen: in eine glückende Selbstbeziehung, aber auch in Richtung der Entfremdung. Damit ist zum einen ein Grund dafür benannt, warum der Mensch sich selbst »aus dem ursprünglichen Zustande« reißt, »in dem seine Tage ruhig und unschuldig hätten dahinfließen können« (71). Aber zugleich zeichnet sich am Horizont die Möglichkeit ab, aus dem Zustand der Äußerlichkeit und Ungleichheit wieder herauszukommen, indem der Mensch sich *weiter* formt und dadurch eine neue Balance mit seinen selbstgemachten Lebensformen anstrebt. Diese Möglichkeit stellt die Verbindung zu den politischen Werken her.

Rousseau erzählt nun die Geschichte derjenigen Erfindungen, mit denen die Menschen auf sich selbst einwirkten,[24] und hebt dabei die negativen Schritte hervor (ein positiver Schritt war etwa die Entwicklung der Sprache). Im Vordergrund steht die Entstehung des Eigentums und der damit verbundenen politischen Herrschaft. Privateigentum entsteht für Rousseau aus dem Ackerbau (»Aus dem Ackerbau entstand notwendig die Aufteilung des Bodens«, 102), und damit ist der Grundstein von Ungleichheit, von Elend und Sklaverei gesetzt:

»Sobald man es für nützlich hielt, dass ein Mensch Vorrang genug besaß, zwei zu unterhalten, so verschwand die Gleichheit, und das Eigentum war eingeführt, wurde die Arbeit notwendig.« (Rousseau 1755, 100f.)

»Der erste, welcher ein Stück Land einzäunte, es sich in den Sinn kommen ließ zu sagen: *Dieses ist mein*, und einfältige Leute fand, die es ihm glaubten, der war der wahre Stifter der bürgerlichen Gesellschaft.« (Rousseau 1755, 93)

Die ökonomische Ungleichheit der bürgerlichen Gesellschaft hat eine eskalierende Tendenz, sie entwickelt sich stets weiter, da Reichtum dazu genutzt werden kann, neuen Reichtum zu erzeugen (105; der Marx'sche Gedanke der Akkumulation). Es kommt in einer sozialen Evolution zunächst zur politischen Ungleichheit, indem die Reichen ihre Macht dazu nutzen, die ungleiche

Verteilung politisch als Normalzustand festzuschreiben (106). Das gipfelt schließlich im Despotismus (121):

»Die Gesellschaft und die Gesetze, die auf diesem Wege entstanden ..., legten dem Schwachen noch festere Fesseln an, und gaben dem Reichen neue Macht, zerstörten unsere natürliche Freiheit unwiderruflich, setzten das Gesetz des Eigentums und der Ungleichheit auf ewig fest, verwandelten eine geschickte Usurpation in ein unaufhebbares Recht und unterwarfen das ganze menschliche Geschlecht zum Nutzen einiger Ehrsüchtiger dem Zwang zur Arbeit, der Dienstbarkeit und dem Elend.« (Rousseau 1755, 107)

Bereits in diesem Werk zeigt Rousseau allerdings auf, dass es »neue Revolutionen« geben kann, die »die Regierung aufheben oder der rechtmäßigen Einrichtung näherbringen« können (117). Damit wird Entfremdung in erster Linie ökonomisch erklärt – ein äußerlich auferlegter wie innerlich empfundener Arbeitszwang sowie ein Wille zu Unterordnung sind ihre Manifestationen, Privateigentum und soziale Ungleichheit ihre Ursachen. Man erkennt hier die fehlende Balance wieder, da es unter diesen Umständen zu großen inneren Spannungen kommen muss:

»Der immer tätige Bürger hingegen schwitzt, arbeitet und quält sich unaufhörlich, um sich noch mühsamere Beschäftigungen zu verschaffen. Er arbeitet bis zum Tode, er läuft ihm sogar entgegen, um leben zu können ...[25] Er hofiert die Großen, die er im Herzen hasst, und die Reichen, die er verachtet. Er spart nichts, um zu der Ehre zu gelangen, ihnen aufwarten zu dürfen.[26] Er rühmt sich stolz seiner Niedrigkeit und ihrer Protektion, und stolz auf seine Knechtschaft spricht er von denen mit Verachtung, die die Ehre nicht haben, sie mit ihm zu teilen.« (Rousseau 1755, 122)

Eine innere Widersprüchlichkeit ist deutlich zu erkennen: Man ist gezwungen, die zu verehren, die man doch hasst – weil man sie beneidet und leben möchte wie sie; man ist gezwungen, ohne

Halt zu arbeiten, obwohl dies eine große Anstrengung ist und gerade nicht glücklich macht (Rousseau kontrastiert die »Ruhe und Freiheit« des »wilden Menschen«). Und man kann nicht anders, als diejenigen zu verachten, die nicht unter diesen Zwängen leben; vielleicht weil man ihnen den Müßiggang und die Unbesorgtheit nicht gönnt. Friedrich Nietzsches Gedanke des Ressentiments und die Theorie des autoritären Charakters in der frühen Kritischen Theorie dachten an diesem Gedankenstrang weiter. Auch die Marx'schen Ideen, dass eine Wurzel der Entfremdung in der Arbeit liegt und dass wohl nur eine Revolution abhelfen könne, sind schon vorgezeichnet (Campbell 2012). Denn Entfremdung ist nicht nur als eine *Auswirkung* dieser Ungleichheit gekennzeichnet, sie wird zugleich als Mechanismus zu ihrer Verstetigung begriffen, was dem Ganzen eine gewisse Hermetik verleiht:

> »Im übrigen lassen sich die Bürger nur in dem Maße unterdrücken, in dem sie von einer blinden Ehrbegierde mitgerissen werden, und da sie mehr unter sich als über sich sehen, wird ihnen die Herrschaft teurer als die Unabhängigkeit; so tragen sie ihre Ketten willig, um ihren Untergeordneten wieder welche anlegen zu können.« (Rousseau 1755, 118)

Auf diese Weise wird die Differenz zwischen »Sein und Scheinen« (104) ›biopolitisch‹ in der überformten Natur der Menschen verankert. Der Grund, warum Rousseau sich nicht fatalistisch mit diesen Zuständen abfinden mag, ist seine Unterscheidung zwischen den formbaren und den bleibenden Eigenschaften der menschlichen Natur. Diese Natur lässt sich nämlich nicht endlos formen, sondern sie bringt Eigenschaften mit, die bei aller Perfektionierung stabil bleiben. Zu diesen »unveräußerlichen« Eigenschaften der menschlichen Natur – damit sind wir auch sprachlich wieder bei der Entfremdung – gehört die Freiheit, die Rousseau schon den Menschen im Naturzustand zuschreibt (70):

»Wenn ich ein Gut veräußere, wird es für mich eine gänzlich fremde Sache; es kann mir gleich sein, ob man es missbraucht. Ob aber meine Freiheit missbraucht wird, ist mir niemals gleichgültig. ... Mit den wesentlichen Geschenken der Natur aber wie dem Leben und der Freiheit hat es eine andere Bewandtnis: Ein jeder darf sie genießen; ob aber ein jeder das Recht hat, sich ihrer zu entäußern, ist zumindest zweifelhaft.« (1755, 113)

Die Kritik, die Rousseau hier an Samuel von Pufendorf übt, kehrt einige Jahre später mit noch mehr revolutionärer Verve im *Gesellschaftsvertrag* wieder – diesmal an die Adresse von Hugo Grotius gerichtet. Es sei aus anthropologischen Gründen eigentlich unmöglich, seine Freiheit zu veräußern:

»Der Freiheit entsagen heißt seiner Eigenschaft als Mensch, den Menschenrechten,[27] selbst seinen Pflichten entsagen. Für den, der auf alles verzichtet, ist keine Entschädigung möglich. Ein solcher Verzicht ist unvereinbar mit der Natur des Menschen.« (Rousseau 1762a, 275)

Diesen Gedanken wendet Rousseau nun auch auf ganze Nationen an:

»›Veräußern‹ heißt ›hergeben‹ oder ›verkaufen‹. Wenn nun aber ein Mensch sich zum Sklaven eines anderen macht, so verschenkt er sich nicht, er verkauft sich, wenigstens für seinen Unterhalt; wofür aber verkauft sich ein Volk? Weit davon entfernt, seinen Untertanen ihren Unterhalt zu geben, bezieht ein König den seinigen nur von ihnen ... Die Untertanen verschenken also ihre Person unter der Bedingung, dass man ihnen auch noch ihren Besitz nehme? Ich sehe nicht, was ihnen dann noch übrig bliebe.« (1762a, 274)

Ist Freiheit schon individuell nicht veräußerlich, umso weniger ist sie dies politisch. Doch hier lauert eine neue Schwierigkeit: Offensichtlich ist es für Rousseau ein Problem, wenn Menschen ihre Freiheit an ihre Herrscher »entäußern« und sich damit entfremden, weil sie aus diesem ungleichen Tausch nichts zurückbekommen. Aber wie kann es dann eine Lösung sein, wenn Rousseau diese Entfremdung totalisiert? Rousseau schlägt schließlich eine *aliénation totale*, eine »Überantwortung ohne Vorbehalt« an das neu zu schaffende Gemeinwesen vor (1762a, 280). Wie lässt sich das begreiflich machen? Darauf lassen sich zwei Antworten geben, hinsichtlich der spezifischen Politik, die er dabei im Sinn hat, und hinsichtlich der anthropologischen Hintergedanken.

Politisch lässt sich der seltsame Gedanke einer Verschärfung der Entfremdung zum Zwecke ihrer Auflösung mit dem Hinweis darauf entschärfen, dass die Individuen ihre natürliche Freiheit nur deswegen völlig aufgeben müssen, weil sie allein auf diese Weise ihre bürgerliche Freiheit zurückerhalten können. Freiheit wird so nicht weniger, sondern verändert nur ihren Charakter. Jede »natürliche« Freiheit, die sich Mächtige vorbehalten würden, könnte dazu führen, dass die Macht staatlicher Organe ihnen gegenüber versagt; dass sie weiterhin andere erpressen und Gesetze nicht anerkennen müssen, wie schon im zweiten *Diskurs* geschildert: »[D]er Naturzustand würde fortdauern, und die Verbindung wäre notwendig tyrannisch oder sinnlos.« (1762a, 280) Es können nur dann alle Bürger frei sein, wenn alle es auf dieselbe Weise sind (»Wenn sich jeder allen gibt, so gibt er sich niemandem«, 280). Die Freiheit der Einzelnen wird an die Gleichheit der Bürger zurückgebunden und so stabilisiert und ausgebaut.

Daran ist allerdings zu kritisieren, dass auch Rousseau ein solches Zurückbehalten von Elementen natürlicher Freiheit voraussetzen muss, wenn er von der Möglichkeit einer Auflösung des Gesellschaftsvertrags spricht, falls dieser seine Zwecke nicht erfüllt. Denn wie soll eine solche Möglichkeit denkbar sein, wenn die bürgerliche Gesellschaft befugt ist, Andersdenkenden Dinge aufzuherrschen, um sie damit zu ihrer Freiheit zu zwingen? (»Wer dem Gemeinwillen den Gehorsam verweigert, soll durch den ganzen Körper dazu gezwungen werden. Das heißt nichts anderes, als dass man ihn zwingt, frei zu sein«, 283). Gerade die Möglichkeit einer Aufkündigung des Vertrages durch Einzelne könnte sonst totalitär verhindert werden (Berlin 1958).

Im anthropologischen Strang lautet die Auflösung etwas anders: Hier geht es nicht um die Strukturen des neu instituierten Staatsgebildes, sondern um deren Auswirkungen im Inneren der Menschen. Als Leitmotiv des *Gesellschaftsvertrags* kann folgender Ausspruch gelten: »Alle Einrichtungen, die den Menschen mit sich selbst in Widerspruch bringen, taugen nichts.« (1762a, 385) Auch in der Politik geht es Rousseau also um ein Gleichgewicht, um das Verhindern einer inneren Zerrissenheit. Zum einen ist dafür das Moment des Wiedererkennens des Eigenen zentral, der noch bei Habermas eine Rolle spielt: Ein Staat, den ich als Teil von mir erkenne (oder vielmehr: als dessen Teil ich mich erkenne), tritt mir nicht mehr als fremder gegenüber. Damit das funktioniert, muss Rousseau annehmen, dass den neuen äußeren Strukturen tatsächlich die passenden inneren Dispositionen korrelieren: Der Gesetzgeber »muss dem Menschen die Kräfte nehmen, die ihm eigen sind, und ihm fremde Kräfte« geben (301). Rousseau zielt offensichtlich nicht nur eine neue Form von Staatlichkeit, sondern auch eine neue Staatsbürgerformung an, die ein solches Gleichgewicht im Menschen herstellen und aufrechterhalten kann. Eine entsprechende Bildung habe die bisherige Geschichte bereits vollbracht, wenn man sie nur richtig lese:

> »[S]eine Fähigkeiten werden so sehr geübt und entwickelt, seine Begriffe so sehr erweitert, seine Gefühle so sehr veredelt, seine ganze Seele zu solcher Höhe erhoben, dass er ... unablässlich den glücklichen Augenblick segnen müsste, der ... aus einem stumpfsinnigen und beschränkten Tier ein einsichtiges Wesen, einen Menschen gemacht hat.« (Rousseau 1762a, 284)

Diese Entwicklung möchte Rousseau weiterführen und so das Innere im Einklang mit dem Äußeren halten – in diesem Fall politische Strukturen und kulturelle Voraussetzungen *zugleich* ändern. Dem dient noch die bürgerliche Religion (380), die sich die etablierten Religionen unterordnet und deren einziger Zweck es ist, den politischen Zusammenhang zu stärken; dem dient auch die Polemik gegen das Theater (etwa im *Brief an d'Alembert über das Theater* von 1758). Doch lassen sich die totalitarismuskritischen Bedenken hier wohl nicht ganz ausräumen.

In dem bezeichnenderweise zeitgleich veröffentlichten Werk über die Erziehung macht Rousseau allerdings selbst auf einen Bruch aufmerksam, der ihm im *Gesellschaftsvertrag* schwer entgangen sein kann. Selbst wenn man als Bürger mit sich im Reinen (und insofern unentfremdet) existiert – kann man sich denn stets als Staatsbürger und nicht zugleich als Träger anderer Rollen verstehen? Im Einstiegskapitel zum *Émile* finden sich dazu, im Rückgriff auf frühere Schriften, einige Rätselformeln:

> »Der natürliche Mensch ruht in sich. Er ist eine Einheit und ein Ganzes; er bezieht sich nur auf sich und seinesgleichen. Als Bürger ist er nur ein Bruchteil, der vom Nenner abhängt und dessen Wert in der Beziehung zum Ganzen liegt; d.h. zum Sozialkörper [vgl. 1762a, 301]. Gute soziale Einrichtungen entkleiden den Menschen seiner eigentlichen Natur und geben ihm für seine absolute eine relative Existenz. Sie übertragen sein *Ich* in die Allgemeinheit; so dass sich der Einzelne nicht mehr als Einheit, sondern als Glied des Ganzen fühlt und angesehen wird.« (Rousseau 1762b, 12)

Damit artikuliert Rousseau zwei Möglichkeiten nicht-entfremdeten Seins: Ich kann als natürlicher Mensch (was nicht notwendig den Menschen im Naturzustand meint) mit meinem bescheidenen Umfeld in Einklang stehen oder als Bürger mit meiner Nation, als deren Glied ich mich begreife. Doch damit taucht eine neue Frage auf: Wie verhalten sich diese beiden Möglichkeiten zueinander? Rousseau scheint an dieser Stelle anzudeuten, dass beides nicht zugleich zu haben ist:

»Wer innerhalb der bürgerlichen Ordnung seine natürliche Ursprünglichkeit bewahren will, der weiß nicht, was er will. Im Widerspruch mit sich selbst, zwischen seinen Neigungen und Pflichten schwankend, wird er weder Mensch noch Bürger sein.« (1762b, 13)

Im *Émile* sieht es so aus, als sei der erste, politische Weg gar nicht gangbar (»Eine öffentliche Erziehung gibt es nicht mehr und kann es nicht mehr geben, denn wo kein Vaterland ist, gibt es auch keine Bürger mehr«, 13). Der zweite Weg, die vorgeschlagene »private und häusliche« Erziehung, erscheint daher als der einzig mögliche, solange die Vorschläge des *Gesellschaftsvertrags* nicht umgesetzt wurden und es anstelle von Untertanen wieder Bürger gibt. Damit hat Rousseau die Frage nach der Möglichkeit des Miteinanders beider Wege *vertagt*, er muss darauf keine Antwort geben. Eine solche brauchen heutige Leser gleichwohl. Wo liegt also der Zusammenhang zwischen diesen beiden gleichzeitigen Werken? Die Antwort liegt in der Philosophie der Nicht-Entfremdung. Das Geheimnis des auf verschiedenen Wegen angestrebten Gleichgewichts wird im *Émile* preisgegeben:

»Es gilt also, das Übergewicht der Wünsche über unsere Fähigkeiten zu vermindern und Wollen und Können in ein vollkommenes Gleichgewicht zu bringen. Nur wenn alle Kräfte tätig sind, ist der Mensch ausgeglichen.« (Rousseau 1762b, 57; vgl. 10)

»Deine Freiheit und deine Macht erstrecken sich nur so weit wie die natürlichen Kräfte und nicht darüber hinaus. Alles andere ist Sklaverei, Täuschung und Blendwerk.« (1762b, 61)

Diese Politik ist keineswegs stoisch, es geht nicht darum, die Wünsche möglichst klein zu halten, sondern Rousseau zeigt sich durchaus daran interessiert, die Fähigkeiten zu entwickeln. Es liegt ihm jedoch daran, keine falschen Erwartungen zu wecken und dadurch ins Unglück zu geraten, dass man ständig unerreichbaren Idealen hinterherläuft. Ein solch falsches Ideal wäre es etwa, wie schon der zweite *Diskurs* sagt, von allen bewundert werden zu wollen. Im *Émile* beschreibt Rousseau den Unterschied zwischen erfüllbaren und unerfüllbaren Wünschen so:

»Die Selbstliebe, die sich selbst genügt, ist zufrieden, wenn unsere wahren Bedürfnisse befriedigt sind. Die Eigenliebe aber stellt immer Vergleiche an und ist nie zufrieden. Sie kann es auch nicht sein, weil sie verlangt, dass uns andere sich ebenso vorziehen, wie wir uns ihnen vorziehen, und das ist unmöglich.« (Rousseau 1762b, 213)[28]

Was auf gesellschaftlicher Ebene bislang schiefgegangen ist und was im *Gesellschaftsvertrag* auf kollektiver Ebene geradegerückt werden soll, das kann im *Émile* schon im Kleinen funktionieren – nämlich die Herstellung eines inneren Gleichgewichts im Mikrokosmos des »häuslichen Lebens«. Im *Émile* werden die schädlichen Einflüsse der Gesellschaft von einem aufwachsenden Kind möglichst ferngehalten. Natürlich kann kein Kind allein aufwachsen, es braucht mindestens eine Bezugsperson, hier den Erzieher. Das Konzept, mit dem Rousseau im *Émile* experimentiert, hat der Erziehungsphilosoph Günther Buck (1984, 111) eine »Konstruktion des Werdens« genannt:

»Wie bei der Konstruktion des Naturzustands ist die Hauptaufgabe bei der Konstruktion des im ›Emile‹ beschriebenen Werdens die Herstellung eines *Gleichgewichts* zwischen dem nach Selbsterhaltung strebenden Subjekt und den die Selbsterhaltung, d.h. die unproblematische Identität ermöglichenden Umständen seines Lebens.« (Buck 1984, 111)

Eine Person entwickelt sich immer in Kontexten, aber Erzieher können Einfluss auf diese Umstände nehmen. Erziehung gelingt, wenn das Kind, angeregt durch die präsentierten Umstände, die Entwicklung weitestgehend aus sich selbst schöpft und die erziehende Person ihm nicht als maßregelnde begegnet (»negative Erziehung«, 1762b, 72) und so verhindert, dass »Eifersucht, Neid, Eitelkeit, Habgier« und ähnliche komparative Laster im »Kinderherz« entstehen (70).

Das Verhältnis dieser beiden Bücher ist folglich keine ausschließende Alternative, als mache das eine das andere überflüssig; oder als sei das andere die Rückversicherung, falls das eine nicht hinhaue. Vielmehr lässt sich die Erziehung im *Émile*, obwohl sie sich zunächst in Absonderung von der Gesellschaft vollzieht, als eine Erziehung *für* diese Gesellschaft begreifen. Wenn es um Moral geht, lernt der Zögling als Erstes den Begriff des Eigentums kennen (»Der erste Begriff, den man dem Kind vermitteln muss, ist weniger der Begriff der Freiheit als der des Eigentums«, 78) und wird dann einem Handwerk zugeführt (denn hier herrsche »kein Schein, immer nur die Wirklichkeit«, 202). Wenn er einst den Irrungen und Wirrungen der Gesellschaft ausgesetzt sein wird, soll er in sich selbst so befestigt sein, dass er nur den eigenen Leidenschaften folgt und nicht von denen der anderen getäuscht und geblendet wird (352): »Die Erziehung zum Menschen, die Rousseau im *Émile* vorführt, ist daher wohl auch Erziehung zum citoyen, zu demjenigen, der erst in der Lage und bereit ist, die Gründungsbedingung des Gesellschaftsvertrages zu erfüllen.« (Trebess 2001, 21)

Das entbehrt nicht der Logik, denn eine politische Umwälzung kann sich umso friedlicher vollziehen, je mehr die Menschen bereits in der Lage sind, eine innere Balance zu halten und damit ohne Rückhalt die »aliénation totale« zu vollziehen.

Die dritte, noch privatere Variante von Nicht-Entfremdung findet sich schließlich in den Autobiografien – auch diese lassen sich als Versuch deuten, die eigenen Entäußerung auf eine nichtentfremdende Weise anzueignen. Im Schreiben über sich selbst war Rousseau ein Meister. Er schrieb gleich drei Autobiografien: *Les Confessions* (verfasst 1765–1770), *Rousseau juge de Jean-Jacques* (verfasst 1772–1775) und die *Träumereien eines einsamen Spaziergängers* (verfasst 1776–1778). Vor allem in dem letzten Werk ging es ihm darum, die angesprochene »Empfindung des eigenen Daseins« möglichst intensiv zu erleben und prägnant festzuhalten (Sturma 2011, 174 ff.). Man kann diese Schreibpraxis als Vollzug der Theorie deuten: Hier wird nicht für beliebige andere ein Modell beschrieben, worin eine »Rückkehr in sich« bestehen könnte, sondern hier werden Erlebnisse schriftlich zum Ausdruck gebracht, die als ersten Leser den Autor selbst adressieren – oder dies zumindest vorgeben, wenn sie sich als »Logbuch« der Einsamkeit verstehen (Rousseau 1776-78, 62). Rousseau erklärt, theoretisiert oder polemisiert nicht mehr, sondern beschreibt, wenn auch mit zahlreichen Anspielungen, das Erleben selbst (Spelsberg 2012, 96 ff.). Interessant ist dabei die Beschreibung des Bei-sich-Seins in der Natur, das im Moment des Lesens bereits in seine Verschriftlichung hinein entäußert ist:

> »Doch wofern es einen Zustand gibt, wo die Seele einen gut geerdeten Halt findet, um sich richtig auszuruhen und ihr ganzes Wesen zu sammeln, ... ohne jedes Gefühl von Mangel oder Wonne, von Freud oder Leid, von Wunsch oder Angst, außer um unser Dasein selbst, das ganz von diesem Gefühl ausgefüllt wird; solange dieser Zustand währt, kann sich jener, der darin schwelgt, als glücklich bezeichnen, nicht im Sinne jenes unerfüllten und armseligen Glücks des eifernden Vergleichens, ... sondern ein sich selbst genügendes Glück, voll und rund, das in der Seele keine Lücke lässt, die zu füllen ist. [...] Woran ergötzt man sich in solchen Situationen? An nichts, was uns äußerlich ist, an nichts außer an uns selbst und an unserem eigenen Dasein.« (Rousseau 1776-78, 135 f.)

Hier lässt sich das eingangs beschriebene Modell mit Händen greifen: »Innerhalb der Träumerei dehnt sich das ›Ich‹ aus, entäußert sich an der Welt und kehrt zu sich selbst zurück.« (Spelsberg 2012, 106) Damit haben wir unseren kleinen Durchgang durch Rousseaus Werke zur Entfremdung beendet.

Rousseauismus in der Nachfolgephilosophie und in der Populärkultur

Rousseau hatte, trotz seiner Anpassungsprobleme an die Umwelt, schon zu Lebzeiten ungeheuren Erfolg. Seine Opern wurden dem König vorgespielt, sein Liebesroman wurde ein einflussreicher Bestseller, seine philosophischen Schriften wurden seit dem ersten *Diskurs* von 1750 europaweit gelesen, und seine politische Philosophie beeinflusste die revolutionäre Politik Frankreichs und der USA. In den unterschiedlichsten philosophischen Werken ist bis heute sein Einfluss zu spüren – schon die Bildungsphilosophie von Herder, Humboldt und Schiller ist ohne ihn undenkbar, und noch Kant, Hegel und Marx sowie Autoren wie Claude Lévi-Strauss oder Charles Taylor haben von ihm gezehrt. Aber was genau heißt eigentlich »Rousseauismus«? Welchen Teil seines Werkes, welche Ideen genau haben nachgewirkt?

An dieser Stelle macht sich etwas Seltsames bemerkbar. Rousseau hat eine Vielzahl von Phänomenen behandelt, aber sich selbst nie zu seiner Systematik ausgesprochen (wofür Kantianer wie Ernst Cassirer wenig Verständnis aufbrachten). Dabei gibt es, wie wir sahen, eine solche durchaus: Eine dynamische Exposition wird in den beiden frühen Diskursen anthropologisch-gefühlstheoretisch grundgelegt und von einer kritischen Gesellschaftstheorie mit Spannung aufgeladen. Diese Spannung wird über verschiedene Versuche hindurch gehalten und zu stabilisieren versucht: in der Politik, in der Beziehung und Erziehung sowie in Vorwegnahme der Romantik in einsamen, doch naturvermittelten

Selbstverhältnissen. Es ist aufgrund dieses thematischen Reichtums (und der nur impliziten Systematik des Werkes) nicht einfach, auf ganzer Linie »Rousseauist« zu sein. Und tatsächlich fällt auf, dass spätere Entfremdungstheorien zwar an Rousseau anschließen, aber meist nur an einzelne seiner Themen: So gibt es bei den Frühsozialisten eine *polit-ökonomische* Rezeptionslinie, die an die Kritik am Eigentum, am Arbeitszwang und der von Wirtschaftseliten gekaperten Politik anknüpft. Empfindsamkeit und Romantik führen den Gedanken einer »inneren Natur« weiter, die nur in der Abgeschiedenheit zu finden und zu kultivieren sei. Es gibt eine pädagogische Weiterführung etwa bei Pestalozzi und Humboldt; und Hegel unternimmt sogar den Versuch, eine Systematik solch verschiedener Gebiete wie Liebe, Politik, Wirtschaft, ja auch Kunst und Religion neu zu entwerfen und die »Entzweiung« des Zeitalters theoretisch zu überwinden. Aber gerade die Vergeistigung der Hegel'schen Variante konnte im Geiste von Rousseau wieder angegriffen werden; daher gibt es bei Kierkegaard und Feuerbach weiterhin die Idee, dass gerade die zu abstrakte Philosophie Hegels zur Entfremdung beitrage (bei Kierkegaard von unserem Selbst, bei Feuerbach von unserer Natur). Rousseaus Gedanken bleiben damit auch gegen seine Nachfolger weiterhin relevant.

Diese Aktualität Rousseaus hat sich zu seinem dreihundertsten Geburtstag 2012 in einer Flut von Publikationen gezeigt. Sie lässt sich auch in der Populärkultur beobachten. Abschließend sei daher auf einige filmische Adaptionen Rousseau'scher Themen verwiesen. Dass Entfremdung damit zu tun hat, nicht sich selbst, sondern den anderen zu folgen, ist in dem Film *Alle Anderen* von Maren Ade (2009) zu sehen. Ein junges Paar, das sich für einige Zeit in die Natur zurückgezogen hat – schon das erinnert an den *Émile* – wird von einem anderen Paar besucht. Die Orientierung an diesem anderen Paar, und darüber vermittelt an vermuteten Erwartungen *aller anderen*, bringt die Beziehung gehörig ins Ungleichgewicht. Das zeigt zugleich, dass Rousseau kein simples »Zurück zur Natur« im Sinn hatte (was sich inzwischen touristisch in selbst schon entfremdeter Form konsumieren lässt), sondern dass Entfremdung ein Thema der Selbstbeziehung und zugleich der Beziehung zu anderen ist und bleibt.

Ein anderer Film, der Ideen von einem »Naturzustand« variiert, ist die Animation *Madagascar* aus den Dreamwork Studios (2005). Er greift nicht nur das zentrale Rousseau'sche Motto auf: »Der Mensch ist frei geboren, und überall liegt er in Ketten« (Rousseau 1762a, 270; die Titelmusik von »born free«, einem Tierfilm von 1966, wird in *Madagascar* mehrfach zitiert). Auch in der Geschichte gibt es deutliche Parallelen. In einer spannenden Verwicklung von Metaphern finden sich ›zivilisierte‹ Tiere aus einem New Yorker Stadtzoo plötzlich auf einer (an Utopien erinnernden) Insel wieder. Rasch wird klar, dass eine Rückkehr zum echten »Naturzustand« nicht möglich ist – denn dann müsste der Löwe Alex seinen Freund, das Zebra, verspeisen, was er ›natürlich‹ nicht will. Aber wie sich herausstellt, ist der Zustand dieser Inselnatur gar nicht vorzivilisiert; es gibt Verbindungen zwischen den dort lebenden Tieren, es gibt sogar – auch dies ein Rousseau'sches Thema – Feste ohne Grund, einfach aus Lebensfreude (Rousseau 1981, 197, sowie im *Brief an d'Alembert*). Dennoch kommen die vier entlaufenen Tiere ihrer Natur näher und werden ausgeglichener, als sie es in New York je waren (die Giraffe war tablettenabhängig und der Löwe konnte daheim nur sehr zahm brüllen).

Ein Beispiel für das glückliche und stabile Zeitalter einer gelingenden Mitte begegnet uns schließlich in *Star Trek: Insurrection* (Jonathan Frakes 1998). Dort erscheint das Volk der Baku für die Besatzung der Enterprise zunächst als ›primitiv‹, da es noch Ackerbau treibt. Tatsächlich aber haben seine Mitglieder sich bewusst für diese naturnahe Existenz entschieden. Sie verfügen über hochentwickelte Technologien (etwa den »Warp-Antrieb«), nutzen diese aber nicht, um – buchstäblich – bei sich selbst zu bleiben. Sie haben also das getan, was Rousseau vorschlägt: eine Existenzweise zu wählen, die nicht in die Urzeit zurückgeht, aber die ihrer Natur näher bleibt und auf vieles Äußerliche verzichtet, um dafür innerlichen Reichtum zu ernten (Schor 2010). Es gibt sogar eine entfremdete Version dieses Volkes, die von innen nach außen (ins Weltall) gegangen ist und es versäumt hat zurückzukehren. In einer für amerikanische Produktionen typischen Über-Visualisierung sind seine Angehörigen als artifizieller und ungesünder zu erkennen (sie leben nicht so lange wie ihre daheim gebliebenen Landsleute).[29] Man kann an diesen interessanten Adaptionen sehen, dass es bei diesen Existenzweisen nicht um Regression in eine verlorene Ur-Einheit geht. Im Zentrum stehen Möglichkeiten des menschlichen Seins, die man durch selbstbestimmte Entwicklung erreichen oder auch verfehlen, denen man näher oder ferner sein kann.

3. Schiller, Humboldt, Fichte: Kunst und Bildung als Gegenentfremdung

Es gab in ganz Europa rege Diskussionen um Rousseaus radikale Thesen. Im deutschsprachigen Kontext wurden sie vor allem in Verbindung mit der Französischen Revolution virulent – weil diese als Umsetzung seiner Ideen gedeutet wurde und weil seine Kulturkritik auch die unangenehmen Seiten der Revolution zu erklären vermochte. Angesichts der Gewaltausbrüche musste neu über diese Kulturkritik nachgedacht werden. Es gibt dazu in den 1790er Jahren eine reichhaltige politisch-philosophische Literatur (man denke an Schriften von Fichte, an Georg Forster, Novalis oder die Schlegels; an Edmund Burke oder William Godwin). Nicht alles davon ist in dem späteren abgekühlten Syntheseversuch von Hegel noch wiederzuerkennen, auf den ein Überblick zur Entfremdungstheorie schnell zu kommen hätte, wenn es nur um die Brücken zwischen Rousseau und Marx geht. Wir wollen uns daher zunächst ansehen, wie sich die Entfremdungstheorie bei drei prominenten Vertretern gegenüber Rousseau wandelt – bei Friedrich Schiller (1759–1804), Wilhelm von Humboldt (1767–1835) und Johann Gottlieb Fichte (1762–1814).

Schillers *Ästhetische Briefe* als Manifest der Ent-Entfremdung

Bereits Georg Lukács (1923, 138) hat festgestellt, dass die »ästhetischen Schriften Schillers überhaupt sehr viel Wertvolles über die Verdinglichung« enthalten.[30] Tatsächlich haben nicht nur Hegel, sondern noch Feuerbach und Marx einiges von Schillers Gedanken mitgenommen. Neben Lukács haben auch andere Radikale auf Schiller zurückgegriffen, neuerdings etwa Jacques Rancière (2006, 45, 81) oder Gayatri Spivak (2012). Entfremdungstheoretisch interessant sind dabei vor allem Schillers 1795 erschienene Briefe *Über die ästhetische Erziehung des Menschen*. In ihnen greift Schiller einerseits die radikale Entfremdungskritik Rousseaus auf, er versucht aber in politischer Hinsicht bereits Konsequenzen aus dem blutigen Verlauf der Französischen Revolution zu ziehen, welchen er für Umwälzungen in seiner Heimat vermeiden möchte (Bollenbeck 2007, 76 ff.). Dieses vermittelnde Bestreben teilte er mit Denkern wie Kant und Hegel.

Deutlich flaggt Schiller seinen Rousseau-Bezug aus, wenn er die Rechtfertigung des Versuchs »eines mündig gewordenen Volks, seinen Naturstaat in einen sittlichen umzuformen«, beschreibt (Schiller 1795, 14; 3. Brief; zugleich ist ein Kant-Bezug deutlich zu erkennen). Denn diese Rechtfertigung laufe über den »Naturstand in der Idee«, der dabei helfe, den bloßen »Notstaat« zu überwinden (ein Terminus, den später auch Hegel benutzt). Ein »Naturstand in der Idee« ist eigentlich ein Widersinn – entweder Naturzustand oder Idee –, aber das trifft genau die Reflexivität des Rousseau'schen Naturbezugs, der sich explizit als Gedankenkonstrukt ausgibt. Doch so legitim die Idee einer sittlichen Erneuerung des Staates in der Theorie sei, so problematisch könne in der Praxis der Übergang werden, wenn zwischen dem alten und dem neuen Gesellschaftsvertrag aufgrund eines Machtvakuums der Krieg aller gegen alle wiederkehrt (die »Zerstörung«, 15). Eben so deutete Schiller den Tugendterror: Nicht schon die Radikalität der Ideen von Freiheit und Gleichheit ist dafür verantwortlich (eine bedeutsame Differenz zu Hegel und Gehlen, wie wir sehen werden), sondern die noch zu wenig augebildete Fähigkeit der Zeitgenossen zur plötzlich möglich gewordenen Autonomie.

Schiller denkt die Logik des *Gesellschaftsvertrags* (Rousseau 1762a) mit der Entfremdungskritik des ersten *Diskurses* (Rousseau 1750) zusammen: Zwar hat sich ein Fenster hin in eine freiere Gesellschaft geöffnet, doch die Menschen der Gegenwart seien noch nicht – oder nicht mehr – in der Lage, von sich aus einen sittlichen Vernunftstaat zu begründen. »Die Kultur selbst war es, welche der neuern Menschheit diese Wunde schlug.« (Schiller 1795, 24, sechster Brief) Als Antwort darauf führt er einen dritten Gedanken Rousseaus weiter, nämlich jenen des *Émile* (Rousseau 1762b), indem er zunächst eine bestimmte »Erziehung« der Menschen vorschlägt, welche auf sanfte Weise deren Natur verändern und sie damit ›demokratiefähig‹ machen soll.

Ist man für diesen mehrschichtigen Rousseau-Bezug sensibilisiert, fallen die teils wörtlichen Anleihen umso mehr ins Gewicht (so schreibt Schiller etwa vom »außer sich sein« und »in sich gehen«, 1795, 49, Fn. 4, zwölfter Brief). Für Schiller wie für Rousseau wird die Balance doppelt unmöglich gemacht: durch die Strukturen der Gesellschaft sowie durch die von ihr geformten seelischen Dispositionen (»von innen und außen«, 26, sechster Brief; diese Dopplung führte etwa Marcuse weiter). In seiner Kritik an den *äußeren* Zuständen moniert er die Zerspaltung der Gesellschaft in Klassen, nicht zuletzt durch den Mechanismus der Arbeitsteilung. Diese hat zur Folge, dass es keinen gesellschaftlichen Zusammenhalt mehr gibt, denn es machte »die erweiterte Erfahrung und das bestimmtere Denken eine schärfere Scheidung der Wissenschaften, auf der andern das verwickeltere Uhrwerk der Staaten eine strengere Absonderung der Stände und Geschäfte nothwendig« (24, sechster Brief). Das hat nun Auswirkungen auf jede einzelne dieser Klassen »Hier Verwilderung, dort Erschlaffung«.

Zunächst liest Schiller Rousseaus ersten *Diskurs* als Diagnose der Lage der adligen und bürgerlichen Oberschichten, deren »Schlaffheit und ... Depravation des Charakters ... desto mehr empört, weil die Kultur selbst ihre Quelle ist« (21):

> »Die Aufklärung des Verstandes, deren sich die verfeinerten Stände nicht ganz mit Unrecht rühmen, zeigt im Ganzen so wenig einen veredelnden Einfluss auf die Gesinnungen, dass sie vielmehr die Verderbniss durch Maximen befestigt.« (21, fünfter Brief)

Auf den ersten Blick scheint Schiller an den »niedern« Klassen dagegen ihre Natürlichkeit zu kritisieren: »In den niedern und zahlreichern Klassen stellen sich uns rohe, gesetzlose Triebe dar, die ... mit unlenksamer Wuth zu ihrer thierischen Befriedigung eilen.« (20, fünfter Brief – man denke an Alex aus *Madagascar*, der plötzlich seinen Freund, das Zebra, verspeisen möchte) Aber dies ist gerade keine Naturgegebenheit, sondern ebenfalls etwas Gemachtes, ein Effekt des Reichtums der oberen Klassen. Diese falsche Naturalisierung wird einerseits durch praktische Auswirkungen der Wirtschaftsweise bewirkt. So macht sich etwa eine Vereinseitigung bemerkbar, die auf Herbert Marcuses *Eindimensionalen Menschen* von 1962 vorausweist:

> »[W]ir sehen nicht bloß einzelne Subjekte, sondern ganze Klassen von Menschen nur einen Theil ihrer Anlagen entfalten, während dass die übrigen, wie bei verkrüppelten Gewächsen, kaum mit matter Spur angedeutet sind.« (Schiller 1795, 23, sechster Brief)

Schiller nimmt hier als Leser von Adam Smith Marx ein Stück weit vorweg:

> »Ewig nur an ein einzelnes kleines Bruchstück des Ganzen gefesselt, bildet sich der Mensch selbst nur als Bruchstück aus; ewig nur das eintönige Geräusch des Rades, das er umtreibt, im Ohre, entwickelt er nie die Harmonie seines Wesens, und anstatt die Menschheit in seiner Natur auszu-

prägen, wird er bloß zu einem Abdruck seines Geschäfts, seiner Wissenschaft.« (Schiller 1795, 25, sechster Brief)

Gemeint ist damit, dass Menschen *nur* noch manuell und unfrei arbeiten oder *nur* noch Abrechnungen schreiben und zu nichts anderem mehr kommen, ja irgendwann alles andere verlernen. Diese Naturalisierung wird andererseits noch ideologisch abgedichtet, indem die ökonomische Wissenschaft diese Praxis als einzig rationale hinstellt. Das System des Egoismus (»Mitten im Schooße der raffiniertesten Geselligkeit hat der Egoism sein System gegründet«, 21) meint die Rechtfertigung kapitalistischer Wirtschaftspraktiken durch die bürgerliche politische Ökonomie, die an zentraler Stelle mit dem Eigennutz argumentiert. Sie malt nun die ganze Gesellschaft nach ihrem Bilde (ein ökonomischer Imperialismus):

»Jetzt aber herrscht das Bedürfnis und beugt die gesunkene Menschheit unter sein tyrannisches Joch. Der *Nutzen* ist das große Ideal der Zeit, dem alle Kräfte frohnen und alle Talente huldigen sollen.« (12, zweiter Brief)

»Der Geschäftsgeist, in einen einförmigen Kreis von Objekten eingeschlossen und in diesem noch mehr durch Formeln eingeengt, musste das freie Ganze sich aus den Augen gerückt sehen und zugleich mit seiner Sphäre verarmen. ... so stürzte letzterer in das entgegenstehende Extrem, alle Erfahrung überhaupt nach einem besondern Fragment von Erfahrung zu schätzen und die Regeln *seines* Geschäfts jedem Geschäft ohne Unterschied anpassen zu wollen.« (26 f.; sechster Brief)

Aufgrund dieser »doppelten Gewalt« (26) von Theorie und Praxis des egoistischen Wirtschaftens kommt es zu einer menschlichen »Zerstückelung« (27): Mit dem Auseinanderdriften der verschiedenen Klassen in der Gesellschaft »zerriss auch der innere Bund der menschlichen Natur, und ein verderblicher Streit entzweite ihre harmonischen Kräfte« (24, sechster Brief). Darin stecken schon die für Hegel zentralen Diagnosen der Zerrissenheit und der Entzweiung; und auch das Wörtlein »fremd« wird benutzt (»ewig bleibt der Staat seinen Bürgern fremd«, der Philosoph wird »ein Fremdling in der Sinnenwelt«, 26). Das bedeutet für die Individuen ein inneres Ungleichgewicht, und darunter *leiden* die Menschen: es sei nicht zu leugnen, dass die Individuen »leiden« (29). Dies ist also keine Diagnose aus einer unbeteiligten Beobachterperspektive. Am Ende wird für Schiller sogar der Rousseau'sche Rettungsanker, die *perfectibilité*, verschüttet: Die »Bande des Physischen schnüren sich immer beängstigender zu, so dass die Furcht, zu verlieren, selbst den feurigen Trieb nach Verbesserung erstickt« (22, fünfter Brief).

So weit zu den ersten beiden Rousseau-Adaptionen. Doch auch in Schillers Lösung scheinen Rousseau'sche Thesen auf – diesmal aus dem *Émile*. Schon die Rede vom »Bruchstück« (1795, 25), das der Mensch in der Arbeit wird (nicht: bleibt), erinnert an Rousseaus seltsames Bild vom Bürger als »Bruchteil, der vom Nenner abhängt« (1762b, 12). Und so entspricht es Rousseaus Rede davon, »dass sich der Einzelne nicht mehr als Einheit, sondern als Glied des Ganzen fühlt und angesehen wird« (1762b, 12), wenn Schiller sagt, es müssten sich »die Theile zur Idee des Ganzen hinaufgestimmt haben« (1795, 19, vierter Brief), bevor sie einen demokratischen Neuentwurf wagen dürften. Bei diesem »Hinaufstimmen« (einem Bild der Resonanz) folgt Schiller der Rousseau'schen Vorgabe, dass die Vermeidung von Entfremdung in Kultur und Politik nur dann möglich ist, wenn man ihr schon im Kleinen entgangen ist. Es liegt also auch im politischen Interesse, im psychischen Haushalt eine Balance zu halten, was wir oben als Merkmal der Nicht-Entfremdung bestimmt hatten:

> »Ist der innere Mensch mit sich einig, so wird er auch bei der höchsten Universalisierung seines Betragens seine Eigenthümlichkeit retten, und der Staat wird bloß der Ausleger seines schönen Instinkts, die deutlichere Formel seiner innern Gesetzgebung sein.« (Schiller 1795, 19, vierter Brief)

Da nun das Überspringen der eigenen Empfindungsnatur eine Form der Entfremdung wäre, folgt daraus im Positiven, dass die Leiblichkeit keinem Vernunftdiktat unterworfen werden darf. Das könnte zum Tugendterror führen, wo die Vernunft die Natur mit Gewalt unterjochen muss (wie Schiller es Kant zum Vorwurf macht). Doch gibt es von Rousseau her einen sanfteren Weg – nicht die Unterwerfung der Sinnlichkeit, sondern ihre Überformung durch Erziehung. Diesen Weg empfiehlt Schiller:

»Wenn also auf das sittliche Betragen des Menschen wie auf *natürliche* Erfolge gerechnet werden soll, so muss es Natur *sein*, und er muss schon durch seine Triebe zu einem solchen Verfahren geführt werden.« (16, vierter Brief)

An diesem Punkt setzt für Schiller die ästhetische Erziehung ein; das verbindet ihn mit der Bildungsphilosophie etwa von Herder und Humboldt. Obwohl sie die Politik nicht ersetzt, wird Kunst damit zur zentralen Gegeninstanz der Entfremdung: es sei die Aufgabe, »diese Totalität in unserer Natur, welche die Kunst zerstört hat, durch eine höhere Kunst wieder herzustellen« (30, sechster Brief). Diese Wendung war für die Geschichte der Entfremdungskritik höchst einflussreich – auch Marx, Simmel oder Marcuse greifen auf Kunst zurück; und noch Boltanski und Chiapello (1999, 81 f.) nennen die Entfremdungstheorie eine »Künstlerkritik«. Warum aber die Kunst?

Es gibt drei Gründe dafür, dass gerade die Kunst seit Schiller als Gegeninstanz der Entfremdung auftritt. Erstens transportiert der *Inhalt* der Werke etwas, was in der Gegenwart so nicht mehr erkennbar sei:

»Die Menschheit hat ihre Würde verloren, aber die Kunst hat sie gerettet und aufbewahrt in bedeutenden Steinen; die Wahrheit lebt in der Täuschung fort, und aus dem Nachbilde wird das Urbild wieder hergestellt werden.« (1795, 36, neunter Brief)

Eine solche Sicht hat noch Adorno vertreten, wenn er aus spezifischen Gehalten von Kunstwerken (etwa bei Beckett oder Schönberg) den kritischen Funken schlug. Zweitens ist es die Wirkung der Kunst-*Rezeption* auf das Gemüt der Betrachtenden: Der »ästhetische Zustand« (85, 21. Brief), in den man durch den Kunstgenuss gerät, ist erstrebenswert, weil er die rechte Mitte hält zwischen »Sinnlichkeit und Vernunft« (daher »freie« oder »mittlere Stimmung« genannt, 83, 20. Brief). Das ist wieder der Kerngedanke der Balance: »sobald es stille wird in ihm, legt sich auch der Sturm in dem Weltall, und die streitenden Kräfte der Natur finden Ruhe zwischen bleibenden Grenzen.« (104, 25. Brief) Diese innere Balance macht zugleich fähig zur Aufnahme der nötigen politischen Einsichten, ohne dass diese aufgezwungen werden müssten – sie werden den so gestimmten Betrachtern von sich aus evident, da sie sich anhand der ästhetischen Formen bereits auf Allgemeinheit ›heraufgestimmt‹ haben: »Der ästhetisch gestimmte Mensch wird allgemein gültig urteilen und allgemein gültig handeln, sobald er es wollen wird.« (94, 23. Brief; eine Nähe zwischen Kunsterfahrung und Demokratie vertrat noch John Dewey.) Und drittens hat auch die *Produktion* von Kunst eine Wirkung, die von Entfremdung befreien kann – man wird durch ein Künstler-Dasein »eine fremde Gestalt« (36, neunter Brief), aber damit entfremdet man sich vor allem von der Entfremdung der Zeitgenossen (eine doppelte Negation im Sinne Hegels, die noch bei Marcuse begegnet):

»Wie verwahrt sich aber der Künstler vor den Verderbnissen seiner Zeit, die ihn von allen Seiten umfangen? Wenn er ihr Urtheil verachtet. Er blicke aufwärts nach seiner Würde und dem Gesetz, nicht niederwärts nach dem Glück und nach dem Bedürfniß ... er aber strebe, auf dem Bunde des Möglichen mit dem Nothwendigen das Ideal zu erzeugen.« (36, neunter Brief)

Auch diese dritte Rolle der Kunst als Praxis (neben der als Werk und als Erfahrung) hat in der Entfremdungstheorie eine Rolle gespielt; etwa wenn Marx als Beispiel für »wirklich freies Arbeiten« das Komponieren nennt (MEW 42, 512) oder sich Gegenbewegungen zur industrialisierten Kultur wie das Arts and Craft Movement oder das Bauhaus auf das Befreiende kreativer Tätigkeiten konzentrierten. Blickt man auf unser heuristisches Modell (Kap. 1), ist das keine große Überraschung, denn wenn es um das Ausdrücken und Wiederaneignen dieses Ausdrucks geht, kann das künstlerische Produzieren als paradigmatische Form des Gelingens gelten. Künstlerische Autonomie ist im mehrfachen Sinne eine über das Produkt: Der Künstler entscheidet selbst, was er *herstellt* – und was er mit dem Hergestellten *anfängt*.

Eine innere Balance des Schaffenden wurde auch von Schelling beschrieben, der zur Zeit der Niederschrift dieser Zeilen in der Nähe Schillers weilte. Bei Schelling ist es das Ineinander der sonst als Widerspruch erfahrenen Regionen von Natur und Freiheit, das sich in der »ästhetischen Produktion« erfahren lässt:

> »So wie die ästhetische Produktion ausgeht vom Gefühl eines scheinbar unauflösbaren Widerspruchs, ebenso endet sie nach dem Bekenntnis aller Künstler, und aller, die ihre Begeisterung theilen, im Gefühl einer unendlichen Harmonie.« (Schelling 1800, 685)

Als das Nicht-Entfremdete wird hier eine Praxis deutlich. Man könnte in Marx'scher Wendung sagen: »Alle Mysterien, welche die Theorie zum Mystizismus veranlassen, finden ihre rationelle Lösung ... in dem Begreifen dieser Praxis.« (MEW 3, 7; These 8) Tatsächlich können die Rätselformen, die Schiller in dieser Schrift verwendet, Anlass zum philosophischen »Mystizismus« geben, wenn man sie ihrem Kontext entreißt – etwa die Wendungen, man solle »sein Individuum zur Gattung steigern« (1795, 12, zweiter Brief, und 51, zwölfter Brief), eine »Totalität des Charakters« (19, vierter Brief) erreichen oder »glückliche und vollkommene Menschen erzeugen« (29, sechster Brief). Aber daran ist nichts Rätselhaftes. Für Schiller ist dieses Ziel in der Kunst bereits stellvertretend eingelöst – in ihren Werken sowie in deren Produktion und Betrachtung. In der Sekundärliteratur gab es Streit darüber, ob das als *Vorstufe* zu einer demokratischen Selbstregierung oder vielmehr als deren *Ersatz* zu verstehen war – immerhin ist der »ästhetische Staat« (121) nur ein Schein: »Hier also in dem Reiche des ästhetischen Scheins wird das Ideal der Gleichheit erfüllt.« (123, 27. Brief)[31] Wie schon Rousseau denkt Schiller jedenfalls individuelle und politische Befreiung zusammen, und darin ist ihm noch Marx gefolgt, wenn er proklamierte, dass »die freie Entwicklung eines jeden die Bedingung für die freie Entwicklung aller ist« (MEW 4, 482). Man sollte beides nicht künstlich auseinanderreißen.

Humboldts Bildungstheorie – eine positive Theorie der Entfremdung?

Der Gedanke, dass die richtige Bildung der Menschen im Mittelpunkt stehen müsse, teilte Schiller mit vielen Zeitgenossen; vor allem mit Wilhelm von Humboldt. In der Tat lässt sich bei Humboldt lernen, was die Wendung »allseitige Verwirklichung des Individuums« (MEW 3, 273, 424), die noch bei Marx das Gegenbild der Entfremdung darstellt, eigentlich meinte:

> »Der wahre Zweck des Menschen ... ist die höchste und proportionierlichste Bildung seiner Kräfte zu einem Ganzen. Zu dieser Bildung ist Freiheit die erste und unerlässliche Bedingung. Allein außer der Freiheit erfordert die Entwicklung der menschlichen Kräfte noch etwas weiteres ...: Mannigfaltigkeit der Situationen.« (Humboldt 1792, 558)

Als Kriterien klingen hier die Dimensionen Freiheit gegen Beherrschung, Entwicklung/Bildung gegen Verkümmerung und Ganzheit/Mannigfaltigkeit gegen Einseitigkeit an. Das ist ein reichhaltiges Arsenal für eine Gesellschaftskritik. Derselbe Humboldt wird allerdings zuweilen als *Gegenapostel* gegen kritische Theorien der Entfremdung aufgeführt, da er eine Theorie entworfen habe, in der Entfremdung positiv dargestellt werde – als subjektive »Bedingung der theoretischen Bildung« (Hegel Werke 4, 321; Buck 1984, 179). Tatsächlich war Humboldt ein Gegner der Umverteilung (»Der Staat enthalte sich aller Sorgfalt für den positiven Wohlstand der Bürger«, 1792, 575), daher liegt eine solch konservative Verortung nahe (vgl. Schelsky 1971). Aber was genau sagt Humboldt in seiner Bildungstheorie eigentlich zur Entfremdung? Auch Humboldt greift Rousseaus Leitunterscheidung von innen und außen auf. Er beschreibt eine ausdifferenzierte Welt der Kultur, in deren Mitte er den Menschen stellt, der all dies aus sich geschaffen habe. Es gibt damit zwar ein Außen, das es anzueignen, eine Welt, die es »zu ergreifen« gelte, aber dies geschehe im Interesse des Inneren.

»Im Mittelpunkt aller besonderen Arten der Tätigkeit nämlich steht der Mensch, der ... nur die Kräfte seiner Natur stärken und erhöhen, seinem Wesen Werth und Dauer verschaffen will. Da jedoch die bloße Kraft einen Gegenstand braucht, an dem sie sich üben ... könne, so bedarf auch der Mensch einer Welt außer sich. Daher ... liegt es ihm nicht eigentlich an dem, was er von jener erwirbt, oder vermöge dieser außer sich hervorbringt, sondern nur an seiner inneren Verbesserung und Veredlung, oder wenigstens an der Befriedigung der innern Unruhe, die ihn verzehrt. Rein und in seiner Endabsicht betrachtet, ist sein Denken immer nur ein Versuch seines Geistes, vor sich selbst verständlich, sein Handeln ein Versuch seines Willens, in sich frei und unabhängig zu werden, seine ganze äußre Geschäftigkeit überhaupt aber nur ein Streben, nicht in sich müßig zu bleiben.« (Humboldt 1793, 849)

Hier wird das Außen für das Innen funktionalisiert, aber das heißt gerade nicht, dass Entfremdung damit zu etwas Positivem würde. Im Gegenteil, auch Humboldt kommt es darauf an, nicht in dem Außen zu *bleiben*. Erst darin nämlich würde die Entfremdung im Sinne Rousseaus bestehen:

> »[H]ier kommt es nun darauf an, dass er in dieser Entfremdung nicht sich selbst verliere, sondern vielmehr von allem, was er außer sich vornimmt, immer das erhellende Licht und die wohlthätige Wärme in sein Innres zurückstrahle.« (Humboldt 1793, 851)

Allerdings wird der *Ausweg* aus der Entfremdung nun aus seiner ökonomischen und politischen Verankerung gelöst (Trebess 2001, 32). Denn das von Rousseau aufgeworfene Problem (»die häufigen und nicht ungerechten Klagen, dass das Wissen unnütz und die Bearbeitung des Geistes unfruchtbar bleibt«, 849) wird allein bildungspolitisch gelöst: durch die Schaffung einer »allgemeineren Übersicht« werde es möglich, dass die ausdifferenzierten Spezialisten (die auch Schiller problematisierte) dazu gelangen, ihr Fach und dessen Zusammenhang mit dem Ganzen »in seiner Vollständigkeit zu übersehen« (849). Organisatorische Grundlage dazu bildet die Universität in seinem Geiste, in der Wissenschaftlichkeit als gelebte Praxis diese Grundlage legen soll – anstelle eines bloßen Ordnens von Informationen:

> »Denn nur die Wissenschaft, die aus dem Innern stammt und ins Innere gepflanzt werden kann, bildet auch den Charakter um, und dem Staat ist es ebenso wenig als der Menschheit um Wissen und Reden, sondern um Charakter und Handeln zu tun.« (Humboldt 1809, 276)

Das erinnert an Thomas Manns »machtgeschützte Innerlichkeit«: Wie schon eine bestimmte Lesart Schillers nahelegt, ist nun tatsächlich nicht mehr die innere Balance der Individuen die Voraussetzung für eine demokratische Revolution, sondern umgekehrt wird der preußische Staat als Voraussetzung dafür begriffen, dass den Individuen die ersehnte »natürliche Ruhe, ungestörter innerer Friede« zukommt (Humboldt brieflich 1804, nach Buck 1984, 216). Der politische Eros von Rousseaus Entfremdungstheorie ist in der deutschen Rezeption also nicht ästhetisch (denn Kunst bleibt widerständig, Rancière 2006), sondern erst bildungspolitisch gezähmt worden – ein Abglanz davon wird uns noch bei Jaeggi 2005 begegnen (die an der Humboldt-Universität unterrichtet; siehe Kap. 9). Erinnert sei auch daran, dass auf die Unruhen von 1968 in Deutschland mit einem Ausbau der Universitäten reagiert wurde, was vielen einstigen Revoluzzern einen Marsch durch die Institutionen eröffnete und so ihre »innere Unruhe« befriedete.

Fichte und die Matrix

Es gibt nun eine Merkwürdigkeit, die mit der beschriebenen politischen Übercodierung der Entfremdungstheorie im Kalten Krieg zu tun hat. Als schweres Geschütz gegen allzu progressive Verwendungsweisen der Entfremdungskritik wurde von konservativer Seite neben Humboldt mehrfach Fichte als ein Autor aufgeboten, der Entfremdung anders begriffen habe (Gehlen 1952; Nolte 1952; Becker 1972 oder Schmitz 1992) – etwa um damit die Entfremdungskritiker als verstiegene Heißköpfe zu entlarven, da das von Fichte Verlangte (nämlich alles Fremde als Teil des »Ich« zu begreifen) offensichtlich absurd sei:

> »*Alles* im Ich Vorfindbare, einschließlich dieses Scheins, dieser Suggestion von Fremdheit, Übermacht und Außenwelt sollte abgeleitet werden aus Akten des Ich, und so wollte er ihm seine Freiheit wiedergeben. Natürlich war das absurd und unwahrscheinlich im höchsten Grade, er musste Terror aufwenden.« (Gehlen 1952, 233; Gehlen war in den 1930er Jahren allerdings selbst Fichteaner)

»Das Fremde ist Entfremdetes! Damit reißt Fichte das von Kant nicht ohne Grund sorgfältig in seiner Eigenwüchsigkeit gehegte Fremde aus seinem Boden und ordnet es als unselbständiges Moment ein in jenes Geschehen, in dem ›Selbstentfremdung und Dialektik‹ unzerreißbar aneinander gebunden sind.« (Nolte 1952, 26; vgl. Rohrmoser 1961, 96 f.)

Alternativ konnte man im Ausgriff auf einen positiv bewerteten Fichte zeigen, dass die Marx'sche Entfremdungstheorie verkürzt sei, da Fichte mehr erfasst habe als Marx:

»Die Frage stellt sich, wie es, obwohl die Theorie des Idealismus bis auf Hegel über das Problem von Freiheit und Entfremdung tiefere Einsichten vermittelt hat als Marx, zur Aktualität des Marxschen Denkens kommt.« (Becker 1972, 278)[32]

Aber diese »tieferen Einsichten« stellen vom Gehalt her eher einen Verlust dar. Fichte verlegt das Phänomen, das vorher ein Thema der *Lebensführung* war (in Politik, Erziehung, Wirtschaft, Liebe und Kultur), in die Erkenntnistheorie vor, die allem vorangeht. *Dort* spricht Fichte nun von Entäußerung: »[E]in Teil der absoluten Totalität wird entäußert, wird gesetzt, als nicht gesetzt.« (Fichte Werke I, 165, von 1794) Das bedeutet, dass alles Wahrgenommene letztlich aus dem Ich stammt und damit für die idealistisch Belehrten seine Fremdheit verliert. »Das Bewusstsein ist hier nicht mehr jener Fremdling in der Natur ... es ist einheimisch in derselben.« (Fichte Werke II, 184 f., von 1800; Nolte 1952, 44) Damit wird der zuvor bereits erreichte Problematisierungsgrad überbietend unterlaufen, die Rede von »fremd« und »eigen« wird abstrakt und inflationär und damit unspezifisch. Mehr noch, während es Rousseau und späteren Denkern wie Feuerbach darauf ankam, sich der eigenen Natur wieder anzunähern, geht es Fichte stattdessen darum, von der als Unvernunft begriffenen Natur loszukommen:

»Die Übereinstimmung der Wirklichkeit mit dem Naturtriebe hängt nicht ab von mir selbst, insofern ich Selbst, d.i. frei bin. Die Lust sonach, die aus ihr entsteht, ist eine solche, die mich von mir selbst wegreißt, mich mir selbst entfremdet und in der ich mich vergesse.« (Fichte Werke IV, 146, von 1798; zitiert bei Nolte 1952, 38)

An dieser Stelle sei auf eine Parallele der Gedanken Fichtes zu einer modernen Paranoia verwiesen, die selbst eine Entfremdung zum Ausdruck bringt und filmisch in der *Matrix* meisterhaft dargestellt wurde (Wachowskis 1999). Wenn man Fichtes Gedanken ernst nimmt, dass alles, was wir wahrnehmen, letztlich ›produziert‹ ist, allerdings nicht von unserem kleinen, endlichen Ich, sondern von einem größeren, »absoluten Ich«, dann besteht die Möglichkeit, dass es zwischen diesen beiden Ichs einen »Widerspruch« gibt (Fichte Werke I, 249, von 1794) und dieses Über-Ich eine fremde Instanz bleibt. Die Frage ist: Wer denkt mich, wenn das Denkende nicht im Gedachten aufgeht? Im Film *Matrix* wird zunächst der Umstand geschildert, dass alles, was einem Menschen geschieht, von diesem nur gedacht wird. Aber die Erkenntnis dessen ist kein Freiheitsgewinn wie bei Fichte, sondern führt vielmehr auf die Einsicht, dass der Denkende ein anderer ist (*Ich ist ein anderer*), besser: *etwas* anderes ist, nämlich die Maschine. Das wäre eine auf die Spitze getriebene Entfremdungstheorie im Geiste ihrer kognitivistischen Lesart.

Es ist daher nicht ratsam, Entfremdung bereits auf einer erkenntnistheoretischen Ebene zu lokalisieren: hier werden vorher noch klar eingrenzbare Phänomene durch Abstraktifizierung verunklart; es kommt gleichzeitig zu einer Verengung der möglichen Ursache auf eine allein geistige (ein falsches Denken), und schließlich kann gerade die Wahnidee einer völligen Aneignung von Welt in praktische Weltüberhebung umschlagen.[33] Nachdem der Gefechtsdonner des Kalten Krieges verflogen ist, ist daher nüchtern festzuhalten, dass Fichtes Beitrag zur Entfremdungstheorie wenig bedeutend war (Trebess 2001, 38 ff.; Nicolaus 1995, 106 f.; anders Schmitz 1992, 65 ff.; Großheim 2002, 28 ff., 187 ff.) – jedenfalls im Vergleich mit dem, der ihm folgte – nämlich Hegel.

4. Hegel: Aufhebung und Verstärkung der Entfremdung im System

Der Autor, anhand dessen Entfremdung (neben Marx) am meisten diskutiert wurde, ist G.W.F. Hegel (1770–1831). Das liegt daran, dass er den Begriff in seiner Philosophie erstmals systematisch benutzt – Marx hat ihn in Hegels *Phänomenologie des Geistes* (1806) aufgelesen, übernimmt allerdings inhaltlich mehr von Rousseau und Schiller. Hegel greift die bisherigen Stränge der Diskussion auf und verarbeitet sie, jedoch weniger die zur Politik neigenden von Rousseau und Schiller; wichtiger waren für ihn die erkenntnistheoretisch-ontologische Version von Fichte und die bildungstheoretische von Humboldt. Zwar berücksichtigt Hegel auch Gedanken der politischen Ökonomie, aber insgesamt bleibt die Anlage seines Denkens über Entfremdung eher den erkenntnis- und bildungstheoretischen Impulsen verhaftet. Nach Meinung einiger Kommentatoren schlägt sogar ein theologisches Erkenntnisinteresse durch. Weil die gesamte Tradition des Denkens über Entfremdung durch das Hegel'sche Nadelöhr ging, waren spätere Entfremdungstheoretiker wie Marx, Lukács oder Marcuse gezwungen, sich an Hegel abzuarbeiten. Daher müssen auch wir uns in die Abgründe seiner Dialektik hineinwagen.

Hegels Grundidee: Entfremdung als Erziehungstrick

Die Entfremdungstheorie gewinnt bei Hegel an Komplexität; sie verliert dafür aber an zeitkritischer Raffinesse, Radikalität und politischer Stoßkraft. Es muss kein Vorteil sein, unterschiedliche Gedankenstränge aufzunehmen, die unter einer Sache womöglich ganz Verschiedenes verstehen, und diese dann in das Korsett einer einheitlichen – oder besser: vereinheitlichenden – Theorie zu zwängen. Gerade darin aber, in dem Versuch, das Gesamt des Wirklichen und des Gedachten im Gewand nur *einer* Theorie darzustellen, sah Hegel seine Aufgabe und sein größtes Verdienst (in diesem Theorieverständnis ist ihm im 20. Jahrhundert Niklas Luhmann vergleichbar). Hinter diesem Vorhaben erkennt man bereits eine wichtige Weichenstellung: Wenn versucht wird, buchstäblich alles in eine Theorie zu stecken, dann kann man nicht nur fragen, was für eine *Art* von Theorie das eigentlich sein soll (eine über alles); zu fragen ist auch, was von der Anlage einer solchen Theorie bereits vorausgesetzt wird (und das heißt noch nicht: bewiesen). Wenn alles in einer Theorie miteinander verknüpft werden kann, dann ist das – will man nicht oberflächliche Benennungsspielchen spielen – nur möglich, wenn alles bereits miteinander verknüpft *ist*; wenn es also letztlich nur *Eines* gibt, das sich in der Theorie wie in der Wirklichkeit lediglich unterschiedlich darstellt.[34] *Hen kai pan*, alles ist eins, war schon im Tübinger Stift der Wahlspruch der Zimmergenossen Hegel, Schelling und Hölderlin. Wenn das stimmt, hat Philosophie ›nur‹ noch zu zeigen, wie »geistige Einheit« (Hegel Werke 3, 578) und Mannigfaltigkeit miteinander zu vermitteln sind; wie das Eine als Vieles erscheinen, sein oder prozessieren kann.

Für die Entfremdungstheorie, wie sie vor Hegel formuliert wurde, erwächst daraus ein Problem (aber kein unlösbares): Wo nur Eines ist, kann sich nichts entfremden. Denn dafür müsste man etwas anderes voraussetzen, was die Entäußerung des Einen daran hindert, gewandelt in den Ausgang zurückzukehren. Entäußerung ist ja, wie wir sahen, selbst noch nicht Entfremdung – wenn es als Fremdes *gesehen* wird, ist das ein Denkfehler, der sich durch die richtige Philosophie auflösen lässt. Es wird erst dann zum Entfremdeten, wenn etwas Drittes diesen Rückfluss behindert. Aber ein solches kann es nicht geben, wo letztlich alles Geist vom Geist ist. Dass etwas »mit dem Gegensatze eines Jenseits behaftet« (Hegel Werke 3, 574, vgl. 391 ff.), als etwas Transzendentes begriffen wird, gerade das ist für Hegel die nachhaltigste Entfremdung des Denkens, die in früheren Arbeiten »Zerrissenheit« oder »Entzweiung« genannt wird (Nicolaus 1995, 64 ff.).

Dass eine Einheit sich gar nicht entfremden kann, war schon das Problem bei Fichte, und dieses Problem erbt Hegel: »Entfremdung ist aus *einem* Subjekt allein, hieße es Ich oder Geist, nicht zu erklären. Da kann auch keine Dialektik helfen.« (Trebess 2001, 44)[35] Daher gibt es bei Hegel, auch wenn er oft davon spricht, keine echte Entfremdung. Die Entfremdungsdiagnose erscheint bei ihm als Denkfehler der Aufklärung (Hegel Werke 3, 398 ff.), der durch das richtige Philosophieren »aufgehoben« werden kann und muss. Entfremdung ist stets nur ein Durchgangsstadium, in dem das Eine sich in »seinem« Anderen nicht erkennt (wie Narziss sich in sein Spiegelbild verliebt). Darum ist dies falsches Denken, denn im wahren Denken müssen Sein und Erkennen eins sein. Das Eine muss nicht nur eins *sein*, sondern sich auch als eins wissen:

> »Der Geist wird aber Gegenstand, denn er ist diese Bewegung, ... Gegenstand seines Selbst zu werden und dieses Anderssein aufzuheben. Und die Erfahrung wird eben diese Bewegung genannt, worin das Unmittelbare ... sich entfremdet und dann aus dieser Entfremdung zu sich zurückkehrt und hiermit jetzt erst in seiner Wirklichkeit und Wahrheit dargestellt wie auch Eigentum des Bewusstseins ist.« (Hegel Werke 3, 39)

Entäußerung und Vergegenständlichung des Selbst sind dafür nötig, aber nur als notwendige Täuschung. In Wirklichkeit »gibt« es sie nicht, und daher ist ihre Behauptung letztlich ein Fehler – wenn auch ein entwicklungsgeschichtlich bedeutungsvoller. Hegel greift daher die Entfremdungsgedanken früherer Autoren durchaus auf, aber er ›korrigiert‹ sie in seinem Sinne – und stellt sie damit still.

Es gab zu Hegels Zeiten bereits eine Rede von Entfremdung, und sie muss irgendwie in das System einbezogen werden. Dazu bedient sich Hegel der bildungstheoretisch geglätteten Version bei Humboldt und schleift – durch die Blume – die kantigeren Versionen von Schiller und Rousseau ab. Diese Konzeption wird philosophisch vor allem in der *Phänomenologie des Geistes* (1806) und den *Grundlinien der Philosophie des Rechts* (1820) artikuliert, aber es empfiehlt sich, zunächst auf die nicht-fachliche Variante in der *Gymnasialrede* von 1809 zu blicken, wo Hegel weniger verklausuliert spricht. (Seine philosophischen Schriften erfinden eine eigene Sprache und geben daher mehr Spielraum zu Assoziationen, daher sind seine Interpreten häufig nicht einmal darüber einig, wovon Hegel gerade spricht.) Das dort Geschilderte bezieht sich zwar auf einer ersten semantischen Ebene zunächst auf die Erziehung von Schülern, aber da seine ganze Philosophie eine ins Kosmische gesteigerte Bildungsphilosophie darstellt (es geht um die Selbstwerdung und -erkenntnis des absoluten Geistes, Taylor 1975), darf man diese Partien auf einer zweiten semantischen Ebene getrost als Kurzzusammenfassung seiner philosophischen Auffassungen lesen.

Was sagt Hegel hier? Zunächst erkennt man den Humboldt'schen Gedanken wieder, dass »die Kräfte der Seele angeregt, entwickelt und geübt werden« müssen, um uns innerlich »zu bereichern« (Hegel Werke 4, 318). Aber nach Hegel, der damals an einem altsprachlichen Gymnasium lehrte, soll man sich nicht mit irgendeinem Gegenstand befassen, sondern (wie von Winckelmann bis Heidegger die Regel) mit der griechischen Antike:

»Sondern die Bildung muss einen früheren Stoff und Gegenstand haben, über den sie arbeitet, den sie verändert und neu formiert. Es ist nötig, dass wir uns die Welt des Altertums erwerben, so sehr, um sie zu besitzen, als noch mehr, um etwas zu haben, das wir verarbeiten.« (Hegel Werke 4, 320, von 1809)

Es geht hier ebenso um den Prozess wie um das Ergebnis. Darin steckt nicht nur eine Anspielung auf Goethes *Faust*, wo es hieß: »Was du ererbt von deinen Vätern hast / Erwirb es, um es zu besitzen« (Hegel Werke 3, 33; Nicolaus 1995, 197f.). Angespielt ist auch auf die Idee Schillers, dass man sich, um von der entfremdeten Gegenwart loszukommen, dieser selbst entfremden muss (»die Entfremdung wird sich selbst entfremden«, Hegel Werke 3, 366), was bei Schiller über die künstlerische Antikerezeption geschah.[36] Bei Hegel ändert sich jedoch die Funktion des Antikebezugs für die Ent-Entfremdung der Menschen. Der Witz für ihn ist gerade, dass die Antike nicht wirklich anders ist als wir, sondern dass dies nur so scheint. Dieser Schein ist ein notwendiger, wie die Süße der Blumen die Bienen lockt und narrt: »Um aber zum Gegenstande zu werden,[37] muss die Substanz der Natur und des Geistes uns gegenübergetreten sein, sie muss die Gestalt von etwas Fremdartigem erhalten haben.« (Hegel Werke 4, 321, von 1809)

Für Hegel sind Natur und Geist uns gerade *nicht* fremd, sondern sie gehören zu uns – oder besser wir zu ihnen. Daher meint »Gestalt von etwas«-Erhalten ein Verkleiden: Wie in Mozarts *Così fan tutte* von 1790 handelt es sich bei der wahrgenommenen Fremdartigkeit um eine Täuschung; doch sie hat einen Sinn, denn erst sie führt dazu, dass wir Natur und Geist studieren können. Es handelt sich um eine List der Vernunft:

»Das Fremdartige, das Ferne führt das anziehende Interesse mit sich, das uns zur Beschäftigung und Bemühung lockt, und das Begehrenswerte steht im umgekehrten Verhältnisse mit der Nähe, in der es steht und gemein mit uns ist. Die Jugend stellt es sich als ein Glück vor, aus dem Einheimischen wegzukommen und mit Robinson eine ferne Insel zu bewohnen. Es ist eine notwendige Täuschung.« (Hegel Werke 4, 321, von 1809)

Eine Täuschung ist es, weil das Getrennte, Ferne, Fremdartige letztlich wir selbst sind. Es geht bei der Aneignung der Bildungsgüter um eine »Rückkehr zu sich selbst«, ein »Wiederfinden unsrer selbst« (323). Notwendig ist die Täuschung, weil wir das Naheliegende nicht mit demselben Eros studiert hätten.

Diese Selbsterkenntnis durch Alteritätserfahrung ist eine ganz andere als die Distanzierungstechnik, die etwa Karl Mannheims *Wissenssoziologie* in den 1920er Jahren verfolgt hat (Barboza 2006). Hier ging es darum, den Studierenden durch soziologische Erkundungen in einem naheliegenden Umfeld, das plötzlich als sehr fremd erfahren wurde (etwa das Arbeitermilieu vor der Haustür), zu einem neuen, distanzierenden Blick auf das Gewohnte, aber unhinterfragte Eigene zu verhelfen. Die Alteritätserfahrung, dass alles auch ganz anders geht, stellt das Gewohnte infrage. Voraussetzung für eine solche Erfahrung ist, dass das Fremde (auch wenn es nahe ist) wirklich fremd und keine bloße Variation des Eigenen ist. Die Selbsterkenntnis ist dann eine, die die Person transformiert und insofern »bildet«. In Hegels Interpretation passiert gerade das nicht: Das Fremde ist, selbst wenn es fern ist, nicht wirklich fremd, es dient nur zur umso freudigeren Bestärkung des Eigenen – mit Eric Hobsbawm kann man das *invention of tradition* nennen. Man imaginiert sich eine Geschichte, um sich desto fugendichter selbst zu verklären.

Was heißt dann noch Entfremdung? Es heißt für Hegel gerade nicht mehr, dass etwas Eigenes, von uns selbst Entäußertes uns fremd wird, weil es sich nicht länger ungestört aneignen lässt. Es handelt sich nur um eine irrtümliche und zugleich zweckmäßige Selbsttäuschung (darin kann man das christliche Bild einer *felix culpa* wiedererkennen). Das macht Hegel sogar explizit, wenn er diese »positive Bedeutung« (Hegel Werke 3, 575) des Wortes »Entfremdung« von der (damals schon) alltäglichen und kritischen abgrenzt:

> »Unglücklich der, dem seine unmittelbare Welt der Gefühle entfremdet wird; denn dies heißt nichts anderes, als dass die individuellen Bande, die das Gemüt und den Gedanken heilig mit dem Leben befreunden, Glaube Liebe und Vertrauen, ihm zerrissen wird! – Für die Entfremdung, welche Bedingung der theoretischen Bildung ist, fordert diese nicht diesen sittlichen Schmerz, nicht das Leiden des Herzens, sondern den leichteren Schmerz und Anstrengung der Vorstellung, sich mit einem Nicht-Unmittelbaren, einem Fremdartigen, mit etwas der Erinnerung, dem Gedächtnisse und dem Denken Angehörigen zu beschäftigen.« (Hegel Werke 4, 321, von 1809)

Diese Abgrenzung ist überaus erhellend: Die geistig abgemilderte Form von Entfremdung, um die es Hegel zu tun ist, tut nicht mehr weh, ja sie hat schon strukturell mit der anderen nichts gemeinsam, da sie jene nur *imitiert*. Damit liegt Hegel allerdings quer zu seiner systematischen Grundthese der »Identität von Denken und Sein« (Siep 2000, 54; Hegel Werke 3, 53, 427), denn hier bleiben die Entfremdung einer Person zu ihrem Umfeld und die Entfremdung-im-Denken offensichtlich verschiedene Sachen. Es wäre daher misslich, wenn (unter der Unterstellung, das in der Philosophie Behandelte sei mit dem in der Welt Vorfindlichen deckungsgleich) Aussagen über die theoretisch abgekühlte und bildungsphilosophisch eingemeindete Entfremdung, die nur einen leichten »Schmerz« verursacht, als Aussagen über eine wirkliche Entfremdung in-der-Welt gelesen würden und Letztere anhand der Ersteren *relativiert* würde. Vermutlich wollte Hegel dies so verstanden wissen; dass es viele seiner Leser so verstanden haben, kann jedenfalls als sicher gelten. Doch der genauere Blick zeigt, dass Hegel kein Theoretiker einer Entfremdung-in-der-Welt ist, sondern in Sachen Entfremdungstheorie in der (kleinformatigen) Bildungsdimension verblieb, welche Entfremdung zum notwendigen Durchgangspunkt einer individuellen Weiterentwicklung verharmloste. Das verhält sich nicht nur an dieser Stelle so, sondern gilt auch für das Hauptwerk.

Geistige Entfremdung als notwendige Täuschung im Hauptwerk

Für die philosophischen Hauptschriften Hegels ist der Ausgangspunkt die »Entzweiung« (Hegel Werke 7, 340) oder »Zerrissenheit«, die bereits im letzten Zitat anklang (die Bande mit dem Leben können zerreißen; vgl. Hegel Werke 3, 382, 389):

> »Entzweiung ist der Quell des *Bedürfnisses der Philosophie* ... Wenn die Macht der Vereinigung aus dem Leben der Menschen verschwindet und die Gegensätze ihre lebendige Beziehung und Wechselwirkung verloren haben und Selbständigkeit gewinnen, entsteht das Bedürfnis der Philosophie.« (Hegel Werke 2, 19 und 21, von 1801)

Hegel unterstellt hier, es habe einmal eine »Macht der Vereinigung« gegeben. Angesichts der großen Unterschiede zwischen den Menschen in früheren Gesellschaften kann dies allerdings nur eine »geistige Einheit« meinen (Hegel Werke 3, 578). Eine reale soziale Einheit gab es in der Vergangenheit noch weniger als zu Hegels Zeiten (abgesehen von ganz frühen Gesellschaften, auf die Rousseau und später Friedrich Engels sich bezogen, MEW 21); und sie soll es, folgt man Hegel, auch in der Zukunft nicht geben. »Für Hegel ist die Versöhnung ein ›ideeller‹ Vorgang, eine Weise des Verstehens von Welt, nicht reale Beseitigung von Entfremdungsphänomenen.« (Schrey 1975, 230) Von einer realen

Einheit, etwa in Form der sozialen Gleichheit, wie sie die radikale französische Aufklärung angestrebt hatte, hielt Hegel äußerst wenig. Gerade diese der Realität entfremdete Form des Denkens trage eine Mitschuld am Terror der Französischen Revolution (Hegel Werke 3, 372). Weil die Aufklärung zu abstrakt gedacht habe, habe sie vom qualitativen Reichtum der Wirklichkeit (»Inhalt, Besitz, Dasein«, »Umfang und Erfüllung«, Hegel Werke 3, 436) nur zwei Instanzen übrig gelassen: ein individuelles Subjekt, von dem aus gedacht werde, und eine diesem äußerliche Gesellschaft, die dann nur noch als unzulässige Herrschaft gedacht werden könne. Hegel drückt das so aus, dass »die Allgemeinheit« sich in zwei Teile zerlegt, die sich nicht mehr als Teile eines Ganzen erkennen können. (Diesen Prozess schildert Hegel am Beispiel Roms, Hegel Werke 3, 360; Siep 2000, 189). »Allgemeinheit« meint hier die Gesellschaftstheorie der Aufklärung, die sich anscheinend selbst denkt. So hat sich »das Ganze« (die sich selbst denkende Theorie) entzweit, und die Teile sind einander entfremdet:

> »Und zwar um ihrer eigenen Abstraktionen willen trennt sie sich in ebenso abstrakte Extreme, in die einfache, unbiegsame, kalte Allgemeinheit und in die diskrete, absolute, harte Sprödigkeit und eigensinnige Punktualität des wirklichen Selbstbewusstseins.« (Hegel Werke 3, 436)

Wenn es aber einmal zu diesen gedanklichen Extremen gekommen sei, könne das »wirkliche Selbstbewusstsein«, das die Freiheit will (also das aufklärerische Subjekt, etwa bei Rousseau), sich nicht mehr anders als gewaltsam zu den realen Mächten verhalten – und darum sei die Aufklärung verantwortlich für den Terror der Revolution:

> »Das einzige Werk und Tat der allgemeinen Freiheit ist daher der *Tod*, ... der kälteste, platteste Tod, ohne mehr Bedeutung als das Durchhauen eines Kohlhaupts oder ein Schluck Wasser.« (Hegel Werke 3, 436)[38]

Hier wird ein zentraler Unterschied zu Rousseau und Schiller deutlich: Während diese die Entfremdungstheorie einbinden in ein politisches Projekt der Befreiung und Umschaffung von Gesellschaft und Politik, betrachtet Hegel die Idee dieser Befreiung *selbst* als entfremdet, da sie keinen positiven Bezug zur realen Gegenwart mehr herstellen könne. Die Kritik sei der Effekt eines falschen, weil einseitigen Denkens. Damit geschehen zwei Dinge: Einerseits verliert die Kategorie »Entfremdung« ihren Bezug auf konkrete Gegenstände und wird zu einem formalen Begriff, der auf alles Erdenkliche bezogen werden kann. Sobald eine Einheit sich entzweit (etwa wann eine Kirche sich spaltet in katholisch und reformiert), liegt nicht nur eine Entzweiung des vormals »Ganzen« in zwei Teile vor, sondern nun sind auch die beiden Teile einander entfremdet (in diesem Fall die beiden verbleibenden Kirchen, die ja lange Zeit Kriege gegeneinander führten). Sie werden nicht nur einander, sondern auch der angestrebten Sache fremd, denn diese könne nur eine sein und müsse daher als Ganze angeeignet werden (»Das Wahre ist das Ganze«, Werke 3, 24; Siep 2000, 189 ff.). Dieser Denkfehler muss überwunden werden. Das ist die zweite Änderung bei Hegel: Eine Entfremdung erkennen heißt, sie schon überwunden zu haben. Wenn sich Teile als Teile eines Ganzen erkennen (die Feinde sich als Brüder sehen lernen), ist Einheit bereits wiederhergestellt – zwar nur im Denken, aber das genügt, denn es geht um *geistige* Einheit. Eine solche lässt in der Realität vieles, wie es ist (»Die Philosophie ... lässt alles, wie es ist«, sagte noch Ludwig Wittgenstein). So hat die Formalisierung der Theorie in der Realität konservierende Folgen – wie wir bei Rahel Jaeggi erneut sehen werden (Kap. 9). Die Kritik muss nur erkennen, dass die Vereinigung, die sie verlangt, bereits besteht; das gilt es einzusehen. »Diese Vereinigung ist an sich schon geschehen; ... die Vereinigung, welche noch fehlt, ist die einfache Einheit des Begriffs.« (Hegel Werke 3, 579 f.)

Was meint Hegel aber mit der »organischen Gliederung ... in der ungeteilten Kontinuität« (Werke 3, 436), die er als Alternative zur Revolution nennt? Gemeint ist ein Ständestaat, der die soziale Klassenspaltung der bürgerlichen Gesellschaft nicht aufhebt, sondern politisch noch *verhärtet* in eine Gliederung von Ständen: Die »Massen des Arbeitens« sollten »als speziellere Stände unterschieden werden« (434), und auch die »geistigen Massen« sollten einander gegenüberstehen in »einer gesonderten gesetzgebenden, richterlichen und ausübenden Gewalt« (434). Trotz der großen Ungleichheit und ungleichen Freiheit, die das für die Einzelnen bedeutet, ist eine geistige Einheit für Hegel hier möglich (und damit wäre die Entfremdung der aufklärerischen Kritik überwunden), weil sich die Menschen als »Glieder« eines Ganzen verstehen würden (343), weil jeder durch diese vorgegebene Gliederung zu einer inhaltlich »bestimmten« Persönlichkeit würde (434) – eine fixe Rolle wäre ihm aufgeprägt – und daher nicht mehr Zuflucht nehmen müsste zu der gewaltanfälligen Fiktion einer abstrakten Allgemeinheit. Jede Person »hörte auf, in Wahrheit allgemeines Bewusstsein zu sein« und müsste sich nicht mehr selbst durch allgemeine Theorien »betrügen« (435).[39] Entfremdung lässt sich so zwar durch Denken überwinden, aber nur durch ein Denken, das nicht länger praktisch sein will, sondern die Verhältnisse annimmt. So will Hegel die radikalere ältere Entfremdungskritik durch den paulinischen Verweis darauf überwinden, dass das, was sie fordert (etwa die Ausgeglichenheit), immer schon vollbracht ist, von ihr nur nicht erkannt werde.

Dieser Ausflug in das Konkrete verdeutlich nochmals, was Entfremdung bei Hegel meint: ein falsches Auseinanderlegen der einen Realität in verschiedene *Theorien* über sie, die sich dann einander als fremde begegnen. Entfremdung kann aufgrund der Breite der formal möglichen Bedeutungen zwar *auch* ein Verhältnis zwischen Menschen bezeichnen. Schon soziale Anerkennung kann daher Entfremdung bedeuten, wenn man von der Familie ausgeht, in der man für Hegel Rechte nicht als Einzelner, sondern nur als Mitglied hat: »Die bürgerliche Gesellschaft reißt aber das Individuum aus diesem Bande heraus, entfremdet dessen Glieder einander und anerkennt sie als selbständige Personen.« (Hegel Werke 7, 386) Allerdings handelt es sich an anderen Stellen eher um das Verhältnis philosophischer Theorien zueinander. Das wurde bereits an der *Phänomenologie* deutlich – wie in der Aufklärung Individualismus und Gesellschaftstheorie auseinandertreten, ist in ihr überhaupt vieles nicht in der rechten Ordnung:

> »Nichts hat einen in ihm selbst gegründeten und inwohnenden Geist, sondern ist außer sich in einem fremden; das Gleichgewicht des Ganzen ist nicht die bei sich selbst bleibende Einheit und ihre in sich zurückgekehrte Beruhigung, sondern beruht auf der Entfremdung des Entgegengesetzten. Das Ganze ist daher wie jedes einzelne Moment ein sich entfremdete Realität.« (Hegel Werke 3, 361)

Hegel greift hier Rousseaus Gedanken des Innen- und Außen-Seins sowie der inneren Ruhe auf, löst diese Verhältnisse aber vom Bezug auf Individuen und überträgt sie stattdessen auf den »Geist«. »Das Ganze« meint hier die gedankliche Welt der Aufklärung, die auseinanderfällt in verschiedene Aspekte wie den (aufgeklärten) Glauben und die (anti-religiöse) Theorie des Nutzens, den Utilitarismus (362). Diese abstrakten Ansätze verlieren für Hegel den qualitativen Reichtum des Wissens und erzeugen damit für die Individuen einen Sinnschwund – Nietzsche nannte das später Nihilismus:

> »Indem auf diese Weise die Wirklichkeit alle Substanzialität verloren hat und nichts mehr an sich in ihr ist, so ist wie das Reich des Glaubens, so auch das der realen Welt gestürzt.« (Hegel Werke 3, 362)

»Die wahre Welt haben wir abgeschafft: welche Welt blieb übrig? die scheinbare vielleicht? ... Aber nein! mit der wahren Welt haben wir auch die scheinbare abgeschafft!« (Nietzsche, *Götzendämmerung* 1889; vgl. *Fröhliche Wissenschaft* § 125)

Aber wie der Grund für diesen Wirklichkeitsschwund in der Theorie selbst liegt, so ist die Auflösung für eine Entfremdung, die theoretischer Natur ist, selbst theoretisch. Das »Ziel« ist das »absolute Wissen« (Hegel Werke 3, 591), und die Individuen sollen sich »zum Wissen« führen lassen (31f.) – und nicht den »entfremdeten Geist« der *aufklärerischen* Bildung annehmen, den Hegel als »absolute und allgemeine Verkehrung und Entfremdung der Wirklichkeit und des Gedankens« denunziert (385) und mit einem Roman Denis Diderots als »wechselweise rasend, besänftigt, gebieterisch und spöttisch« (387), als oberflächliche, chaotische und unstete Faktensammlung verächtlich macht.[40]

Entfremdet ist also in erster Linie die vorhegelsche Philosophie, die noch Gegensätze kennt. Dualismen vermag Hegel, der Einheit immer schon voraussetzt, nur als Zerrissenheit zu deuten.[41] Er denkt dabei an ganz verschiedene Unterscheidungen – denen nur gemeinsam ist, dass sie die eine Realität in »Geist und Materie, Seele und Leib, Glauben und Verstand, Freiheit und Notwendigkeit, ... Vernunft und Sinnlichkeit, Intelligenz und Natur« sowie Subjekt und Objekt auseinanderreißen (Hegel 1801, Werke 2, 31). Wenn Entfremdung etwas im Denken ist, ist die Lösung eine gedachte; doch es geht nicht nur um das einmalige *Erlangen* der Einsicht in die werdende Einheit des Gegensätzlichen (Hegel Werke 3, 23), sondern dieses Wissen muss an alle vermittelt werden. Soziale Probleme, die Hegel an einigen Stellen durchaus benennt, sollen durch Bildung gelöst werden – wie es noch John Stuart Mill vorschlug (Bildungspolitik ist die beste Sozialpolitik):

»Die Bildung ist daher in ihrer absoluten Bestimmung [im Unterschied zu ihrer bloß verständigen Version in der Aufklärung] die Befreiung und die Arbeit der höheren Befreiung, nämlich der absolute Durchgangspunkt zu der nicht mehr unmittelbaren, sondern geistigen ... Substanz der Sittlichkeit.« (Hegel Werke 7, 344 f.; siehe Trebess 2001, 63 ff.)

Dieses absolute Wissen impliziert politisch eine Einsicht in die Vernunft des schon Wirklichen (»was wirklich ist, das ist vernünftig«, Werke 7, 24), darunter auch die tatsächliche »Entzweiung« in der sozialen Realität (Ritter 2003, 229 f.). Viele Interpreten haben sich davon einnehmen lassen, dass Hegel auf dem Weg zu diesem Absoluten auch Gedanken einiger Vorgänger aufgreift, die diese Wirklichkeit radikal kritisiert hatten. Aber dass Hegel etwas aufgreift, heißt noch nicht, dass er es auch teilt.[42] Er greift alles und auch sein Gegenteil auf, gerade das macht den Gedanken des Systems aus. So spricht Hegel davon, dass die bürgerliche Gesellschaft »das Schauspiel ebenso der Ausschweifung, des Elends und des beiden gemeinschaftlichen physischen und sittlichen Verderbens« darbietet (Hegel Werke 7, 341); dass sie »nicht reich genug ist, ... dem Übermaße der Armut und der Erzeugung des Pöbels zu steuern« (Hegel Werke 7, 390); dass sie die Menschen dazu bringt, einander als Mittel zu instrumentalisieren (in ihr ist »jeder sich Zweck ... diese anderen sind daher Mittel zum Zweck«, Hegel Werke 7, 339 f.); und dass in ihr nicht die Subjekte selbst neue Bedürfnisse entwickeln, sondern diese ihnen von außen zu Gewinnzwecken zugeschrieben werden (Hegel Werke 7, 349). Alle diese Kritiken finden sich in radikaleren Entfremdungskritiken wieder.[43] Doch Hegel kommt zu einem anderen Schluss als diese: Er geht trotz allem davon aus, dass diese Phänomene ein notwendiger Durchgang sind; dass sie der Entwicklung der Individuen dienen (352) und durch sie auch der »der Idee« (343); dass der von ihm, Hegel, begriffene preußische

Staat in der Lage ist, allzu üble Auswüchse abzufangen und die Individuen zumindest sinnhaft zu integrieren, womit die weitestmögliche Freiheit bereits gegeben ist: »der Staat ist die Wirklichkeit der konkreten Freiheit« (406), »die Wirklichkeit der sittlichen Idee« (398). Wer dies einsieht, *hat* die Entfremdung von dieser Gesellschaft geistig aufgehoben.

Mehr ist bei Hegel nicht vorgesehen.[44] Er steht Versuchen, die Sozialstaatlichkeit auszudehnen (der später eine Entdinglichung zugetraut wurde, Esping-Andersen 1990), skeptisch gegenüber, da eine solche Expansion die Individuen in die falsche Richtung erziehe: Dies nähre den Glauben, auch als Arme Rechte zu haben, und mache sie so zum »Pöbel« (Hegel Werke 7, 389 f.; Hegel Werke 3, 382; siehe Humboldt 1792). Hegel zielt also eine philosophische Bildung an, die mit den realen Verhältnissen (die bereits Ergebnisse von Reformen waren) versöhnt und ein entfremdungskritisches Bewusstsein als seinerseits entfremdetes Durchgangsstadium auf dem Weg zu dieser Einsicht hin begreifen lehrt. Die alte Entfremdungskritik sah für Hegel stets nur einen Teil; sie bleibt daher »unglückliches Bewusstsein« (Hegel Werke 3, 163). Was soll man davon halten?

Gerade die vielgeschmähte Romantik hat die Nähe dieser idealistischen Selbstüberredung zum Wahn, in dem alles in allem verschwimmt, deutlich gesehen. Vor allem der Glaube, man habe bereits alles erfasst, schließt gegen das *wirklich* Fremde ab. An romantischen Kunstmärchen kann man die erstaunliche Entdeckung machen, dass dieser Hegel'sche Gedanke der »absoluten Identität« der Romantik durchaus präsent war, diese ihn aber als etwas Problematisches, die Subjekte der Welt gerade Entfremdendes gezeichnet hat. So endet Ludwig Tiecks *Blonder Eckbert* (erstmals 1797) mit der Erkenntnis einer Person, dass alle anderen Personen um sie herum dieselben waren – und mit dieser schrecklichen Einsicht verstirbt der traurige Held im Wahn.

In *Hyazinth und Rosenblütchen* von Novalis (1799) heißt es sogar wörtlich: »Es kam ein Mann aus fremden Landen gegangen ... und ist drei Tage dageblieben, und mit Hyazinth in tiefe Schachten hinuntergekrochen.« Der junge Held ist vom Fieber des Fernen erfasst und gesteht seinen Eltern wenig später: »Ich muß fort in fremde Lande«; doch nur um nach langem Suchen dasselbe zu finden, was er einmal verlassen hatte (etwa seine Jugendliebe, Rosenblütchen): »Es dünkte ihm alles so bekannt und doch in niegesehener Herrlichkeit.« Doch nun, nach dieser Erkenntnis der geistigen Einheit, ist für das Fremde kein Platz mehr: »Eine ferne Musik ... schloss alles Fremde von diesem entzückenden Orte aus.« Der Verdacht kommt auf, dass das Denken sich gerade mit dieser Behauptung einer Aufhebung der Entfremdung in einer geistigen Einheit gegen die Realitäten der wirklichen Welt abschottet. »Die Welt ist also eine zerrissene, die einer in sich totalen Philosophie gegenübertritt.« (Marx, MEW 40, 215, von 1835) Ungleichheit und Ungerechtigkeit, Ausbeutung und Armut, Elend und Entfremdung sind nicht schon durch ein anderes Denken aus der Welt zu schaffen.

5. Gott und Geld: Ludwig Feuerbach und Moses Hess

Angesichts des Konservativismus bei Hegel wird klar, dass die Entfremdungstheorie, wollte sie weiterhin kritisch sein, bei einer bloß geistigen Aufhebung der Entfremdung nicht stehen bleiben konnte. Und so kann man die auf Hegel folgenden Neuansätze als Rückgriff auf Rousseau deuten: Ludwig Feuerbach stellt dabei vor allem Natur und Leiblichkeit in den Mittelpunkt, für Moses Hess und Marx steht die politische Ökonomie im Zentrum. Im englischen Frühsozialismus gibt es ein Beharren auf *eigenen* Organisationsformen (nicht der vom Staat bereitgestellten »Korporation«), und die Existenzphilosophie Kierkegaards könnte man als Rückbesinnung auf ein nicht schon von den Institutionen vorentworfenes und konsumiertes Selbst begreifen. So hat »Feuerbach den Schritt von Rousseau weg, den Hegel gegangen ist, auf Hegelscher Grundlage zurückzunehmen vorbereitet« (Trebess 2001, 70). »Vorbereitet« heißt allerdings, dass Feuerbach diesen Schritt selbst noch nicht gegangen ist. Erst Moses Hess ging ihn entschlossen weiter. Um das zu erläutern, müssen wir etwas ausholen.

Feuerbach: Religion als entfremdeter Humanismus

Die geistige Einheit, die bei Hegel am Ende des Philosophierens steht, bleibt für die Leser seltsam ungreifbar. Es gibt daher bis heute ganz unterschiedliche Auslegungen Hegels, wie sein Erbe ja schon nach seinem Tod in Rechts- und Linkshegelianismus auseinanderfiel. Dass Hegel radikale Theorien wie die von Rousseau und Schiller zwar aufgreifen konnte, diese in seiner Wendung der Entfremdung aber seltsam neutralisiert (»aufgehoben«) wurden, hatten wir gesehen. Etwas Ähnliches galt nun auch für die christliche Dimension. Deutlich sind die Abkünfte der Hegel'schen Entfremdungstheologie aus einem trinitarischen Schema, in dem Gott Vater sich zunächst als Mensch (Sohn) entäußert (von sich selbst unterscheidet), um den Sohn in Form des Geistes dann wieder in sich zurückzunehmen (es sei »das erste das absolute Wesen«, welches dann in »das Sein für Anderes« übergehe; das Dritte schließlich sei »die Rückkehr dieses entfremdeten Selbsts und der erniedrigten Substanz in ihre erste Einfachheit«, Hegel 1806, 395).

Diese logifizierte Trinität bleibt merkwürdig schillernd, weil man nicht weiß, welchen Status eine Rede von Gott noch hat, wenn sie von Hegel philosophisch »aufgehoben« wurde (Löwith 1941, 330, 351 ff.). Man *kann* sie so verstehen, dass beide Ebenen – Glauben und Wissen – sich im Bewusstsein ihrer Einheit wechselseitig durchdringen und erhellen. Aber werden damit nicht auf beiden Seiten Elemente ausgestoßen? Es gibt säkulare Formen des Wissens, die mit Religion nichts zu tun haben, und es gibt Elemente des Glaubens, die sich gerade *nicht* verstehen lassen (credo quia absurdum est). Es macht aus dieser Sicht wenig Sinn, immer schon eine »geistige Einheit« zu unterstellen, die sich lediglich selbst entfremdet habe. Hier setzt Feuerbach an:

> »Je mehr aber schon der Zeit nach der Mensch sich der Offenbarung entfremdet, je mehr der Verstand zur Selbstständigkeit heranreift, desto greller tritt auch nothwendig der Widerspruch zwischen dem Verstande und Offenbarungsglauben hervor.« (Feuerbach 1841, 256)

Daher kann man alternativ versuchen, diese schillernde »Einheit« in eine der beiden Seiten aufzulösen und die andere Seite zur Illusion zu erklären. Man kann Entfremdung entweder so verstehen, wie es Hegels Jugendfreund Schelling nach dem Tode Hegels wieder tat – als Entfremdung der Menschen von Gott (Nicolaus 1995, 118; Ritz 1972, 516), womit das säkulare Wissen selbst problematisch wird. Oder man kann umgekehrt die Rede von Gott als eine Entfremdung der Menschen von sich selbst verstehen, wie es wenig später Ludwig Feuerbach tat (1804–1872).

Nun muss eine solche Entscheidung zu einer einseitigen Auflösung begründet werden. Ein Hegelianer hat dieses Problem nicht – im »Grau in Grau« der geistigen Einheit ist *alles* enthalten (daher haben Hegelianer immer recht, allerdings sagen sie nur wenig). Erst wer sich von dieser Einheit absetzt, trägt eine Begründungslast. Feuerbach wies in seinem Hauptwerk, dem *Wesen des Christentums* von 1841, zahlreiche Parallelen zwischen den beiden Ebenen der Rede des Menschen von sich selbst und der Rede des Menschen von Gott (Prädikaten Gottes und Prädikaten des Menschen) auf. Doch das hatte bereits Hegel getan, den man deswegen ironisch als »Atheisten« brandmarkte: Bruno Bauer, selbst Theologe, hatte schon 1841 *Die Posaune des jüngsten Gerichts über Hegel den Atheisten und Antichristen* geblasen. Mit einer solchen Parallelisierung ist noch nicht begründet, warum man sich für eine der beiden Seiten entscheiden sollte. Schwierig ist erst zu zeigen, warum eine der beiden Seiten den Primat haben und die andere Seite von jener abhängig sein soll. Dazu reicht es nicht, Parallelen aufzuzeigen, sondern dafür muss man Argumente herbeibringen. Diese sind rein philosophisch schwierig zu finden – weswegen Marx forderte (mehr gegen Feuerbach als gegen Hegel): »Man muss ›die Philosophie beiseite liegenlassen‹,[45] man muss aus ihr herausspringen und sich als ein gewöhnlicher Mensch an das Studium der Wirklichkeit geben.« (MEW 3, 218) Wir werden sehen, dass Feuerbach noch sehr im Gedanken – und damit Hegel näher – bleibt, als man vermuten könnte.

Was ist der Gehalt der Entfremdungstheorie Feuerbachs? Er spricht noch einmal als Geheimnis aus, was bereits Hegel offen gesagt hatte: »Das geheime Wesen der Religion ist die Einheit des göttlichen Wesens mit dem menschlichen.« (Feuerbach 1841, 297) Einheit im Denken heißt für Feuerbach allerdings nicht mehr Einheit auch im Sein, da für ihn ausgemacht ist, dass es einen Gott – unabhängig vom Menschen – nicht gibt. »Einheit« heißt hier, dass dasselbe *gemeint* ist; beide Redeweisen (über Gott und über Menschen) beziehen sich auf nur einen Gegenstand, nämlich den Menschen. Sie haben unterschiedliche Bedeutung, aber denselben Sinn.[46] Religiöse Rede richtig verstehen heißt daher, sie als Rede über den Menschen zu begreifen. Entfremdet wäre man, wenn man diese Rede als Rede über etwas *anderes* versteht; wenn man die Prädikate, die eigentlich den Menschen meinen, vom Menschen abzieht und sie ihm damit »fremd« macht.

> »Der Mensch – dies ist das Geheimnis der Religion – vergegenständlicht sich sein Wesen und macht dann wieder sich zum Object dieses vergegenständlichten, in ein Subject verwandelten Wesens; er denkt sich, ist sich Object, aber als Object eines Objects, eines andern Wesens.« (Feuerbach 1841, 37 – in der Originalausgabe 71; später heißt es »Gegenstand eines Gegenstands«, siehe Sailer 2014, 159f.)

Diese Entfremdung wurzelt noch immer in einer mangelnden Erkenntnis – hier bleibt Feuerbach Hegelianer. Es ist eine Selbsterkenntnis über einen Spiegel (»Spiegel seines eigenen Wesens«, 1841, 5), der nicht länger als Spiegel erkannt wird, sondern dem eine eigene Macht zugeschrieben wird. Diese Entfremdung macht sich praktisch in einem moralischen Dualismus bemerkbar, in dem alles Gute Gott, alles Schlechte dem Menschen zugeschrieben wird: »Der Mensch bejaht in Gott, was er an sich selbst verneint.« (1841, 33) Für Feuerbach ist das Gott zugeschriebene Gute *ebenfalls* menschlich (Liebe, Güte etc.), nur haben die Menschen keinen Zugang mehr dazu und sind sich damit fremd geworden. Besonders schlimm wird das, wenn diese falsche Wahrnehmung soziale Folgen zeitigt:

»Gott liebt zwar alle Menschen, aber nur wenn und weil sie Christen sind ... Der Christ darf also nur den Christen lieben ... der Glaube hebt die naturgemäßen Bande der Menschheit auf, er setzt an die Stelle der allgemeinen, natürlichen Einheit eine particuläre.« (1841, 305)

Diese Trennung unter den Menschen malt Feuerbach überaus plastisch aus:

»Über der Moral schwebt Gott als ein vom Menschen unterschiedenes Wesen, dem das Beste angehört, während dem Menschen nur der Abfall zukommt. ... alle seine besten Kräfte vergeudet der Mensch an das bedürfnislose Wesen. ... So geht die sittliche Gesinnung in der Religion unter! So opfert der Mensch den Menschen Gott auf! Die blutigen Menschenopfer sind in der That nur rohsinnliche Ausdrücke von den Geheimnissen der Religion.« (327 f.)

Das falsche Denken führt also praktisch zu negativen Konsequenzen. Das hat Marx gestört: Feuerbach begreift Theorie nicht als Effekt der Praxis, sondern Praxis als Effekt der Theorie. Wie aber erklärt sich Feuerbach, dass es zu diesem falschen Denken überhaupt gekommen ist? Hier wirken zwei Dinge zusammen: Eine Ausdrucksanthropologie, wie wir sie schon kennen (Menschen entwerfen sich nach außen und eignen sich diese Entäußerungen wieder an: »An dem Gegenstande wird daher der Mensch seiner selbst bewusst: das Bewusstsein des Gegenstands ist das Selbstbewusstsein des Menschen«, Feuerbach 1841, 6), stößt auf eine Unterscheidung zwischen Individuum und Gattung, wie sie schon Schiller diskutiert hatte:

»Auch bei uns ist das Bild der Gattung in den Individuen vergrößert auseinander geworfen – aber in Bruchstücken, nicht in veränderten Mischungen, dass man von Individuum zu Individuum herumfragen muss, um die Totalität der Gattung zusammenzulesen.« (Schiller 1795, 23, sechster Brief)

Feuerbach erklärt die Projektion nach außen auf dieser Grundlage als ein *Überschießen* der Verallgemeinerung. Die Individuen erfahren Dinge, über die sie keine Macht haben (»Hat der Mensch die Liebe, oder hat nicht vielmehr die Liebe den Menschen? ... Ist die wissenschaftliche Begeisterung nicht der schönste Triumph, den die Vernunft über dich feiert?«, Feuerbach 1841, 4). Aber das liege nur daran, dass ihnen hier Gattungskräfte begegnen. Da diese sie *individuell* überstiegen, sei der naheliegendste Gedanke, sie zu externalisieren, nach außen zu legen (hier wieder die Innen/Außen-Semantik Rousseaus: »Er schaut sein Wesen außer sich«, 38, und ist daher heteronom), statt sie seiner Gattung zuzuschreiben. Aber diese Stufe muss überwunden werden; daher nennt sie Feuerbach kindlich:

»Die Religion ist das kindliche Wesen der Menschheit; aber das Kind sieht sein Wesen, den Menschen außer sich.« (Feuerbach 1841, 169)

»Der Offenbarungsglaube ist ein kindlicher Glaube und nur so lange respectabel, so lange er kindlich ist. Das Kind wird aber von außen bestimmt.« (1841, 251)

Es kömmt darauf an, die Welt anders zu interpretieren, und das, was bisher Gott zugeschrieben wurde, der menschlichen Gattung zu attribuieren. Davon verspricht sich Feuerbach eine Wieder-Aneignung dieser entäußerten und verstoßenen Eigenschaften der Gattung Mensch durch die Individuen (38). Diese geradezu sprachmagische Naivität wurde von Max Stirner, Moses Hess und Karl Marx bald kritisiert. Immerhin müsste man ja wissen, *wie* man sich zu dieser »Gattung« verhalten soll, auf welche Weise sie gegeben ist und wie ich mir aneignen soll, was andere

Menschen können (zur fragmentarischen politischen Theorie Feuerbachs Weckwerth 2002, 95 f.).

Bei alldem blieb eine entscheidende Frage offen: Woher *weiß* Feuerbach eigentlich, dass es einen Gegenstand »Gott« nicht gibt? Die erkenntniskritische Einsicht, dass das Bild, das sich die Menschen von Gott machen, von diesen Menschen selbst beeinflusst ist, ist alt – Xenophanes artikulierte das schon im fünften Jahrhundert v. Chr. Aber ist damit schon bewiesen, dass dem Bild nichts entspricht? Dass dem nicht so sein muss, zeigt ein Blick auf Feuerbachs Planetenbeispiel (siehe unten, Fn. 46), welches auf eigenartige Weise danebengeht: »Jeder Planet hat seine eigene Sonne. ... Das Verhalten der Erde zur Sonne ist daher zugleich ein Verhalten der Erde zu sich selbst oder zu ihrem eigenen Wesen.« (Feuerbach 1841, 5) Das zeugt nicht für, sondern *gegen* Feuerbach: Gott soll für ihn *nur* (»nichts anderes als«) die Vergegenständlichung des menschlichen Wesens sein, doch die Sonne ist keineswegs *nur* der Gegenstand der Erde (im Sinne der Bedeutung), sie ist außerdem auch noch die Sonne, die wirklich existiert (im Sinne der Referenz). Daraus, dass etwas *für uns* existiert, kann man noch nicht schließen, dass es an sich *nicht* existiert. Heißt das nicht, dass Feuerbach mit seinen Überlegungen über die soziale Konstruktion der Bedeutung (intension) des Wortes »Gott« an die Referenz (extension) des Wortes erst wenig gesagt hat? Wir haben also zu fragen, warum sich Feuerbach seiner Sache so sicher ist. Nicht zufällig haben sich gerade Theologen des 20. Jahrhunderts (etwa Dorothee Sölle) seine Schriften auch produktiv aneignen können. Kann Feuerbach seine Voraussetzung, dass es in Wirklichkeit keinen eigenen Gegenstand der Religion gibt, begründen, oder bleibt dies eine Setzung?

Eine Instanz, der Feuerbach hier viel zutraut, ist die Sinnlichkeit. »Dasein, empirisches, wirkliches Dasein geben mir nur die Sinne.« (1841, 243) Für Feuerbach ist also klar, dass es Gott nicht gibt, weil wir ihn weder sehen noch empfinden können (das dürften religiös musikalische Menschen bestreiten):

»Die Existenz Gottes hat das Wesen einer empirischen Existenz, ohne doch die Wahrzeichen derselben zu haben; sie ist an sich eine Erfahrungssache und doch in der Wirklichkeit kein Gegenstand der Erfahrung ... Eine nothwendige Folge dieses Widerspruchs ist der Atheismus.« (1841, 242)

Sinnlichkeit meint jedoch nicht nur den äußeren Sinn (das Objektsehen), sondern auch den inneren – das Spüren, die religiöse Erfahrung im Sinne von Schleiermacher und William James. Hier geht Feuerbach davon aus, dass religiöse Erlebnisse *als* religiöse fehlbestimmt sind; dass es eine spezifische Erlebnisqualität der Empfindungen gibt, aus der hervorgeht, dass es keinen Gott geben *kann* – der »religiöse Atheismus« des Herzens. Das Gefühl selbst leugnet Gott (als müssten Gefühle nicht allererst interpretiert werden).[47] Aus dem Gefühl lasse sich auf eine Wirklichkeit von Tugenden wie Wahrheit, Gerechtigkeit, Güte oder Weisheit jenseits von Gott schließen:

»Diese Prädicate haben eine innere Realität; sie dringen durch ihren Gehalt dem Menschen *ihre* Anerkennung auf, erweisen sich ihm unmittelbar durch sich selbst als wahr; sie bezeugen sich selbst.« (1841, 274)

Damit geht Feuerbach nun über Hegel hinaus: Aus der Sicht von Feuerbach ist Hegel deswegen ein halbierter Denker, weil es bei ihm stets nur um den »Geist« geht. Die Ganzheit des Menschen besteht aber nicht nur aus dem Denken (ob religiös oder nicht), sondern in einer *allseitigen* Betätigung, die auch Empfindungen und Willenskräfte mit integriert. Als wollte Feuerbach Hegel nachträglich noch eins auswischen, bringt er diesen Gedanken ausgerechnet in Hegels liebstem Bezugspunkt, der Trinität, unter: Es ist die Einheit von Denken, Fühlen und Wollen, die nun als trinitarische erscheine.[48] Davon hat Hegel nur eines, das Denken, aufgelöst; die Sinnlichkeit hat erst Feuerbach wieder rückgeholt. Allerdings tut er dies wiederum im Denken – Feuerbach glaubt, dass das falsche Denken das falsche Leben hervorgebracht habe, und erwartet nun vom richtigen Denken das gute Leben (»Neue Lehre – neues Leben«, Weckwerth 2002, 81). Denn das, was man einst Gott zugeschrieben hatte – das menschliche Wesen –, soll nun vom Menschen wieder »angeeignet« werden. Aber in welcher Weise das praktisch geschehen sollte, jenseits dieser semantischen Operation, darüber hatte Feuerbach wenig zu sagen – auch wenn er hin und wieder an soziologischen Erklärungsansätzen haarscharf vorbeischrammte.[49] Schauen wir uns daher wenigstens noch einen der unmittelbaren Konkurrenten an, der für Marx von großer Wichtigkeit war.

Moses Hess: Humanismus als entfremdeter Sozialismus

Wenn der junge Karl Marx 1843 urteilte: »Für Deutschland ist die Kritik der Religion im wesentlichen beendigt« (MEW 1, 378), hatte er dann Feuerbach im Blick? In gewisser Weise ja – Marx und Engels waren schwer beeindruckt von Feuerbachs Leistung (Marx schrieb ihm sogar einen Fanbrief, MEW 27, 419). Allerdings zog sich Feuerbach von seinen radikaleren Anhängern auch schnell Kritik zu, weil er offengelassen hatte, wie denn die theologische Entfremdung mit der realen zusammenhängt, die bereits Hegel in Ansätzen beschrieben hatte; und weil er Theologe *blieb* – er hatte der Theologie nur das Subjekt (Gott), nicht aber die Prädikate gestohlen (Barmherzigkeit, Gnade, Liebe etc.). Er wollte als Ersatz für die Theologie nun Anthropologie treiben, aber in ähnlich erbaulicher Herangehensweise (»schwülstig« nannte dies

Engels, MEW 21, 272). Es ist daher denkbar, dass Marx zugleich auf Moses Hess anspielte, mit dem er eine Zeit lang eng verbunden war (Hess war Marxens Mitstreiter in der *Rheinischen Zeitung* und sogar ein Mitautor der *Deutschen Ideologie*). Von Hess übernahm Marx nicht nur Ideen, sondern sogar Formulierungen, etwa die Verbindung von Religion und Opium (Hess 1843, 181; MEW 1, 378) oder die Kritik der Menschenrechte als Herrschaft der Privatinteressen (Hess 1843, 439; MEW 1, 364):

»In unsrer Krämerwelt ist nicht nur die höchste Spitze der Thierwelt, das Raubthier, auch das Bewusstsein des Raubthiers ist hier vollendet. Was man bis jetzt noch immer mehr oder weniger ohne Bewußtsein und mit Unwillen geschehen ließ, die gegenseitige Ausbeutung der Menschen, wird nun mit Bewußtsein und Willen ausgeführt. Die privilegirten Räubereien hören hier auf; die zufälligen Gewalttätigkeiten sind hier allgemeine Menschenrechte geworden. Die Menschenrechte sind die gleichen Rechte aller Thiermenschen, d. h. aller isolirten sogenannten ›unabhängigen‹, ›freien‹ Individuen auf das entäußerte Wesen Aller; der Krieg Aller gegen Alle ist sanktionirt. Die feierliche Erklärung der ›Menschenrechte‹ ist die feierliche Erklärung, weshalb alle Raubthiere gleich berechtigt sind.« (Hess 1845, 199; ein Aufsatz, den Marx bereits 1843 in der Hand hatte)

Wer war Moses Hess? Er war wie Marx ein Rheinländer aus jüdischem Hause, der wegen sozialistischer Sympathien emigrieren musste und schließlich ein früher Zionist wurde.[50] Die Weiterführung der Feuerbach'schen Kritik in eine politische und ökonomische Richtung artikulierte er sehr rasch und entschieden:

»Theologie ist Anthropologie – das ist wahr, aber das ist nicht die ganze Wahrheit. Das Wesen des Menschen, muss hinzugefügt werden, ist das gesellschaftliche Wesen, das Zusammenwirken der verschiedenen Individuen für einen und denselben Zweck ... der wahre Humanismus ist die Lehre von der menschlichen Gesellschaftung, d.h. Anthropologie ist Sozialismus.« (Hess 1845, 116)

Darin steckt eine zentrale Weiterung gegenüber Feuerbach und Hegel (dessen »geistige Einheit« in dem »einen Zweck« nachzuwirken scheint): Natürlich können sich Gedanken nicht *selbst* entfremden. Entäußerung wird erst dann zu einer Entfremdung, wenn das Entäußerte nicht ›zurückfließen‹ kann (vom »Fluss des Lebens« spricht Hess 1843, 450; »die Metaphorik des Wassers durchzieht das gesamte Werk Hegels«, Nicolaus 1995, 97). Aber wann ist das der Fall? Religionen können recht gut funktionieren, wenn sie das als jenseitig Gedachte in rituellen Praktiken wieder in das Leben der Menschen zurückführen; also solange keine Priester- oder Herrscherkaste diese Praxis usurpiert, umbesetzt und für eigene Zwecke ausnutzt. Diese sozialen Praktiken und Institutionen *überspringt* Feuerbach jedoch, und daher hat seine Entfremdungsdiagnose etwas Kurzschlüssiges an sich. Hess kritisierte nun Feuerbach und andere dafür, dass ihr Thema »nicht die gegenseitige Entfremdung der Menschen, sondern der theoretische Ausdruck dieser Entfremdung« gewesen sei (Hess 1845, 195). Doch sei beides nur gemeinsam zu verstehen:

»Die himmlische Regierung ist die beste Stütze der irdischen und diese wiederum der himmlischen. Beide erreichen ihr Ziel, die Vernichtung aller Freiheit und jedes wahren menschlichen Lebens, auf dieselbe Weise, indem sie nämlich den Lebensnerv der Freiheit, die Einheit von Arbeit und Genuss, zerschneiden, und den Menschen in zwei Wesen theilen, in einen arbeitenden Sklaven und in ein genießendes Thier.« (Hess 1843, 182)

Drei Dinge sind daran wichtig: *Erstens* bedarf die Diagnose einer Entfremdung einer sozialtheoretischen Beschreibung, welche Akteure eigentlich involviert sind. Es reicht nicht, von einem idealisierten Subjekt auszugehen, das sich über die Beschaffenheit seiner eigenen Gedankengebilde irrt (und auch für Hess ist »der Irrthum der Durchgang«, 1843, 452). Es ist zu analysieren, was andere mit den Entäußerungen der Menschen anstellen. Entfremdung entsteht erst durch eine Fremdbeherrschung. Sie ist Ausdruck einer Entzweiung der Menschen, einer Klassenspaltung der Gesellschaft. Darum ist *zweitens* als Gegenteil der Entfremdung die politische Freiheit gesetzt – die Fähigkeit aller Menschen, sich selbst zu regieren:

»Nicht die Schranken, die der Geist sich selber setzt, werden in der Anarchie aufgehoben – denn die Schranken, welche der Geist sich selber setzt, bilden den Inhalt seiner freien Thätigkeit ..., sondern das Beschränktwerden von Außen.« (Hess 1843, 446)

Hierin klingt Rousseaus Bildwelt von innen und außen erneut an. Und *drittens* weist Hess darauf hin, dass eine Fremdbeherrschung nicht nur durch politische Institutionen, sondern zunehmend auch durch ökonomische Mechanismen vor sich geht:

»Darin eben unterscheidet sich die freie That von der unfreien Arbeit, dass hier, in der Knechtschaft, die Schöpfung den Schöpfer selbst fesselt, während dort, in der Freiheit, jede Beschränkung, in welche der Geist sich entäußert, nicht zur *Naturbestimmtheit*, sondern überwunden und so *Selbstbestimmung* wird.« (Hess 1843, 441)

Einmal auf der ökonomischen Schiene, kommt Hess von der Arbeit auf das Eigentum[51] und von dort auf Geld, Handel und Kapital als Manifestationen und Verstärker der Entfremdung. Für uns zentral sind die Stellen zum Geld, denn diese weisen nicht nur auf Marx (der ihn ökonomisch rasch überflügelte), sondern auch auf Georg Simmel voraus. Da diese Stellen wenig bekannt sind, seien sie etwas ausgiebiger zitiert. Hier werden Geld und Entfremdung eng zusammengebunden:

»Das Geld ist das Product der gegenseitig entfremdeten Menschen, der entäußerte Mensch.« (Hess 1845, 167 f.) »Es ist ganz richtig, dass in dem bisherigen Zustande der Isolierung der Menschen, in der bisherigen gegenseitigen Entfremdung der Menschen, ein äußerliches Symbol erfunden werden musste, welches den geistigen und materiellen Produktenaustausch repräsentierte. Durch diese Abstraktion vom wirklichen, geistigen und lebendigen Verkehr wurde das Vermögen, die Produktionskraft der Menschen während ihrer Entfremdung gesteigert; sie hatten nämlich in diesem abstrakten Verkehrsmittel ein vermittelndes Wesen ihrer eigenen Entfremdung; sie mussten, weil sie selbst Unmenschen, d.h. nicht vereinigt waren, das Vereinigende außer sich, in einem unmenschlichen, außermenschlichen Wesen suchen.« (Hess 1845, 184f.)

Hess geht also davon aus, dass das Geld etwas repräsentiert – Marx wird dies später den Tauschwert nennen. Aber diese Repräsentation ist problematisch:[52] Sie geht von einem Zustand der Isolierung der Menschen voneinander aus (nur deswegen kann Geld als Symbol an die Stelle eines *wirklichen* Austausches treten). Daher verstärkt das Geld diese Entfremdung der Menschen voneinander weiter: Der soziale Verkehr wird durch ein Medium geregelt, dessen Effekte die Menschen selbst nicht regulieren können – das Vereinigende haben sie daher »außer sich«. Daraus lernen hieße daher, die Mechanismen der Vergesellschaftung aus dieser entfremdeten Form des Geldes wieder anzueignen – und das kann nur praktisch geschehen, da sich die Entfremdung durch Geld und Kapital täglich aufs Neue vollzieht, selbst wenn man sie eingesehen hat:

»Das Geld ist das soziale Blut, aber das entäußerte, das vergossene Blut.« (182) »Das Geld ist der geronnene Blutschweiß der Elenden, die ihr unveräußerliches Eigenthum, ihr eigenstes Vermögen, ihre Lebensthätigkeit selbst zu Markte tragen, um dafür das caput mortuum derselben, ein sogenanntes Capital einzutauschen und kannibalisch von ihrem eignen Fette zu zehren. – Und diese Elenden sind wir Alle! Wir mögen uns theoretisch noch so sehr von dem verkehrten Weltbewußtsein emancipiren, so lange wir nicht auch praktisch aus der verkehrten Welt heraus sind, müssen wir, wie es im Sprichwort heißt, mit den Wölfen heulen. Ja, wir müssen unser Wesen, unser Leben, unsere eigene, freie Lebensthätigkeit fortwährend veräußern, um unsere elende Existenz fristen zu können. Wir erkaufen uns fortwährend unsere individuelle Existenz mit dem Verluste unserer Freiheit.« (1845, 166)

Gegen diese »Scheinwelt« (Hess 1845, 150) stellt Hess die »organische Gemeinschaft« des Sozialismus (1845, 185), in der es endlich »wirkliche« Menschen geben soll:

»Allerdings soll das leibhafte Individuum an die Stelle des geistigen Menschen treten, aber nicht das sich selber entfremdete, nicht der isolierte, herz- und geistlose, seelenlose todte Leib, wie der Egoist sich ihn gegenüberstehen hat, um ihn zu ›genießen‹ – sonst hätten wir nur an der Stelle des entfremdeten unsichtbaren Ichs das entfremdete sichtbare Ich ... statt der Entäußerung unseres ›geistigen‹ die Entäußerung unseres ›natürlichen‹ Lebens.« (Hess 1845, 200)

Mit Moses Hess kommen wir dem Rousseau'schen Entfremdungsdenken wieder näher: Entfremdung bezeichnet das Steckenbleiben der Individuen in der Äußerlichkeit, wofür vorrangig gesellschaftliche Faktoren wie Ungleichheit und Herrschaft verantwortlich zu machen sind. Der erlittene Verlust kann mit Schiller und Feuerbach als Abkapselung der Individuen von der »Gattung«, dem Reichtum der menschlichen Möglichkeiten begriffen werden. Von Schiller übernimmt Hess noch etwas, nämlich den Gedanken einer vorbereitenden Erziehung:

»Es versteht sich übrigens von selbst, dass der Socialismus, ... nämlich sowohl die Aufhebung des Privaterwerbs, wie die Organisation der Arbeit, nicht mit einem Schlage einzuführen, dass es sich nicht darum handeln kann, den Geldcultus und den Cultus des höchsten (theoretischen) Wesens durch ein Dekret abzuschaffen und dagegen den Socialismus und Humanismus zu dekretiren. ... Nein, wir haben eine neue Generation durch eine allgemeine und unentgeltliche Erziehung zu Menschen heranzubilden.« (Hess 1845, 142)

Damit wird deutlich, dass die Marx'sche Entfremdungstheorie, auf die wir gleich kommen, kein Alleinstellungsmerkmal hat (und vielleicht deswegen von Marx publizistisch zurückgehalten wurde). Sie greift verschiedene Entwicklungen auf, die ohnehin gärten: die Kritik an der Religion, aber auch am zu abstrakten Humanismus – und vor allem die an den schädlichen Auswüchsen der kapitalistischen Wirtschaftsform.

6. Karl Marx: Selbstbestimmte Entwicklung und radikale Praxis

Wir sind damit bei der Entfremdungskonzeption von Karl Marx angelangt. Über diese ist so viel geschrieben worden, dass man hier mit Buchstaben geizen sollte.[53] Im Folgenden werden daher die gängigen *Kritiken* an dieser Position gleich mitbehandelt. Das macht dieses Kapitel hoffentlich origineller, als es eine erneute Paraphrase wäre. Der Entfremdungstheorie wird vorgeworfen (Jaeggi 2005, 46 ff.; Rosa 2012, 304 f.), paternalistisch, metaphysisch und vorsozial zu sein: sie suggeriere, es gebe eine wahre Natur des Menschen oder ein wahres Ich (welches nur metaphysisch zu denken sei). Entfremdung sei nur ursprungsmythisch als ein *Abfallen* davon zu verstehen; und die Überwindung bestehe in der Restitution dieses alten, vorsozialen Zustands.[54] Paternalistisch sei sie schließlich deswegen, weil den als »entfremdet« bezeichneten Menschen dieses Wissen lediglich von außen übergestülpt und zugemutet werde; und so könne eine Entfremdungsdiagnose Fremdherrschaft legitimieren.[55] Die Frage ist daher: Lässt sich an den Marx'schen Texten eine Erlebnisqualität freilegen, die sich gegen diese Vorwürfe sperrt? Nur wenn das Gesagte potenziell universalisierbar, von jedermann nachvollziehbar wäre, wären diese schweren Vorwürfe zu entkräften. Damit ist die Frage berührt, was das Gegenteil von Entfremdung sei (vgl. Rae 2010). Doch anstatt direkt mit großen philosophischen Begriffen einzusteigen (wie Autonomie, Authentizität oder Resonanz), beginnen wir mit Alltagserfahrungen.[56]

Am besten lässt sich das diskutieren an den Bemerkungen über entfremdete Arbeit in den *Pariser Manuskripten* von 1844, die erst 1932 veröffentlicht wurden (zur Editionsgeschichte Quante 2009, 331 ff.). Hier verknüpft Marx den Bedeutungsraum der Entfremdung, der ihm von Hegel her geläufig war (MEW 1, 204, 233, 283, von 1843), mit Überlegungen der politischen Ökonomie (J. B. Say, François Quesnay, Adam Smith und David Ricardo). Es ist diese Konzeption, die im späteren Werk weiterhin wirkte (bis hinein ins *Kapital*, MEW 25, 94), weniger die schriftstellerischen Experimente mit dem Geld, die Marx ebenfalls 1844 angestellt hat – darin sicher beeinflusst von Moses Hess. Dort bezeichnet Marx das Geld als universalen Mittler und »allmächtiges Wesen« (MEW 40, 563), das die besonderen Qualitäten nivelliere (Hegels Entqualifizierungsthese) und so eine »verkehrte Welt« (566) des Scheins hervorbringe (»Ich ... bin lahm, aber das Geld verschafft mir 24 Füße«, 564). Doch derlei hatten Hess und andere schon ähnlich geschrieben (MEW 4, 486). Solche Assoziationen befriedigten Marx immer weniger, weil das Geld damit theologisch aufgeladen und mehr verrätselt als erklärt wurde. Die Frage ist ja gerade, wie das Geld, das im Grunde nur ein Stück Papier ist, das vollbringen kann. Ein Resultat dieser Haltung war, dass er im *Kapital* gerade nicht mit dem Geld anhebt, sondern mit der scheinbar simpleren Ware – die aber voller »theologischer Mucken« steckt (MEW 23, 85), da der Kapitalismus insgesamt eine »verkehrte Welt« ist (MEW 1, 378; MEW 40, 655; MEW 25, 835). Aber gehen wir langsam vor und halten uns zunächst an die Diagnose im *Arbeitskapitel* (MEW 40, 510-522; bei Quante 2009, 82–98), denn von hier aus lässt sich der Bogen zum Geld besser schlagen als umgekehrt.

Diesen Stellen zufolge können wir uns ungestörte Verhältnisse recht einfach vorstellen, da solche von allen Menschen erfahren werden können. Man muss dafür keine metaphysische Natur unterstellen, die zum Totalitarismus einlädt. Doch von was genau entfremdet man sich eigentlich? In den Manuskripten finden sich vier Kandidaten für das *Wovon* der Entfremdung. Marx unterstellt, dass die Wirtschaft des Pudels Kern ist, wenn man die zeitgenössische Gesellschaft verstehen will (MEW 13, 8). Wirtschaft im Sinne der klassischen politischen Ökonomie steht und fällt mit der Arbeit, da erst sie den Löwenanteil der zirkulierenden Werte schafft. Marx untersucht Entfremdung daher im Kontext der *Arbeit* – das hat im Sprachgebrauch einen Vorlauf bei Hegel (der unter Arbeit allerdings nur geistige Arbeit verstand). Er unterscheidet eine Entfremdung vom eigenen Produkt (1), von der eigenen Tätigkeit (2), von uns selbst und unserer Natur (3) und schließlich von den anderen (4). Zu all diesen Dimensionen sind gelungene Verhältnisse denkbar, ohne dafür Über- oder Hinterwelten zu bemühen oder sogleich autoritär zu werden. Das kann ein kurzer Durchgang veranschaulichen.

Das Wovon der Entfremdung 1: Das Verhältnis zu eigenen Produkten

Entfremdung wird über eine *Sachebene* eingeführt: Es geht zunächst um das Verhältnis zwischen einem Subjekt und einem Objekt – aber einem solchen, das vom Subjekt gemacht ist. Hier begegnet die Ausdrucksanthropologie wieder, allerdings im Modus ihrer Störung, eines blockierten Rückflusses des Entäußerten:

»Der Gegenstand, den die Arbeit produziert, ihr Produkt, tritt ihm als ein fremdes Wesen, als eine von dem Produzenten unabhängige Macht gegenüber. Die Aneignung des Gegenstandes erscheint so sehr als Entfremdung, dass, je mehr Gegenstände der Arbeiter produziert, er um so weniger besitzen kann und um so mehr unter die Herrschaft seines Produkts, des Kapitals, gerät.« (MEW 40, 511)

Dieser Einstieg mit dem Objekt hat Marx den Vorwurf eingetragen, dass er Menschen nicht als soziale Wesen begreift, sondern als einsame, isolierte Tüftler und Gesellschaft darum als etwas *Produziertes*, nicht etwas kommunikativ Gestaltetes (Habermas 1968, 45f.; 1985, 95ff.). Allerdings geht es hier um Dinge, die wir selbst herstellen, und das tun wir stets in sozialen Kontexten. Es ist nicht schon die *Vergegenständlichung* (die Kreativität drückt sich in einem Werk aus, das von mir unabhängig ist), die die Entfremdung ausmacht. Das hat erst Simmel (1919) behauptet, als er diagnostizierte, in einer »Tragödie der Kultur« bekämen unsere Produkte ein Eigenleben und würden uns *deswegen* – quasi automatisch – fremd. Bei Marx ist es kein tragischer Automatismus, sondern erst die Art und Weise der Aneignung, die zur Entfremdung von unseren Produkten führt. Wenn im modernen Produktionsprozess das Kapital über die Arbeitsmittel inklusive der Arbeitskraft verfügt, verfügt es auch über die Produkte. Die Entfremdung vom Produkt kommt also daher, dass jemand anders über es bestimmt und es sich aneignet (oder es für Geld noch weiter »veräußert«).

»Wenn das Produkt der Arbeit nicht dem Arbeiter gehört, eine fremde Macht ihm gegenüber ist, so ist dies nur dadurch möglich, dass es einem andern Menschen außer dem Arbeiter gehört.« (MEW 40, 519)

Was ist hier die Gegenfolie? Wie kann man sich ein unverstelltes Verhältnis zu den eigenen Produkten vorstellen? Das lässt sich nicht-metaphysisch beantworten. Eigene Produkte erstellen wir von der ersten Sandburg auf dem Spielplatz an, und auch reifere

Interaktionen zwischen Menschen sind häufig vermittelt über Dinge, die wir selbst gemacht haben (seien es die selbst gebackenen Kekse, das Gedicht oder die Hilfe beim Computerschaden). Das hat die materialfreie Interaktionstheorie im Gefolge von Hannah Arendt und Jürgen Habermas übersprungen. Solange wir eine gewisse Selbstbestimmung über unsere Produkte haben, können wir uns in ihnen wiedererkennen. Das ist nicht erst beim Künstler so, dem Prototyp des Expressivismus, es zeigt sich schon im Stolz des Handwerkers (Sennett 2008) oder in der Loyalität des Facharbeiters zu »seiner« Firma. Arbeitsteilung allein bewirkt also noch nicht automatisch Entfremdung (Schumann 2000).

Es gibt einen weiteren Grund dafür, mit einer Sachebene einzusteigen. Das Verhältnis zum eigenen Produkt ist zwar in soziale Verhältnisse eingelassen, dennoch gibt es uns Freiraum für den Ausdruck und die Betätigung unserer Individualität. Dafür sind wir auf die anderen nicht zwingend angewiesen. In den Geisteswissenschaften wird ein hoher Grad von Selbstbestimmung über das Produkt durch *Einsamkeit* in der Produktion erzielt (Humboldt 1809, 274; Schelsky 1971, 72 ff.). Daher verdanken wir einen guten Teil der sozialen Identität, die wir uns erarbeiten, der materialen Ebene von in die Interaktion eingebundenen Produkten, die unserer Person zugerechnet werden. Die These, dass etwas nicht in Ordnung ist, wenn uns die Eigenständigkeit in der Gestaltung von Produkten erschwert wird, ist daher leicht nachzuvollziehen – für Philosophen würde das etwa bedeuten, dass jemand ständig an unseren Texten herumredigiert, auf eine Weise, die uns fremd bleibt. Immerhin raten auch Glücksratgeber dazu, wieder mehr selbst zu machen (selber zu kochen statt Fertigessen zu vertilgen). Für eine solche Selbstwirksamkeitserfahrung muss man weder eine Überwelt noch vormoderne Zustände unterstellen.

Das Wovon der Entfremdung 2: Das Verhältnis zur eigenen Tätigkeit

Nicht über Produkte unserer Tätigkeiten zu verfügen heißt zumeist auch, nicht über die *Gestaltung* dieser Produkte entscheiden zu können – weder wie sie gemacht werden, noch was gemacht wird. Gesetzt, wir haben die Fähigkeit, eine Sache besonders gut zu machen (von einer Fähigkeit, die wir nicht haben, können wir uns nicht »entfremden«). Gesetzt auch, wir werden aufgrund sozialer Zwänge (Hierarchien, Gruppen- oder Sachzwängen) dazu verurteilt, diese nicht länger auszuüben – oder für jemand anderen unter dessen Kontrolle, der dann auch mit den Produkten hausieren geht. Dann wäre unser Verhältnis zu dieser Fähigkeit gestört. Wir werden damit in unserer Handlungsautonomie eingeschränkt und stattdessen zu Handlungen gezwungen, die wir möglicherweise gar nicht ausüben *wollen* (hier wäre die Gegenfolie die Freiheit) oder zu denen wir zumindest kein positives Verhältnis mehr haben (hier wäre die Gegenfolie eine Vertrautheit).

> »Aber die Entfremdung zeigt sich nicht nur im Resultat, sondern im Akt der Produktion, innerhalb der produzierenden Tätigkeit selbst. ... Worin besteht nun die Entäußerung der Arbeit? [Darin...], dass er sich daher in seiner Arbeit nicht bejaht, sondern verneint, nicht wohl, sondern unglücklich fühlt, keine freie physische und geistige Energie entwickelt.« (MEW 40, 514)

Die Stelle zeigt, dass Marx ein *Leiden* voraussetzt, wenn er von Entfremdung spricht. Von dieser Entfremdung führt bereits ein erster Pfad zur Entfremdung von sich selbst: Da wir uns selbst – wie im Verständnis des Pragmatismus – vor allem durch unsere *Handlungen* selbst bestimmen (weniger durch Pläne oder Wünsche), kann man auf eine Entfremdung vom eigenen Selbst schließen. Wenn eine Person durch äußere oder verinnerlichte Zwänge ständig anderes tun oder herstellen muss, als sie möchte, kann ihr Verhältnis zu sich selbst langfristig nur durch Hilfskonstruktionen intakt bleiben. Zu solchen Hilfskonstruktionen gehören die »imagined lifes«, die die von Arlie Hochschild (2003) befragten Arbeiterinnen als Sinn ihres Lebens angaben, zu denen sie lediglich nie die Zeit hätten. (»Eigentlich bin ich ganz anders, nur komme ich so selten dazu«, Ödön von Horvath) Andernfalls droht eine radikale Veränderung dieses Selbst im Sinne einer ständigen »Anpassung« an die jeweiligen Erfordernisse. So würde das Selbst permanent ein anderer.[57] Der Eindruck, dass es kein Selbst »hinter« diesen ständigen Opportunismen gebe, wie die postmoderne Antikritik lautete, könnte so, wenn der Einwand je ernst gemeint war,[58] bereits als *Ausdruck* dieser Entfremdung gelesen werden.

Wenn Arbeit in Verhältnisse eingelassen ist, in denen die einen Verfügungsgewalt über die Arbeitskraft der anderen haben, ist für diese anderen eine Selbstbestimmung über die eigenen Tätigkeiten (»Selbstbetätigung«, MEW 3, 67) nur eingeschränkt möglich. Dass Entfremdung keineswegs vorsozial gedacht ist, wird schon hier deutlich. Im westlichen Marxismus ging dieses Argument noch weiter: Wenn wir nämlich von der Arbeit entfremdet sind, da wir weder über die Produkte noch über die Tätigkeiten mitbestimmen können, kann der Wille zum Ausdruck und zur Identifikation in das Privatleben hinüberrutschen: etwa in den Konsum (der damit zum ostentativen Status- oder Lebensstil-Konsum wird und darum »kompensatorisch« genannt wird) oder in die Familienbeziehungen: Auch Kinder oder Partner können als Vorzeigeobjekte herhalten, die damit möglicherweise überfordert oder ihrerseits fremdbestimmt werden (Fromm 1955, 117f.).

Wie lässt sich das gelingende *Verhältnis zur eigenen Tätigkeit* nicht-essentialistisch verstehen? Eine Bestimmung über die eigene Tätigkeit ist im Positiven ebenso einfach auszumalen wie die über das eigene Produkt: Nicht nur *was* wir herstellen wollen, sondern auch *wie*, wann oder mit wem, kann im Prinzip unserer Entscheidung unterliegen. Das heißt nicht, dass das immer der Fall ist. Doch nicht durch jeden Sachzwang ist man gleich entfremdet; deswegen empfinden wir es in der Regel nicht als »entfremdend«, wenn wir durch Kinder von unseren Hobbys oder unserer Arbeit abgehalten werden. Wohl aber trifft das zu, wenn andere permanent über die Art und Weise der Verwendung unserer Fähigkeiten bestimmen – und das kann auch in der Familie geschehen.[59]

Die neue Autonomie in der Arbeit (Sichler 2006), die für die kritische Arbeitssoziologie zum Problem geworden ist, da sie bereits im Kapitalismus teilweise umgesetzt wurde, bezieht sich vor allem auf einen Gestaltungsspielraum hinsichtlich der *Tätigkeiten* (flexible oder Gleitzeiten, Heimarbeit, Gruppenarbeit und mehr Selbstverantwortung; Frey 2009, 80 f., nennt das »Handlungsautonomie«). Eine Souveränität über das *Produkt* ist davon weniger berührt. Was wir machen und wem das Produkt am Ende gehört, das steht meistens nicht zur Disposition. Selbst wenn ich, etwa dank dem Instrument der »Zielvereinbarung«, darüber mitbestimmen kann, *wie* ich etwas mache: Der vorgegebene *Output* muss am Ende stimmen. Daher ist es wichtig, diese beiden Dimensionen (Produkt und Prozess) zu unterscheiden.

Das Wovon der Entfremdung 3: Das Verhältnis zur Natur

Eine weitere Dimension, die zuweilen als Obskurität des jungen Marx verstanden wird, der seine Feuerbach-Phase noch nicht bewältigt hatte, ist die Entfremdung von der Natur, die mit diesen Phänomenen einhergeht.

> »Die entfremdete Arbeit macht also: 3. das Gattungswesen des Menschen, sowohl die Natur als sein geistiges Gattungsvermögen, zu einem ihm fremden Wesen, zum Mittel seiner individuellen Existenz. Sie entfremdet dem Menschen seinen eignen Leib, wie die Natur außer ihm, wie sein geistiges Wesen, sein menschliches Wesen.« (MEW 40, 517)

Diese Rede von Natur hat zwei Seiten – nach innen, in Bezug auf den »eigenen Leib«, sowie nach außen, zur Natur »außer« uns. In der Marx'schen Kulturtheorie hört die äußere Natur auf, fremd zu sein, wenn man sie bearbeitet.[60] Diese Aussage ist nicht kulturspezifisch, denn für sie ist »die freie bewusste Tätigkeit ... der Gattungscharakter des Menschen« (516). Wenn die Rede vom »Wesen« die Freiheit meint, legt sie die Menschen gerade nicht fest. Ein Paternalismusvorwurf geht an dieser Stelle fehl. Naturbearbeitung hat also einen vertrauensbildenden Effekt:

> »Durch sie erscheint die Natur als sein Werk und seine Wirklichkeit. Der Gegenstand der Arbeit ist daher die Vergegenständlichung des Gattungslebens des Menschen: indem er sich nicht nur wie im Bewusstsein *intellektuell*, sondern werktätig, *wirklich* verdoppelt und sich selbst daher in einer von ihm geschaffnen Welt anschaut.« (MEW 40, 517)

Dass die Natur als unser Werk erscheint und wir uns in der Welt anschauen (diese Ausdrucksanthropologie erinnert an die Rede vom »Spiegel« bei Feuerbach), meint, dass Menschen durch Arbeit eine Kultur schaffen, mit der sie sich identifizieren können – zumindest solange das in Freiheit geschieht. Den Gattungscharakter kann man auch ästhetisch lesen (»der Mensch formiert ... nach den Gesetzen der Schönheit«, 517). Dann handelt es sich um eine »subjektive Allgemeinheit«, die nicht streng beweisbar ist, doch einen »Anspruch auf Beistimmung von jedermann« mit sich trägt (Kant, *Kritik der Urteilskraft*, § 8). Kultur lässt sich so als eine über Artefakte vermittelte Kommunikation begreifen, wie das später auch Ernst Cassirer ausgeführt hat. Was soll es aber heißen, dass den Menschen durch diese Aneignung von Kultur zugleich die *Natur* zur Heimat wird?

Folgende Lesarten könnte man aufführen: Man könnte es phänomenal so lesen, dass die Zufriedenheit mit einem gelungenen Werk, das Natur bearbeitet (in Form von Rohstoffen) und Natur verausgabt (in Form von Kräften), vielleicht sogar darstellt (in Form von Bildern), die Schaffende einen Einklang mit ihrer Natur empfinden lässt. Das getane Werk lässt körperlich zufrieden zurück. Das kann sich auf die Natur außer uns erstrecken, weil sie einen Anteil an dem Gelingen hat (»der Mensch ist ein Teil der Natur«, 516) und ich ihr Wirken in dem meinen nachempfinden kann. Daher kommt die beruhigende Wirkung, die Gartenarbeit auf viele Menschen hat (und die an Epikur erinnert): Man schafft im Einklang mit der Natur (*secundum naturam vivere*). Dass Menschen sich in ihren Werken anschaulich werden, heißt, dass sie ihre Kräfte spüren oder anhand der Werke auf sie zurückschließen. Die Produktion ist das Gattungsleben, weil es zum Menschsein dazugehört, sich die Lebensmittel selbst zu erzeugen (MEW 3, 20), und weil der Mensch sich erst in seinen Produkten erkennt.[61] Dieser Ausdrucksanthropologie sind wir schon öfter begegnet. Und schließlich *formt* sich der Mensch, als nicht-festgelegtes Wesen (MEW 40, 516, 591), durch seine Arbeit weiter: »Arbeit produziert nicht nur Waren, sondern auch den Arbeiter.« (MEW 40, 511, 542) Insofern ist die eigene »Natur« in gewisser Weise ein Werk des Menschen; wenn auch vielleicht kein gutes, wie bereits Rousseau erörtert hatte.

Die zweite Ebene von Natur ist der Leib. Angesichts ähnlicher Gedanken bei Nietzsche und Freud ist es plausibel, bei Frustrationserfahrungen auch diesen einzubeziehen. So sind die Burnouts des 21. Jahrhunderts nicht weniger physisch, als es die Verelendung des 19. Jahrhunderts war, auch wenn der Diskurs darüber in der Kartographie menschlichen Seins eher das Stockwerk der überforderten und rastlosen »Seele« als das des überarbeiteten und ausgehungerten Körpers anpeilt (Ehrenberg 2004; Illouz 2011). Eine kulturwissenschaftliche *Plausibilisierung* dieser leiblichen Dimension kann auf Darstellungen von Entfremdung im Film verweisen, die oft mit Verfremdungen des Körpers arbeiten. Menschliche Körper werden zu Maschinen oder Computerprogrammen, zu Außerirdischen oder zu Tieren.[62] Umgekehrt werden Prototypen gelingender Selbstverhältnisse mit einem Körper ausgestattet, der übermenschlich ist und damit das eigene Leben als etwas Fremdes hinstellt, da diese Körper für den Normalbürger unerreichbar sind.[63] Dass es Störungen im Verhältnis zum eigenen Körper geben kann, die gesellschaftstheoretisch dechiffrierbar sind, also auf eine misslingende Vergesellschaftung verweisen, ist daher ebenfalls eine recht unspektakuläre Annahme.

Wir haben zwar keinen unmittelbaren Zugang zu einer unverstellten Natur. Aber in Form dieser Vermittlung, der produktiven Tätigkeit, in der sich unser natürlicher Leib mit der äußeren Natur auseinandersetzt, haben wir einen – vermittelnden und vermittelten – Zugang zu Natur. Es ist ein nachvollziehbarer Gedanke, das Gelingen oder Misslingen der menschlichen Naturbeziehung an dieser elementaren Ebene der Auseinandersetzung mit Natur anzusetzen. Der Grund, dass dieser Effekt *unterbrochen* wird, ist erneut ein sozialer: »Indem daher die entfremdete Arbeit dem Menschen den Gegenstand seiner Produktion entreißt, entreißt sie ihm sein Gattungsleben.« (MEW 40, 517) Das führt nun auf die vierte Ebene.

Das Wovon der Entfremdung 4: Das Verhältnis zu den anderen

Der letzte Punkt führt die Sozialität noch klarer aus:

»Eine unmittelbare Konsequenz davon, dass der Mensch dem Produkt seiner Arbeit, seiner Lebenstätigkeit, seinem Gattungswesen entfremdet ist, ist die Entfremdung des Menschen *von dem Menschen.* ... Was von dem Verhältnis des Menschen zu seiner Arbeit, zum Produkt seiner Arbeit und zu sich selbst, das gilt von dem Verhältnis des Menschen zum andren Menschen, wie zu der Arbeit und dem *Gegenstand* der Arbeit des andren Menschen. Überhaupt, der Satz, dass der Mensch seinem Gattungswesen entfremdet ist, heißt, daß ein Mensch dem andern, wie jeder von ihnen dem menschlichen Wesen entfremdet ist. Die Entfremdung des Menschen ... drückt sich aus in dem Verhältnis, in welchem der Mensch zu dem andren Menschen steht.« (MEW 40, 517 f.)

Auf drei Weisen sagt Marx, dass es ihm um soziale Verhältnisse geht: soziale Entfremdung im Sozialen sei eine *Folge* (»Konsequenz«), eine *Äquivalenz* (»heißt, dass«) und ein *Ausdruck* (»drückt sich aus«) der vorigen drei. Da diese ihrerseits durch bestimmte soziale Beziehungen erzeugt sind, haben wir damit eigentlich eine soziologische Abhandlung vor uns. Wie ist aber die Gegenfolie einer nicht-entfremdeten Sozialität gedacht?

Eine erste Form von Sozialität scheint bereits im Verhältnis zum eigenen Produkt auf: Wir sind zwar, während wir Dinge anfertigen, nicht auf den Kontakt mit anderen angewiesen (es bedarf zuweilen sogar der Absonderung). Allerdings sind im Rahmen dieses Verhältnisses verschiedene Beziehungen zu anderen denkbar: Ich kann bereits in der Produktion mit anderen kooperieren. Das wäre eine Vergemeinschaftung über den gemeinsamen Zweck (»shared goals«). Diese Gemeinschaft kann mehr oder weniger frei sein, je nachdem, ob diese Gruppe selbst oder jemand anderes die Entscheidungsgewalt über Produkt und Tätigkeit hat.

Eine weitere Dimension von Sozialität betrifft die *Aneignung* der Produkte. Nehmen wir an, ich koche eine Mahlzeit, so kann ich diese zwar allein essen, ich kann sie aber auch mit anderen teilen und damit eine (Tisch-)Gemeinschaft stiften. Damit entstehen Reziprozitätserwartungen (eventuell erfolgt eine Rückeinladung usw.). Wenn ich *dieselbe* Tätigkeit als Lohnarbeit verrichte, dann koche ich für Menschen, die ich niemals zu Gesicht bekomme. Damit ist ein Keim für Entfremdungserfahrungen gelegt: Mein Verhältnis zum Produkt ist nicht länger in gelingende soziale Beziehungen eingelassen, weder auf der Produktions- noch auf der Aneignungsseite. Wenn ich gar etwas kochen muss, das ich nicht befürworte, sind mir irgendwann gewiss auch die Esser egal (wie 1976 in *Brust oder Keule* von Louis de Funès). Für die Vorstellung verschiedener Beziehungen zu den in der Tätigkeit des Kochens »mitgemeinten« anderen muss man auf keine Metaphysik zurückgreifen.

Schließlich lässt sich eine Sozialität auch denken über das Verhältnis verschiedener Produkte – Marx spricht im Zitat ja vom »Verhältnis des Menschen zum ... *Gegenstand* der Arbeit des andren Menschen« (518). Auch ein Tausch von Gegenständen kann eine Gemeinschaft stiften, wie wir von Marcel Mauss und anderen wissen. Jeder gibt etwas von sich und empfängt von den anderen wiederum etwas, das nicht nur einen Gebrauchswert hat, sondern zugleich eine Wertschätzung der anderen manifestiert, da diese sich ebenfalls in ihrem Produkt ausgedrückt haben. Der junge Marx beschreibt einen solchen nicht-monetären Austausch mit emphatischen Worten so:

> »Setze den Menschen als Menschen und sein Verhältnis zur Welt als ein menschliches voraus, so kannst du Liebe nur gegen Liebe austauschen, Vertrauen nur gegen Vertrauen etc.« (MEW 40, 567)

Da das Bild, das andere Menschen von uns haben und nach dem sie uns ihrerseits behandeln (unsere soziale Identität), nicht zuletzt auf unsere Tätigkeiten zurückgeht, muss eine Beeinträchtigung unserer Handlungsfreiheit sich auf die Beziehung zu den relevanten anderen auswirken. Wenn Menschen in meinem Umfeld lediglich auf solche Signale reagieren, die mir selbst gar nicht am Herzen liegen, und wenn folglich die Person, die sie anzusprechen meinen, nicht mit der übereinstimmt, als die ich mich selbst kenne; oder wenn ich mit Menschen in einem Kontext zusammenlebe, in dem Dinge als wichtig gelten, die mir selbst unwichtig sind, dann gibt es nur zwei Möglichkeiten: Entweder wird mir auch die Beziehung zu diesen anderen unwichtig (trotz ihrer Häufigkeit und Intensität) – sie sind für mich im Vergleich zu »engeren« Arbeitskollegen und Freunden, die ich vielleicht einmal hatte, wie Fremde (»wenn er arbeitet, ist er nicht zuhaus«, MEW 40, 514). Dann bin ich entfremdet von diesen nahen anderen (»ein Verhältnis, worin sie fremdes Arbeitsprodukt nur aneignen, indem sie eignes entfremden«; MEW 23, 167). Oder diese Vorstellung von mir selbst, die in der Interaktion mit den anderen so störend wirkt, wird mir allmählich selbst fremd und ich versuche mich anzupassen: Dann entfremde ich mich von meinem alten Selbst. Meine Wünsche und Identifikationsmuster passen nicht mehr in die Welt. Die Frage ist dann, wie unverstellt sich jemand an die neuen Umstände anpassen darf: etwa, ob es genügend Freiraum zu eigenen Tätigkeiten und Produkten gibt oder nicht.

Die Entfremdung von einem älteren Selbst muss nicht immer Ausdruck eines Leidens sein (welches ja Bedingung für die Rede von einer Entfremdung ist), sondern kann auch, gerade in den ersten Lebensjahrzehnten, der normale Ausdruck einer Entwicklung sein, auf die die positive Phase einer neuen Selbstidentifikation und gelingender Beziehungen zu anderen folgt. Doch für eine solche dynamische Selbstfindung benötige ich genau jene Ressourcen, die im Rahmen einer »Entfremdung« nur begrenzt zur Verfügung stehen: einen Freiraum des Experimentierens im Rahmen der eigenen Handlungen sowie in der Wahl der Sozialpartner – und davon unbenommen eine unbeeinträchtigt bleibende Basis menschlicher Kontakte (ein »Zuhause«). Ein temporäres Sich-selbst-fremd-Werden (und das korrespondierende Fremd-Werden der anderen) im Rahmen einer persönlichen Entwicklung ist daher von einem nachhaltigen und bedrückenden Gefühl von Fremdheit gegenüber den anderen und sich selbst zu unterscheiden. Es ist daher keine überzeugende Kritik an der Entfremdungstheorie, das eine Phänomen mit dem anderen zu hinterfragen, denn phänomenal lassen sich diese Dinge voneinander abgrenzen. Allerdings ist damit ein Widerhaken der Entfremdungstheorie benannt, auf den wir zurückkommen werden.

Vom Wovon zum Warum der Entfremdung

Das, von dem Menschen sich entfremden, birgt also keine paternalismusanfällige Metaphysik der wahren Natur des Menschen, sondern lässt sich postmetaphysisch als Alltagsphänomenologie der industrialisierten Moderne lesen. Die wichtige Frage ist nun, wie es eigentlich zu dieser Entfremdung kommt. Dafür nennt Marx vier Faktoren.

Ein erster Faktor (aber lange nicht der einzige, wie Heinrich 2001, 140, suggeriert) ist die *Arbeitsteilung*. Bereits Adam Smith und Adam Ferguson hatten diagnostiziert, dass die Ausdifferenzierung von Tätigkeiten in der Fabrik zwar die Gesamtproduktivität erhöht (MEW 23, 356 ff.), dass aber für den Einzelnen nur noch monotone Tätigkeiten übrig bleiben, die nicht nur im Ablauf unangenehmer sind und kein Gefühl der Kontrolle mehr vermitteln, sondern auch den Einblick in das Gesamtprodukt und damit die »Meisterschaft« des Einzelnen vermindern.[64] Dieser Aspekt ist technisch, er könnte also auch vorkommen, wenn alles allen gehört, aber niemand mehr die Zusammenhänge versteht und die Tätigkeiten stupide werden.

Damit kann aber soziale Entfremdung verbunden sein, wenn Einzelne sich nicht mehr als Kollegen wahrnehmen, die miteinander arbeiten, sondern als gleichgerichtete Atome, die am Fließband *nebeneinander* stehen und so nur (räumlich) nacheinander arbeiten. Das Vertrackte an der Arbeitsteilung ist ja ihre Dynamik: Da jeder unter Konkurrenzdruck steht, bleibt keiner auf einer Stufe stehen, sondern jeder wird weiter vorangetrieben, so dass, wenn der Wandel sich beschleunigt (Rosa 2013), es kaum noch möglich ist, sich in den jeweiligen Tätigkeitsformen einzurichten und eine Vertrautheit herzustellen. In Interviews mit Arbeitenden, die auf zwangig Jahre Erfahrung zurückblicken (Schultheis 2010), macht sich tatsächlich mitunter eine Nostalgie nach älteren Formen der Arbeitsteilung bemerkbar, wo es noch mehr soziale Wärme gegeben habe (dazu Kap. 1 und 10). Der Wandel ist schneller geworden und unterminiert die Fähigkeit zur ›Einhausung‹. Allerdings gibt es, wie die Arbeitssoziologie zu berichten weiß, durchaus Versuche (angetrieben von Gewerkschaften wie von Betriebsführungen), hier entgegenzuwirken und die Arbeit vielseitiger und kooperativer zu machen (durch Teamarbeit) sowie (durch *Corporate Identity*) eine Identifikation mit der Firma zu erreichen.

Ein zweiter Faktor ist die Vermarktlichung und Monetarisierung – das Geld. Das berührt die Dequalifizierung, die bereits Hegel analysiert hatte (der sie allerdings der Aufklärungsrationalität zuschrieb). Wenn Dinge nicht mehr aufgrund ihrer qualitativen Eigenschaften, sondern nur noch aufgrund ihres in Geld ausgedrückten Marktwertes geschätzt werden, so geht der Bezug zu diesen Eigenschaften ebenso verloren wie der Bezug zu den Menschen, die das Produkt vielleicht gerade ihrer wegen schätzen (Zima 2014, 9 f.). Das Geld distanziert, kühlt ab, vergleichgültigt (Simmel 1900), es macht berechenbar und berechnend; es macht zugleich maßlos, da es keinen inneren Halt hat (Aristoteles, *Politik* I.9). Diese Dimension stieß nicht nur dem jungen Marx auf (MEW 40, 562 ff.), sondern noch dem späten. Entfremdung heißt noch im *Kapital* (1867/1872) ganz im Sinne Feuerbachs, dass Menschen das, was sie selbst hervorbringen, nicht mehr als ihr eigenes Produkt erkennen, sondern es als etwas Fremdes deuten, das eine ganz eigene Macht hat, der sie sich in der Folge sogar unterwerfen – in diesem Fall ist es nicht mehr die Religion, sondern die im Geld präsente Warenform:

»Das Geheimnisvolle der Warenform besteht also einfach darin, dass sie den Menschen die gesellschaftlichen Charaktere ihrer eignen Arbeit als gegenständliche Charaktere der Arbeitsprodukte selbst, als gesellschaftliche Natureigenschaften dieser Dinge zurückspiegelt, daher auch das gesellschaftliche Verhältnis der Produzenten zur Gesamtarbeit als ein außer ihnen existierendes gesellschaftliches Verhältnis von Gegenständen.[65] ... Es ist nur das bestimmte gesellschaftliche Verhältnis der Menschen selbst, welches hier für sie die phantasmagorische Form eines Verhältnisses von Dingen annimmt. Um daher eine Analogie zu finden, müssen wir in die Nebelregion der religiösen Welt flüchten. Hier scheinen die Produkte des menschlichen Kopfes mit eignem Leben begabte, untereinander und mit den Menschen in Verhältnis stehende selbständige Gestalten. So in der Warenwelt die Produkte der menschlichen Hand. Dies nenne ich den Fetischismus, der den Arbeitsprodukten anklebt, sobald sie als Waren produziert werden, und der daher von der Warenproduktion unzertrennlich ist.« (MEW 23, 86 f.)[66]

Ein dritter, nochmals zu unterscheidender Faktor ist die Kapitalisierung der Produktion. Solange Geld nur für den Handel benutzt wird, ist es noch kein Kapital im Sinne von Marx (der damit primär industrielles Kapital, nicht Handelskapital meint). Geld wird erst dann zu Kapital, wenn es investiert wird in die Produktion für den Markt mit der Absicht einer systematischen Erzeugung von Profit (MEW 23, 161 ff.). Arbeitsteilung und Geld gibt es auch in vorkapitalistischen Gesellschaften, aber erst mit der Kapitalisierung auch der Produktion wird unmittelbar das Selbstverhältnis der Arbeitenden betroffen – denn er wird selbst zum Kapital eines anderen.

Kapitalisierung der Produktion heißt »Teilung von Arbeit und Kapital« (MEW 40, 510), es findet eine Umstellung von einer Produktion für die eigenen Bedürfnisse auf eine Produktion für den Markt statt und eine »radikale Trennung des Produzenten von den Produktionsmitteln« (MEW 19, 242). Damit wird aus einer Person, die unter anderem arbeitet, die Ware »Arbeitskraft«, die auf dem Arbeitsmarkt feilgeboten wird. Das hat für die Arbeitenden einen subjektivierenden Nebeneffekt: Die »Trennung des Arbeiters vom Arbeitsmittel« (von der Simmel und Weber 1919, 497, gleichermaßen sprechen) müssen sie auch psychisch verarbeiten. Sie arbeiten für einen anderen, für den sie eine Ware darstellen, aus der es möglichst viel herauszuholen gilt:

> »Da vor seinem Eintritt in den Prozess seine eigne Arbeit ihm selbst entfremdet, dem Kapitalisten angeeignet und dem Kapital einverleibt ist, vergegenständlicht sie sich während des Prozesses beständig in fremdem Produkt. ... Der Arbeiter selbst produziert daher beständig den objektiven Reichtum als Kapital, ihm fremde, ihn beherrschende und ausbeutende Macht.« (MEW 23, 596)[67]

Dieser Aspekt des Eigenen ist also schon insofern fremd, als ich »Kapital« des anderen geworden bin (»variables Kapital«, MEW 23, 224) und damit weder über mich selbst noch über den Arbeitsprozess verfüge, obwohl doch das Kapital eigentlich ›mein‹

Produkt ist. Dennoch bin ich es, der diese »Ware Arbeitskraft« verkaufen wie ausüben muss (zu diesem Widerspruch im Subjekt Lukács 1923, 109; er wird noch ärger, wenn wir uns gezwungen sehen, unsere Rollen »authentisch« auszuüben; siehe Kap. 9).

Viertens schließlich gibt es, was die Sache besonders vertrackt macht, eine Undurchsichtigkeit des ganzen Verhältnisses, die dazu führen kann, dass man sich zu früh mit ihm abfindet. Das Beispiel des »Fetischismus« hatten wir schon berührt: »Die verselbständigte und entfremdete Gestalt, welche die kapitalistische Produktionsweise überhaupt den Arbeitsbedingungen und dem Arbeitsprodukt gegenüber dem Arbeiter gibt« (MEW 23, 455), führt nämlich dazu, dass diese historisch spezifische Weise der Vergesellschaftung nicht mehr als solche dechiffriert wird, sondern sich als etwas rein Sachliches oder Natürliches darstellt.

Ideologien, etwa theoretische Verklärungen dieser Verhältnisse in der bürgerlichen politischen Ökonomie, sind also nicht einfach *falsche* Darstellungen (denn dann würde eine Gegendarstellung ausreichen, wie die Junghegelianer annahmen), sondern sie geben den Anschein, der im System entsteht, zum Teil richtig wieder. Nur ist dieser Anschein oberflächlich und trifft die Sache nicht im Kern (»Wissenschaft wäre überflüssig, wenn die Erscheinungsform und das Wesen der Dinge unmittelbar zusammenfielen«, MEW 25, 825; das ist auch eine Kritik der Phänomeonologie). Wie bei der Camera obscura steht der Schein auf dem Kopf (MEW 3, 26). Diese verfälschende Wahrnehmung vom Ganzen, die gleichwohl ein Effekt dieses Ganzen ist, nennt Marx, »um den Philosophen verständlich zu bleiben« (MEW 3, 33), noch 1846 »Entfremdung«: Die Menschen begreifen ihre eigene Gesellschaft nicht mehr, weil diese *von sich aus* falsch erscheint – als äußere Macht, obwohl sie etwas Immanentes, nämlich Resultat der eigenen sozialen Handlungen ist:

»Die soziale Macht, d. h. die vervielfachte Produktionskraft, die durch das in der Teilung der Arbeit bedingte Zusammenwirken der verschiedenen Individuen entsteht, erscheint diesen Individuen, weil das Zusammenwirken selbst nicht freiwillig, sondern naturwüchsig ist, nicht als ihre eigne, vereinte Macht, sondern als eine fremde, außer ihnen stehende Gewalt, von der sie nicht wissen woher und wohin, die sie also nicht mehr beherrschen können, die im Gegenteil nun eine eigentümliche, vom Wollen und Laufen der Menschen unabhängige, ja dies Wollen und Laufen erst dirigierende Reihenfolge von Phasen und Entwicklungsstufen durchläuft.« (MEW 3, 34)

Es ist mehr nötig, als Entfremdung nur zu benennen, denn dadurch verschwindet sie nicht. Da sie praktische, genauer: strukturell-systemische Ursachen hat, kann eine Überwindung der Entfremdung nicht länger im Denken stattfinden (wie bei Hegel und Feuerbach).[68] Sie muss selbst praktisch werden, wie die elfte Feuerbachthese pointierte. Damit geht Entfremdungskritik in Politik über. Die »Sache bei der Wurzel packen« (MEW 1, 385) hieß für Marx fortan: »Die Expropriateurs werden expropriiert.« (MEW 23, 791; MEW 4, 481) Es galt, Eigentumsverhältnisse und Produktionsweisen zu etablieren, in denen die Menschen sich nicht länger gegenseitig ausbeuten und entfremden.

Ein Beispiel aus der Popkultur: *Robocop*

Nun drängt sich die Frage auf: Ist dieses Modell heute veraltet oder hat es uns noch etwas zu sagen? Da Begriffe ohne Anschauung blind sind, lohnt sich für die Beantwortung dieser Frage ein Blick in die Populärkultur. Offensichtlich entsprechen solchen Überlegungen die Empfindungen vieler Menschen, sonst würden solche Entfremdungsgefühle – an den schwankenden Theoriemoden vorbei – nicht derart häufig filmisch in Szene gesetzt.

Der Film *Robocop* von José Padilha (2014) visualisiert die Marx'sche Entfremdungstheorie auf überraschend präzise Weise. Dass es sich dabei um ein Remake handelt, ist bereits ein Verfremdungseffekt. Hier werden bildliche Formgebungen einer dystopischen Stimmung der 1980er Jahre wieder aufgegriffen (die es etwa auch in *Blade Runner* oder *Terminator* gab): Die alte Zukunftsvorstellung wird weitergeführt, obwohl wir schon längst in der damaligen Zukunft angekommen sind.

Schon beim originalen *Robocop* von 1987 handelte es sich um eine Überblendung verschiedener Ebenen. Unübersehbar war damals zum einen ein rousseauistischer Affekt. Paul Verhoeven drehte seinen ersten Film in den USA und verarbeitete dabei seine befremdlichen Erfahrungen mit einer im Vergleich zu den Niederlanden schnelllebigeren, gewaltbereiteren und konsumfixierten amerikanischen Kultur (die Jahrzehnte zuvor schon auf Weber und Adorno ähnlich gewirkt hatte). Grandios beiläufig wird die Entfremdung Verhoevens in den eingespielten Medienberichten deutlich (das gibt es auch im Remake). Darin kann man ein Motiv des ersten *Diskurses* erblicken. Dass Amerika kulturell fortgeschrittener ist, führt nicht etwa zu einer höheren Moralität, im Gegenteil: Moralisch stellt sich diese Welt vielmehr als zerrüttet dar. Zugleich ist ein geschlechtertheoretischer Subtext auszumachen: Es gab angesichts der gewandelten Rolle der Frauen eine Krise der Männlichkeit, und bereits ein Film wie *Rambo* (Ted Kotcheff 1982) versuchte, das alte Bild eines einsamen Kämpfers zu retten. Dabei überzog er allerdings maßlos und führte es ad absurdum. Das wird hier karikiert, indem männliche Attribute wie Kraft, Gewalt und Gehorsam als »Charakterpanzer« (Wilhelm Reich) gezeigt werden. Der Polizist Murphy, der nach einem gewaltsamen Tod im Körper eines Kampfroboters erwacht, wird in diesem neuen, überzogen männlichen Körper seiner Familie *entfremdet* – offensichtlich ist dieser Griff in überkommene Stereotypen dem angespannten Geschlechterverhältnis nicht zuträglich. Das wird im Remake etwas anders behandelt – auch dort hat Robocop eine übergroße Pistole und sogar, funktional unsinnig, einen muskulösen metallischen Bauch. Dass die Beziehung zur Familie im Remake am Ende wieder gelingt, deutet sich hier schon an.

Neben Rousseauismus und Gendertrouble transportiert der Film aber auch einen marxistischen Subtext. Das beginnt damit, dass die Zukunft der kapitalistischen Landnahme als problematisch geschildert wird – eine private Sicherheitsfirma hat öffentliche Dienste wie die Polizei übernommen. Das Profitmotiv tritt an die Stelle des Gemeinwohls, Firmenchefs machen die Politik der Stadt und instrumentalisieren Menschen wie Murphy bedenkenlos für ihre Zwecke. Damit ist nicht nur die Arbeit, sondern auch Familie und Politik von der Entfremdung betroffen. In der Logik dieses Films liegt das an der fremdbestimmten Technisierung der Lebenswelt und der Kapitalisierung der Wirtschaft, in deren Folge das reale Leben, das durch ein gelingendes Miteinander geprägte »Zuhause«, zum Schein wird, den der Protagonist nur noch träumen kann. Die neue Realität, die in einem Benjamin'schen »Schock« auftritt (in Minute 26:40), ist mit der alten nicht in Einklang zu bringen. (»Der Arbeiter fühlt sich daher erst außer der Arbeit bei sich und in der Arbeit außer sich«, MEW 40, 514).

In der durchkapitalisierten Realität hat Murphy einen neuen Körper, der nicht nur ihm selbst völlig fremd ist, sondern der überhaupt nicht mehr menschlich ist (eine Entfremdung vom menschlichen Gattungswesen). Dieser neue Körper ist nur mehr durch Arbeit definiert: Es ist ein Berufskörper, nämlich die perfekte Polizeimaschine, die von profitorientierten Sicherheitsfirmen nur zu Verkaufszwecken »vermenschlicht« wurde. Bereits an dieser Stelle erweist sich die erstaunliche Reflexivität des

Films, denn gerade dieser vom Kapital ausgehende Versuch der *Aufhebung* von Entfremdung durch Vermenschlichung der Arbeit wird als besonders befremdlich geschildert. Die Firma (Omnicorp) ist bereit, die verbliebene Menschlichkeit von Murphy zu opfern, es kommt nur auf den Schein des Menschlichen an: Murphy (als *Ghost in the Shell*, Oshii 1995) soll nur den kommerziellen Abnehmern dieses »Produkts« ein besseres Gefühl geben. Dasselbe gilt auch für den Chef der Firma, der gegenüber der alten Verfilmung viel lockerer ist, sich am Ende aber als weit skrupelloser erweist.

Dieser Körper ist ein »Produkt«, er hat deshalb, mit Kant gesagt, keine Würde, sondern einen Preis, der im Film auch genannt wird. Nach dem Erwachen Murphys kann man die industrielle Produktion dieses Körpers in seiner Flucht durch die hochautomatisierte Arbeitshalle nachvollziehen, die in ein Billiglohnland verlagert ist – das stellt das Geburtstrauma der technoiden, posthumanistischen Wiedergeburt aus dem Geist des Biofordismus wunderbar dar (bei 31:20). Der Zusammenhang der verkörperten Entfremdungserfahrung mit den Themen Arbeit und industrieller Produktion ist hier klar intendiert. Und es geht weiter: Indem dieser Körper ein »Produkt« ist, werden *Eigentums*fragen aufgeworfen. Dass Murphy nicht länger sich selbst, sondern jemand anderem gehört, wird sogar schriftlich visualisiert, aus der Sicht der totalen Roboter nämlich (sie können ihn auf der Flucht nicht stoppen, da er »property« der Firma ist, der sie dienen; siehe Minute 32:00). Schließlich wird klar, dass Murphy, weil er Kapital eines anderen geworden ist, keine Kontrolle mehr über sich selbst hat. Als er nicht pariert, wird er einfach ausgeschaltet (bei 32:30).

Dies ist eine gelungene Visualisierung der Marx'schen Entfremdungstheorie ausgerechnet von Seiten der Kulturindustrie. Man könnte nun, im Sinne ihrer Kritik durch Adorno (der zufolge man das Entsetzliche nicht konsumierbar machen soll), gerade diese Darstellung als ideologisch verdammen. Der Einwand lautet, näher gesagt, dass die Entfremdung nicht nur *dargestellt* wird, sondern durch diese Darstellung zugleich gezähmt, ja eingemeindet wird. Tatsächlich findet man eine Glorifizierung schon bei den Kräften, die Murphys neuer Körper aufweist: Das Entfremdetsein führt dazu, dass Murphy Superkräfte hat, unverwundbar ist und – im Wortsinne – große Sprünge machen kann. Es handelt sich also um ein *Enhancement*, obzwar ein unfreiwilliges, und das ist philosophisch inzwischen salonfähig geworden. Zudem reduziert die Grammatik der Kulturindustrie das gesellschaftskritische Thema auf einen typisch amerikanischen Familienkonflikt. Nachdem der Vater ein paar harte Kämpfe bestanden hat, kann er sich, wie in Hollywood üblich, am Ende mit seiner Familie wiedervereinigen (in 1:42:00 wispert Murphy im Arm seiner Frau seinem Sohn zu: »Alles wird gut«). Die beste Arbeitsmaschine ist eben eine menschliche, man muss nur ihre Energien in die richtige Richtung leiten. Die postmoderne und zugleich konservative Botschaft könnte also lauten: Entfremdung ist nicht schlimm, sie hat viele Vorteile, und die Nachteile können durch Tugend, harte Arbeit und Liebe (natürlich nur in der Familie) wieder ausgebügelt werden. Das ist ein harter Einwand gegen eine allzu naive Deutung des Films.[69]

Aber so eindeutig sind gerade postmoderne Elemente nie festzulegen. In der Tat spielt das Thema der »Differenz« (wir sollen andere in ihrer Andersheit akzeptieren, nicht so, wie wir sie gern hätten) im Film eine große Rolle: Murphy kann die zwischenzeitliche Entfremdung deswegen überwinden, weil seine Familie zu ihm hält. Eigentlich sind also Frau und Sohn die Helden. Sie überwinden die Entfremdung gegenüber ihrem zum Metallkasten gewordenen Gatten und Vater, indem sie das Fremde an ihm durch Liebe wieder »vertraut« machen, es sinnhaft aneignen. Sie geben Murphy *trotz* seines merkwürdigen Körpers wieder ein Zuhause. Das ist in der Tat eine starke – wenn auch kitschige – Geste im Geiste der Postmoderne.[70] Allerdings steht sie gerade nicht im Gegensatz zum marxistischen Subtext des Films. Murphy kann sich seiner Familie nämlich nur in dem Maße zuwenden, wie er sich von den Zwängen seiner Arbeit befreit. Dafür muss er nicht nur das »Programm« überwinden, das ihm seine Firma aufgezwungen hat; er muss am Ende sogar seinen Chef erschießen (im Original erschießt er ›nur‹ einen Abteilungsleiter). Das ist eine klare Ansage, und das führt ein gutes Stück in Richtung Marxismus. Natürlich findet sich Murphy am Ende in den Armen der moralisch gereinigten Firma wieder (das ist eben Hollywood). Doch ist das nur möglich, weil diese sich komplett verändert hat: Sein ehemaliger Programmierer (Gary Oldman, den man aus *Batman* kennt) hat die Seiten gewechselt. Er ist zu einer Art Edward Snowden geworden und kooperiert mit der Justiz gegen seinen ehemaligen Arbeitgeber. Von ihm stammen auch die leitmotivischen Worte: »The human element will always be present: fear, instinct, bias, compassion, they will always interfere with the system« (43:50). So bleibt der Humanismus sogar in dieser postmodernen Variation über Entfremdung das bestimmende Moment. Marx' Gedanken sind also keineswegs veraltet.

7. Kritik der Entfremdungskritik: Simmel, Plessner und Gehlen

»Sein Doppelgängertum kann der Mensch nicht aufheben.«
(Plessner 1960, 224)

Es wird Zeit, sich mit weiteren Kritiken der Entfremdungskritik zu befassen (neben der von Hegel), die sich auf die Marx'sche Version beziehen. Zu nennen sind vor allem Georg Simmel, Helmuth Plessner und Arnold Gehlen, die in der Sozialtheorie noch überaus präsent sind.

Georg Simmel und die Ambivalenz des Geldes: Eine zirkulationistische Verkürzung

Simmel (1858–1918), ein Klassiker der Soziologie und zugleich ein bedeutender Philosoph, denkt zunächst in den üblichen Bahnen. Auch er ist imprägniert von der Ausdrucksanthropologie, in der Menschen sich entäußern, sich die Produkte wieder aneignen und sich so weiterbilden; auch er nennt nicht schon die Entäußerung (Vergegenständlichung), sondern erst die Störung der Aneignung Entfremdung – in diesem Fall, wie schon bei Adam Smith (Kap. 6, Fn. 64), durch Arbeitsteilung:

»Es war doch die Formel der Kultur, dass subjektiv-seelische Energien eine objektive, von dem schöpferischen Lebensprozess fürderhin unabhängige Gestalt gewinnen und diese ihrerseits wieder in subjektive Lebensprozesse in einer Weise hineingezogen wird, die dessen Träger zur abgerundeten Vollendung seines zentralen Seins bringt. Diese Strömung von Subjekten durch Objekte zu Subjekten ... kann nun aber ihre Kontinuität verlieren; das Objekt kann in prinzipiellerer Weise, als es bisher angedeutet war, aus seiner vermittelnden Bedeutung heraustreten und damit die Brücken abbrechen, über die hin sein kultivierender Weg ging. Solche Isolierung und Entfremdung ergreift es zunächst gegenüber den schaffenden Subjekten auf Grund der Arbeitsteilung.« (Simmel 1919, 405)

Simmel geht sogar, was seiner Vereinnahmung für postmoderne Denkmuster zuwiderläuft, von der normativen Zielvorstellung der »Totalität des Individuums« (1900, 690) aus, welche von der komplexen modernen Arbeitsteilung verunmöglicht werde.[71] Welche Modifikationen nimmt Simmel an diesem Gerüst nun vor? Obwohl man mit ihm den Übergang von philosophischer Spekulation in soziologische Konkretion assoziiert, verhält es sich in diesem Fall eher umgekehrt. Zunächst geht er nämlich wieder auf Hegel zurück, indem er aus den kulturell spezifischen Gründen für eine Entfremdung im Kapitalismus, die Marx angegeben hatte, einen allgemeinen und geistigen Selbstläufer macht (gemäß der selbstgesetzten Aufgabe, »dem historischen Materialismus ein Stockwerk unterzubauen, derart, dass ... jene wirtschaftlichen Formen selbst als das Ergebnis tieferer Wertungen ... erkannt werden«, Simmel 1900, 13, vgl. 719). Entfremdung von den eigenen Produkten wird auf diese Weise zu einem tragischen Naturgesetz, das sich zu jeder Zeit und an jedem Ort finden soll.

»Der ›Fetischcharakter‹, den Marx den wirtschaftlichen Objekten in der Epoche der Warenproduktion zuspricht, ist nur ein besonders modifizierter Fall dieses allgemeinen Schicksals unserer Kulturinhalte. Diese Inhalte stehen – und mit steigender ›Kultur‹ immer mehr – unter der Paradoxie, dass sie zwar von Subjekten geschaffen und für Subjekte bestimmt sind, aber in der Zwischenform der Objektivität, die sie jenseits und diesseits dieser Instanzen annehmen, einer immanenten Entwicklungslogik folgen und sich damit ihrem Ursprung wie ihrem Zweck entfremden.« (Simmel 1919, 408)[72]

Wie bei Hegel, für den die Ursache der Entfremdung von den eigenen Denk-Produkten ein mangelndes Verstehen war, die Lösung in einer Bildungspolitik bestand, verhält es sich – an Marx vorbei – auch wieder bei Simmel:

»Keine Kulturpolitik kann die tragische Diskrepanz zwischen der unbegrenzt vermehrbaren objektiven und der nur sehr langsam zu steigernden subjektiven Kultur beseitigen; aber sie kann an ihrer Minderung arbeiten, indem sie die Individuen befähigt, die Inhalte der objektiven Kultur, die wir erleben, besser und schneller als bisher zum Material der subjektiven zu machen, die schließlich allein den definitiven Wert jener trägt.« (Simmel 1916, 97)

So weit bewegt sich Simmel in den Bahnen konventioneller Theorien und geht von Marx auf Hegel und Humboldt zurück. Die positive Theorie der Entfremdung, die mit ihm assoziiert wird, artikuliert nun einen weiteren Gedanken. Dadurch nämlich, dass die »objektive Kultur«, die Welt der Dinge, immer umfangreicher wird, differenziert sie sich aus, und diese Ausdifferenzierung wirkt auf die Menschen zurück. Jede Einzelne ist in der Folge (wie bei Schiller) nur noch mit einem Teilaspekt der sozialen Wirklichkeit befasst. Das hat Nachteile – es gibt keine Unmittelbarkeit mehr, sondern die Menschen verlieren sich in einer unendlichen Vermittlung:

»So ist der Mensch gleichsam aus sich selbst entfernt, zwischen ihn und sein Eigentlichstes, Wesentlichstes, hat sich eine Unübersteiglichkeit von Mittelbarkeiten, technischen Errungenschaften, Fähigkeiten, Genießbarkeiten geschoben.« (Simmel 1900, 674)

Die Vermittlung zwischen all diesen Mittelbarkeiten übernimmt (wie bei Hess) einzig noch das Geld, welches diese unterschiedlichsten und ständig anwachsenden Dinge derart entqualifiziert, dass sie einander vergleichbar werden. Dass die Einzelne für die Vielzahl der Aspekte nicht immer Verständnis aufbringen kann, hat für andere Menschen allerdings den Vorteil, dass sie von ihr in Ruhe gelassen werden. Diese ambivalente Dequalifizierung von Gegenständen und sozialen Beziehungen durch das Geld hatte bereits Marx benannt:

> »Die Bourgeoisie ... hat die buntscheckigen Feudalbande, die den Menschen an seinen natürlichen Vorgesetzten knüpften, unbarmherzig zerrissen und kein anderes Band zwischen Mensch und Mensch übriggelassen als das nackte Interesse, als die gefühllose ›bare Zahlung‹.« (MEW 4, 464)[73]

Simmel sieht dies ebenfalls, begreift dieses Phänomen aber auch positiv und beschreibt es auf neue Weise als soziale *Distanzierung* der Menschen voneinander, ohne welche die moderne Gesellschaft nicht denkbar sei (daher noch Gehlens spätere Formel von der »Geburt der Freiheit aus der Entfremdung«):

> »In demselben Sinne wirkt die früher behandelte Tatsache, dass das Geld eine durchgängige Objektivierung des Verkehrs mit sich bringt, ein Ausschalten aller personalen Färbung und Richtung ... Auf diese Weise entsteht wie gesagt eine innere Schranke zwischen den Menschen, die aber allein die moderne Lebensform möglich macht. Denn das Aneinander-Gedrängtsein und das bunte Durcheinander des großstädtischen Verkehrs wären ohne jene psychologische Distanzierung einfach unerträglich. Dass man sich mit einer so ungeheuren Zahl von Menschen so nahe auf den Leib rückt, wie die jetzige Stadtkultur mit ihrem kommerziellen, fachlichen, geselligen Verkehr es bewirkt, würde den modernen, sensibeln und nervösen Menschen völlig verzweifeln lassen, wenn nicht jene Objektivierung des Verkehrscharakters eine innere Grenze und Reserve mit sich brächte. Die entweder offenbare oder in tausend Gestalten verkleidete Geldhaftigkeit der Beziehungen schiebt eine unsichtbare, funktionelle

Distanz zwischen die Menschen, die ein innerer Schutz und Ausgleichung gegen die allzu gedrängte Nähe und Reibung unseres Kulturlebens ist. Die gleiche Funktion des Geldes für den Lebensstil steigt nun noch tiefer in das Einzelsubjekt selbst hinab, als Distanzierung nicht gegen andere Personen, sondern gegen die Sachgehalte des Lebens.« (Simmel 1900, 664 f.)

Simmel benennt an dieser Stelle kein allgemeines Schicksal mehr, das überall gilt, sondern beschreibt die spezifisch moderne Distanznahme zwischen Menschen, und die abnehmende Bedeutung der »Sachgehalte« für sie, als Wirkung des wachsenden Geldverkehrs (Brinkmann 1974). Die positive Deutung der Entfremdung biegt er sogar noch weiter auf Marx'sche Themen zurück, wenn er auf Arbeit zu sprechen kommt. Selbst für die Arbeiter nämlich sei diese Ausdifferenzierung der Kultur und die damit verbundene Distanzierung von Vorteil:

»Das gewachsene Selbstgefühl des modernen Arbeiters muss damit zusammenhängen: er empfindet sich nicht mehr als Person untertänig, sondern gibt nur eine genau festgestellte ... Leistung hin, die die Persönlichkeit als solche gerade um so mehr freilässt, je sachlicher, unpersönlicher, technischer sie selbst und der von ihr getragene Betrieb ist.« (Simmel 1900, 452)

Simmel und Marx unterscheiden sich in der Bewertung der Freiheit der Arbeit: Für den einen ist sie angenehmer Nebeneffekt, für den anderen brutale Voraussetzung der modernen arbeitsteiligen Gesellschaft. Für Marx war diese Freiheit nämlich kein Ergebnis der modernen Lohnarbeit, sondern deren Voraussetzung: Die Arbeitenden mussten aus der Leibeigenschaft »freigesetzt« werden und – auch durch Vertreibung – allen Besitzes ledig sein, um überhaupt auf dem Arbeitsmarkt ihr Überleben zu suchen (MEW 23, 189 f.). An dieser Stelle setzte daher die marxistische Simmel-Kritik an (Israel 1972, 153 ff.): Wenn Simmel meint, schon durch die Ausdifferenzierung der gesellschaftlichen Teilbereiche werde das Individuum »freigelassen«, so unterstellt das, dass keiner dieser Teilbereiche eine Macht über das Individuum haben könnte – sondern lediglich über je spezifische, »funktionell distanzierte« und begrenzte Rollen. Das ist eine bürgerliche Leitfiktion, die noch in Rational-Choice-Theorien und bis zu John Rawls herumgeistert: die Annahme eines vorhistorischen und vorsozialen Selbstkerns, der sich seine sozialen Kleider durch Wahlhandlungen selbst aussucht und sie jederzeit wechseln kann, wenn sie nicht mehr passen. Deutlich kann man diese Fiktion erkennen, wo Simmel eine neue »Innerlichkeit«, ja Religiosität des Kulturmenschen andeutet. Die Voraussetzung dafür wäre, dass man viel Geld und wenig zu tun hat:

> »[S]o ermöglicht das Geld, indem es zwischen den Menschen und die Dinge tritt, jenem eine sozusagen abstrakte Existenz, ein Freisein von unmittelbaren Rücksichten auf die Dinge und von unmittelbarer Beziehung zu ihnen, ohne das es zu gewissen Entwicklungschancen unserer Innerlichkeit nicht käme; wenn der moderne Mensch unter günstigen Umständen eine Reserve des Subjektiven, eine Heimlichkeit und Abgeschlossenheit des persönlichsten Seins – hier nicht im sozialen, sondern in einem tieferen, metaphysischen Sinn – erringt, die etwas von dem religiösen Lebensstil früherer Zeiten ersetzt, so wird das dadurch bedingt, dass das Geld uns in immer steigendem Maße die unmittelbaren Berührungen mit den Dingen erspart, während es uns doch zugleich ihre Beherrschung und die Auswahl des uns Zusagenden unendlich erleichtert.« (Simmel 1900, 652)

Die von Simmel benannte positive Kehrseite der (tauschbezogenen) Entfremdung, die Souveränität »des« Individuums im Umgang mit der modernen Wirklichkeit und einer verfeinerten Geistigkeit, ja geradezu »Religiosität« in der Abgeschiedenheit des neu gewonnenen Privatlebens, besteht darin, dass es in keiner der ihm zugemuteten Rollen (als Staatsbürger, als Angestellter, als Familien- und Vereinsmitglied) ganz aufgehen muss und, wenn die

Belastung zu groß wird, ihnen ohne große Folgeprobleme den Rücken kehren kann. Die mögliche Rollendistanz (Erving Goffman) »entlastet« das Individuum also von vielen Gruppenzwängen und ermöglicht einen größeren Spielraum für die Selbstverwirklichung (»die Betonung der unabhängigen Individualität, der persönlichen Freiheit, des Fürsichseins«, Simmel 1900, 403).

Gerade diese Fiktion eines individuellen Urzustands, in dem man seine soziale Situation ›wählt‹, hatte Marx bestritten: Wenn die Proletarier nichts zu verlieren haben als ihre Ketten (MEW 4, 493; MEW 40, 511), sind sie darauf angewiesen, dass jemand sie anstellt. Das macht sie ausbeutbar (Wood 2004, 242ff.). Eine kapitalistische Arbeitsbeziehung ist von vornherein von strukturellen Ungleichheiten und Machtgefällen bestimmt. Daher wirken Pathologien des Arbeitslebens in das restliche Leben hinein. So führt Marx die hohen Sterblichkeitsraten bei Arbeiterkindern auf die arbeitsbedingte »unnatürliche Entfremdung der Mütter gegen ihre Kinder« zurück.[74]

Im Vergleich mit Marx ist daher fraglich, woher das Simmel'sche Subjekt seine Souveränität schöpft: Kommt sie wirklich aus der quasi-automatisch ablaufenden gesellschaftlichen Evolution, oder sind die Bedingungen für solch ein »gewachsenes Selbstgefühl«, falls es das gibt, nicht allererst mühsam erkämpft worden? Durch den Wechsel zwischen historisch spezifischen und begrifflich verallgemeinerten Ebenen verliert Simmel die nötige Empirie aus dem Blick. Aus marxistischer Sicht könnte man ihm einen *Zirkulationismus* ankreiden: Marx hatte durchaus gesehen, dass Freiheit und Gleichheit in der Sphäre des Austausches Voraussetzungen sind, die sich die Subjekte auf dem Markt wechselseitig zuschreiben.[75] Kann man daraus folgern, dass es desto mehr Freiheit gibt, je mehr der Markt herrscht? Marx bezweifelte das, denn das Bild ändert sich, sobald man in die Produktionssphäre wechselt – vom bloßen Kauf der Arbeitskraft, worauf Simmels

Zitat anspielt, zur tatsächlichen Arbeitstätigkeit im Kontext eines Unternehmens oder einer bürokratischen Anstalt. Dieses große Thema der Entfremdungstheorie bei Marx und seinen Nachfolgern wird von Simmels »positiver« Theorie kaum berührt. Die Reichweite seiner Anti-Kritik ist daher begrenzt: von den vier Entfremdungsursachen, die wir bei Marx gefunden hatten (Arbeitsteilung, Monetarisierung, Kapitalisierung und Ideologisierung), wird nur dem Geld begegnet; und das unter der idealisierten Unterstellung, dass für alle stets genug davon da sei.

Helmuth Plessners Naturalisierung der Entfremdung

Der philosophische Anthropologe Plessner (1892–1985) greift Simmels Gedanken auf und dreht die Schraube noch ein Stück weiter. Er geht jenen Schritt mit, mit dem Simmel versucht, die Entfremdungsdiagnose aus der historischen Verankerung in spezifischen Gesellschaftsstrukturen zu lösen und sie ein Stockwerk »tiefer« und allgemeiner anzulegen. Plessner wusste in einer Anwendung der Simmel'schen Verteidigung der Versachlichung auf die Verhältnisse der Weimarer Republik zwar überaus zeitaktuell zu argumentieren: Er verteidigte die sozialen »Masken« (Plessner 1924, 119) und die kühle »Diplomatie« (1924, 124) gerade in einer Zeit der kollektivistischen Erhitzung der Gemüter (Lethen 1994, 75 ff.). Allerdings ist sein Hauptwerk von 1928, eine *Einleitung in die Anthropologie*, von solchen Zeitbezügen losgelöst. Das Außer-sich-Sein, das nach dem Modell des Expressivismus zwar unvermeidlich, aber stets nur begrenzt ist, wird hier auf Dauer gestellt. Die »exzentrische Positionalität« (Plessner 1928, 288 ff.) meint ja, dass ›die‹ menschliche Position, der für den Menschen vorgesehene Ort, das Außen ist. Er bleibt *permanent* in der Äußerlichkeit (ex-zentrisch heißt wörtlich außerhalb der eigenen Mitte).

Damit wird das umwälzendende geschichtliche Potenzial der Rousseau/Marx'schen Fassung seltsam stillgestellt. Gerade das *permanente* Außer-sich-Bleiben, der Gegenstand der rousseauistischen Kritik, wird zur anthropologischen Normalität erklärt. Es gehöre sogar zum »Wesen« des Menschen, »außerhalb seiner selbst zu stehen« (Plessner 1928, 300): »Sogar im Vollzug des Gedankens, des Gefühls, des Willens steht der Mensch außerhalb seiner selbst.« (1928, 298; »hinter sich« oder »über« sich, 290, 327) Dazu bemerkte ein konservativer Kritiker: »Anthropologie fixiert Entfremdung, indem sie zu einem Konstituens menschlichen Seins erhoben wird.« (Rohrmoser 1974, 57) Auf diese Weise wird auch der Mechanismus der sozialen Distanzierung, der sogar bei Georg Simmel mit der Ausbreitung der Geldwirtschaft noch eine konkrete historische Ursache hatte, enthistorisiert. Es ist recht deutlich, dass Plessner sich bewusst von Rousseau abgrenzt, wenn er sagt:

> »Dass gerade der Mensch ... zum Unruhestifter, Geltungsbedürftigen, Leistungswesen wird ..., darf nicht zum Fundament des Ursprungs der Kultivierung gemacht, sondern muss selbst als Symptom der exzentrischen Positionalität begriffen werden.« (Plessner 1928, 320)

Wenn etwas nicht Fundament (oder Ursache), sondern Symptom ist, dann gibt es noch etwas Ursprünglicheres als dieses, eine eigentliche Ursache. Die Frage nach dem »Ursprung der Kultivierung« war ja das Thema von Rousseaus zwei *Diskursen*, und die Antwort hatte in der historisch entstandenen *perfectibilité* gelegen. Dieser historischen Entwicklung unterlegt Plessner nun noch etwas Ursprünglicheres, Natürliches – nämlich seine Formel der »exzentrischen Positionalität«. Plessner bezieht also die denkbar radikalste Gegenposition zu Rousseau: Hatte dieser aus der Unruhe, der sinnleeren Geschäftigkeit und hohlen Anhäufung von Statusgütern gefolgert, dass die Menschen *nicht* im Gleichgewicht seien, dass sie sich von ihren glückst rächtigen Fähigkeiten entfernt hätten (etwa der Fähigkeit zur Zufriedenheit mit sich selbst und zum Mitleid), so stellt Plessner gerade den nervösen Zustand der urbanen Zeitgenossen (Radkau 1998) als das einzig menschenmögliche Gleichgewicht hin:

»Um sich ins Gleichgewicht erst zu bringen und nicht um es zu verlassen, wird der Mensch das dauernd nach Neuem strebende Wesen, sucht er die Überbietung, den ewigen Prozess. Die Übersteigerung ... ist das notgedrungen diese Form annehmende Mittel der Kompensation seiner Halbheit, Gleichgewichtslosigkeit, Nacktheit.« (Plessner 1928, 320)

Da der Mensch im Inneren konstitutiv unruhig sei, müsse er auch im Außen Unruhe schaffen, damit es zu einer Passung kommt. Damit wird sogar der typisch moderne »Steigerungszwang« (Hartmut Rosa) zu einer Naturtatsache verewigt, Unruhe und damit wohl auch das Wirtschaftswachstum werden zum anthropologischen Gesetz. Odo Marquard (1973) hat also einen Punkt getroffen, wenn er in der philosophischen Anthropologie das Motiv einer politischen Stillstellung der Geschichtsphilosophie erblicken wollte, einer Beruhigung des philosophischen Gewissens angesichts der rousseauistisch-marxistischen Unruhe.

Aber die Stillstellung, die Plessner im Sinne hat, ist gerade keine Beruhigung – es geht nicht darum, die zeitgenössische Nervosität loszuwerden, sondern eher darum, sie als Normalzustand hinzustellen, aus der es keinen Ausweg gibt. Mit Walter Benjamin gesprochen, suggeriert dies, »dass der Ausnahmezustand, in dem wir leben, die Regel ist« (Benjamin, Gesammelte Schriften 1, 697; These VIII). Doch wenn etwas *immer* der Fall ist, im Guten wie im Schlechten, dann müsste es eine wertneutrale Tatsache sein. Plessner nimmt jedoch den Tonfall der kritischeren Theorie mit in seine Normalisierung hinüber (Großheim 2002, 58). Damit erscheint nun die Natur des Menschen *selbst* als unheimlich: Plessner spricht von einer »fundamentalen Spaltung«, der »Zerfallenheit mit sich«, von »Labilität« (1928, 299) und einer »wesenstypischen ... Gebrochenheit« (309). Von Beruhigung kann also keine Rede sein, eher von einer theoretischen Übertreibung des Problems bis hin zur Unlösbarkeit (wie Karl Kraus pointierte: »Einer Unmöglichkeit sicher sein ist Gewinn«), ähnlich wie es in der Daseinsontologie Martin Heideggers der Fall war.[76] Man wird das Gefühl nicht los, dass es sich bei Plessners Operation um den Versuch einer Bannung des äußeren Schreckens durch eine Verdopplung ins Innere handelt – eine Mimesis, in der »das Denken der Welt sich gleichmacht« (Adorno, GS 3, 42).

Das hat sich beim späteren Plessner wenig verändert, wenn er in Abgrenzung vom »dialektischen Materialismus« meint: »Dieser verkennt: wer sich entäußern kann, kann sich behalten und verlieren in einem. Sich an eine Sache verlieren gereicht dem Menschen zur Ehre.« (Plessner 1969, 149) Das erinnert nicht zufällig an Humboldt. Doch als Kritik läuft auch dies seltsam ins Leere, denn eine Entäußerung war im Rahmen der Ausdrucksanthropologie schon mitgedacht. Entfremdung entsteht für diese erst durch eine fehlende Wiederaneignung, einen blockierten Rückfluss, etwa durch Herrschaft und Unterdrückung, Ausbeutung oder Unwissenheit. Plessner fehlt die projektive Phantasie, eine Welt ohne sie zu denken. In der späteren Version wendet sich Plessner daher gegen Theorien, die seiner Ansicht nach wieder nach »innen« oder nach Hause wollten.[77] Plessner, der aufgrund seiner jüdischen Herkunft lange in den Niederlanden lebte, mahnte noch Jahrzehnte später an, dass es eine solche Heimkehr »des« Menschen nicht gebe und man daher gar nicht erst zurück*wollen* solle:

»Eine anthropologische Kritik des Theorems der menschlichen Selbstentfremdung muss diese Schwierigkeiten aufdecken. Denn dieses Theorem garantiert dem Menschen Heimkehr aus seiner selbstverschuldeten Unmündigkeit. ... Nur seine anthropologische Begründung ist falsch: Als ein in der Welt ausgesetztes Wesen ist der Mensch sich verborgen – *homo absconditus*. ... Darum müssen alle Versuche scheitern, seine Natur auf bestimmte, angeblich ausschlaggebende Faktoren einzuschränken.« (Plessner 1969, 149)

Man könne gar nicht heimkehren, weil schon der Ausgangspunkt kein verlässliches Fundament sei, da es sich »weiterer festlegender Bestimmung entzieht« (hier bezieht sich Plessner auf den Konkurrenten Gehlen, für den der Mensch das nicht »festgestellte« Tier war) und zudem »verborgen« sei.[78] Aber von einer Heimkehr zu einer festen Grundlage, die durch diese Heimkehr gar noch eingeschränkt würde, war in der Entfremdungstheorie selten die Rede. Hier macht sich das alte Missverständnis Rousseaus bemerkbar, welches unterstellt, dieser wolle wieder im schönen grünen Wald mit den Bären leben. Rousseau, Schiller und Marx strebten nicht dies, sondern ein neues Gleichgewicht der Menschen an. Sie wollten, dass die Menschen sich nicht länger von ihren eigenen Produkten und voneinander beherrschen ließen, weder äußerlich (in Form einer Fremdherrschaft) noch ›innerlich‹ (in Form einer seelischen Unfreiheit). Das ist nicht dasselbe wie eine »garantierte« Heimkehr in einen fiktiven Ursprung.

Warum sah sich Plessner über Jahrzehnte hinweg gezwungen, gegen die Entfremdungskritik (für ihn die »neunte Symphonie« des Deutschen Idealismus, 1960, 220) anzuargumentieren? Ein Hauptgrund dafür dürfte politisch gewesen sein: Plessner wollte mit seiner Entfremdungskritik politisch mäßigend wirken (»Radikalismus heißt Dualismus«, Plessner 1924, 14). Er glaubte den Dualismus, die »angebliche Entfremdung zwischen Körper und Geistseele«, »das Kernargument des sozialrevolutionären Radikalismus«, mit seiner anthropologischen Normalisierung »als unwahr zurückgewiesen zu haben« (1924, 94). Doch gerade diese Rückverlagerung des Kritikwürdigen von Gesellschaft in Natur kann zu einer *noch* radikaleren Bewegung führen – nämlich zum Versuch der totalen »Naturbeherrschung« (Adorno GS 3, 71), des »Ausbruchs« aus dem Gehäuse der Naturbedingheit in höhere Sphären (Bolz 1989, 40 ff.). So jedenfalls hat Hans Jonas die Entfremdung von der Natur bei Martin Heidegger gedeutet, dessen politischer Radikalismus durch eine Nähe zur gnostischen Weltdeutung zu erklären sei; und ähnlich legten sich später noch Autoren wie Eric Voegelin den Marxismus zurecht: als Folge einer säkularisierten Gnosis.[79] Man überwindet die Entfremdungstheorie also nicht schon dadurch, dass man sie naturalisierend normalisiert. So wird sie nur prinzipialisiert und verrätselt.

Arnold Gehlens Aufgabe der Freiheit: Politisch totalisierte Entfremdung

Der Soziologe Joachim Fischer hat die anti-kritische Stoßlinie der philosophischen Anthropologen genau erfasst:

> »Exzentrische Positionalität, die das Autonome des Menschen durch die Heteronomie (die Natur) zu verstehen sucht, begreift ›Entfremdung‹ als konstitutiv für die menschliche Lebensführung; nur durch die Indirektheit, im Umweg über die Entfremdung stabilisiert das menschliche Lebewesen seine konstitutive Gleichgewichtslosigkeit. Philosophische Anthropologie ist insofern etwas anderes als kritische Theorie.« (Fischer 2000, 285; vgl. Accarino 2003)

Allerdings gibt er damit eher Gehlen (1904–1976) als Plessner wieder: Für Plessner war Entfremdung nicht nur Umweg auf dem Weg zu einem Ziel, sondern der dauernde Aufenthalt des Menschen. Die »Stabilisierung« der menschlichen Haltlosigkeit durch Institutionen war eher ein Gehlen'sches Thema; und in der Tat sprach Gehlen, wenn er Entfremdung als Geburtshelfer der Freiheit bezeichnete, von Entfremdung als einem Umweg:

»Der Mensch kann zu sich und seinesgleichen ein dauerndes Verhältnis nur indirekt festhalten, er muss sich auf einem Umwege, sich entäußernd, wiederfinden, und da liegen die Institutionen.« (Gehlen 1952, 378)

Die Grundlage dafür war, dass Gehlen »den Menschen« als ein in sich instabiles Wesen fasst (in einem gleichnamigen Buch, das in unterschiedlichen Versionen erschien: als faschistischer Traktat erstmals 1940 und seit der vierten Auflage von 1950 in politisch entschärfter Fassung). Instabil ist dieses Wesen, weil es im Unterschied zu den Tieren »weltoffen« (Gehlen 1940, 40), also nicht auf eine bestimmte Umwelt festgelegt ist, und vor allem aufgrund eines »Antriebsüberschusses« (1940, 59 ff.), der eine innere Ausgeglichenheit zu einer Unmöglichkeit mache (wie bei Plessner). Aus der »mangelnden Organausstattung« ergebe sich eine »chronische Bedürftigkeit« (60) – ein ständiges Zuwenig an Erfüllung. Der Antriebsüberschuss, das dieser Unruhe zuarbeitende Zuviel an Triebhaftigkeit, ist die natürliche Antwort auf die Unvorhersehbarkeit der Umstände, denen Menschen in ihrer Weltoffenheit begegnen können:

»Die Antriebsenergie scheint von vornherein zugeschnitten auf die nicht vorhersehbaren, unter Umständen außerordentlichen Leistungen, vor welche widrige Sachumstände den Menschen stellen, und sie wird sehr selten in ihrer unglaublichen Kraft erschöpft.« (60)

Dies treibt die ältere Idee der Plastizität der Bedürfnisse, die schon Rousseau und Marx kannten, weiter zu der Annahme, es seien alle nur möglichen Bedürfnisse gleichzeitig bereits als gigantischer Überdruck im Menschen vorhanden. Wäre das so, dann wären Individuen immer mit sich selbst überfordert und eine Selbststeuerung, eine Autonomie, so gut wie unmöglich.

(Tatsächlich erklärt Gehlen die »Verpflichtungserlebnisse«, die eine Institution gründen können, konsequent »von außen her«, 1940, 472, und riegelt sie *zugleich* gegen die »instrumentelle« Vernunft ab). Aber das ist eine seltsame Rückprojektion der Geschichte der Bedürfnisse, die nie alle zugleich auftreten, in ein der Geschichte vorausgedachtes Naturwesen (ein »Apriori«, 1940, 62).[80] Erst diese Horrorfiktion erklärt, warum Gehlen so viel Wert auf den »Formierungszwang« (62), auf »Führung« (59) und »Zucht« (480) legte: Eine Freisetzung dieser als chaotisch gezeichneten Innenwelt kann in diesem Rahmen nicht anders als destruktiv gedacht werden, sie würde alles über den Haufen werfen. (Ein Film, der das tatsächlich so darstellte, war 1973 *Themroc* von Claude Faraldo.) Daher wird Entfremdung, das Verbleiben im Außen, positiv bewertet – nicht einfach, weil es das Innen *unterdrückt* (das tut es auch: »Hemmung« ist ein zentraler Gedanke), sondern weil Gehlen meint, erst durch die Formung von außen könnten die ›inneren‹ Energien nach ›oben‹ weitergeleitet werden (1940, 71).[81] Eine Aufhebung dieser Entfremdung würde eine Enthemmung und damit einen Kulturverfall mit sich bringen, den Gehlen in den 1960er Jahren bereits am Werk sieht.[82]

In einer Art Sozialisierung der Bildungsidee Humboldts betrachtet auch Gehlen Entfremdung als notwendig – in den Institutionen werde »das Seelische ... versachlicht ... und gerade nur damit auf Dauer gestellt« (Gehlen 1952, 378). Ein Nachruf (vermutlich von Karl-Siegbert Rehberg formuliert) fasste diesen Gedanken brillant zusammen:

»Für ihn, Gehlen, bedeutete Entfremdung vor allem die Chance des Menschen, sich – dienend – von sich selbst und seiner eigenen ›fürchterlichen Natürlichkeit‹ zu distanzieren. Nur indem der Mensch sich von den Institutionen, vom Staat zumal, ›verzehren‹ (›konsumieren‹) lasse, erwachse ihm die Möglichkeit der ›Selbststeigerung‹, der Formung seiner chaotischen Antriebe, der Sicherheit seiner Bewegungen auf dem ›Überraschungsfeld‹ der Welt und schließlich auch des ›Aushaltens von Spannungen‹, die größer sind als der Mensch: Schuld, Niederlage, Tod.« (*Der Spiegel*, 2.2. 1976)

Allerdings fragt sich, warum die Einsicht in die Notwendigkeit von Institutionen bereits eine Kritik der Entfremdungskritik darstellen soll. Dies ist nur dann ein wirksames Argument, wenn man dem Gegner einen totalen Subjektivismus unterstellt, in dem *jede* Art von Institutionalisierung bereits eine Entfremdung darstellen würde. Das ist eine arge Zurechtrückung – die Entfremdungskritik wollte nicht *jede* Institution kritisieren (Rousseau schrieb vielmehr selbst Verfassungsentwürfe, Schiller gründete eine Zeitung und Marx die Internationale), sondern nur diejenige, die nicht mehr als menschengemachte und darum wandelbare erkannt wird und der daher eine übermenschliche Macht zugeschrieben wird, der man sich nur unterwerfen könne. Gerade eine solche Unterwerfung befürwortet Gehlen (er spricht von der »höheren Art von Freiheit«, die darin bestehe, dass man von seinen »eigenen Schöpfungen verbrannt und konsumiert wird«, 1952, 378 f.).[83] Und er schafft damit – darin anders als der auf Einheit bedachte Plessner – einen Dualismus zwischen Subjekt und Institution, angesichts dessen er sich deutlich für die Institution und gegen die Subjektivität entscheidet.[84] Wenn man den Außenhalt der Institutionen, »wenn man die Stützen wegschlägt, primitivisieren wir sehr schnell« (Gehlen 1961, 59). Man ist in diesem Gefüge schon dann ein Gegen-Institutionalist, wenn man der Subjektivität ein Eigenrecht einräumt. Nur so kann Gehlen Marx unterschieben, er wolle »alles von den Individuen unabhängig Bestehende unmöglich machen« (Gehlen 1952, 374) und werde damit zum »Schrittmacher der Guillotine« (378). Der Kunstgriff, den Gehlen dafür verwendet, ist eine Fichteanisierung von Marx (er bilde nur den »Endpunkt der Fichteschen Formel«,

375). Gehlens eigentlicher Gegner ist hier nämlich Fichte, von dem er meint, dieser habe alles Äußere und daher Fremde (etwa schon die Wahrnehmung eines Gegenstandes außer uns) in etwas vom Subjekt Gemachtes überführen wollen:

»*Alles* im Bewusstsein Vorfindbare, einschließlich dieses Scheins, dieser Suggestion von Fremdheit, Übermacht und Außenwelt sollte abgeleitet werden aus Akten des Ich, und so wollte er ihm seine Freiheit wiedergeben.« (Gehlen 1952, 367)

Das korreliert, wie bereits Heine beobachtet hatte, der praktischen Befreiung der Französischen Revolution, nur münde es in gewaltbereite Absurdität, weil Fichte (auch dies eine halbwahre Behauptung) kein praktisches Betätigungsfeld gehabt habe:

»Nur dass Fichte, ein einzelner, handlungsloser Denker, kein Feld des Bastillesturms hatte, als seinen eigenen Kopf, in dem er nichts Entfremdetes und von außen Aufgedrängtes mehr dulden, in dem er allein regieren wollte.« (1952, 368)

Ist das schon als Fichte-Exegese gewagt,[85] so geht der Schluss von diesem idealistischen Wahngebilde auf die Marx'sche Entfremdungskritik gänzlich daneben; schon allein weil der von Gehlen unterstellte Antagonismus zwischen Subjekt und Institution dem Hegelianer Marx gänzlich fremd gewesen wäre. Gehlen überspringt damit die Frage, wann konkrete Institutionen eigentlich als entfremdet zu bezeichnen wären und ob sich dies ebenfalls noch rechtfertigen ließe. Er unterstellt schlicht, die Entfremdungskritik sähe in *jeder* Institution, in jeder Vergegenständlichung, bereits eine Entfremdung. Damit hat Gehlens Institutionalismus gegen den fiktiven Gegner immer recht, aber er hat damit nichts gewonnen, denn diesen Gegner gibt es nicht. Für nichtentfremdete Praktiken und Selbstverhältnisse eintreten heißt nicht, gegen alle Institutionen zu sein.

Vermutlich geht die Häufigkeit, mit der dieser Text zitiert wird, eher auf den einfallsreichen Titel als auf seinen Inhalt zurück, denn zur tatsächlichen Entfremdungstheorie bei Rousseau, Schiller oder Marx äußert sich Gehlen ebenso wenig wie Plessner oder Simmel. Sie verteidigen nicht die Entfremdung, sondern die Distanzierung oder Vergegenständlichung im Allgemeinen (und laufen damit offene Tore ein). Dass die »Freiheit«, auf die Gehlen im Titel anspielt, keineswegs mit der liberalen Idee individueller Freiheit übereinstimmt, hatten wir bereits angedeutet. Es gibt daher wenig Grund, sich von dieser anti-kritischen Linie allzu sehr verunsichern zu lassen. Ein Beleg dafür ist der Umstand, dass zur gleichen Zeit, als diese Nicht-Philosophen – die sonst stolz auf ihren Bezug zur Empirie, zum »wirklichen Geist« waren – abstrakte philosophische Kritiken an der Entfremdungstheorie artikulierten, diese bereits in eine Phase der soziologisch-empirischen Bearbeitung übergegangen war. Und diese boomte derartig, dass nur Überblicksartikel helfen konnten, den Stand der Forschung nachvollziehbar zu halten. Schauen wir uns daher diese von der Philosophie bis heute eher selten rezipierte soziologische Forschung an.

8. Soziologische Entfremdungstheorien: Vom Webermarxismus zur Empirie

Unbeeindruckt von den geschilderten begrifflichen Widerständen gegen die Entfremdungstheorie gab es bereits in den 1960er Jahren derart viele empirische Forschungen über Entfremdung – etwa in der Arbeitssoziologie –, dass eine neue Sorte von Literatur nötig wurde: das Überblickswerk. Ein Grund dafür, dass insbesondere die Soziologie sich dieser Thematik annahm, lag darin, dass so gut wie *alle* Klassiker dieser Disziplin sich an irgendeiner Stelle damit befasst haben (Seeman 1959, 360; Nisbet 1966, 264 ff.). Wie sie die Strukturen und Prozesse der Gesellschaft im Einzelnen auch begriffen, war doch überdeutlich, dass die Individuen in modernen Gesellschaften Schwierigkeiten hatten, sich deren Strukturen und Veränderungen sinnhaft anzueignen und in ihnen eine eigene Handlungsautonomie zu behaupten. Das war auch Thema der kulturellen Reflexion, etwa in Franz Kafkas Roman *Der Prozess* oder in Charlie Chaplins Film *Modern Times*. Eine Anthropologie, die das als humanen Normalzustand ausgab, ging an den entscheidenden historischen Veränderungen vorbei. Auf Marx und Simmel, die noch heute als Klassiker der Soziologie gelten, sind wir schon ausführlich eingegangen. Wie steht es daneben etwa mit Max Weber, einem weiteren Übervater der Disziplin? Kennt auch er eine Entfremdungskritik? Obwohl er eigentlich keine solche entwickelt hat, hatten seine Gedanken auf die Entfremdungstheorien des sogenannten »Webermarxismus« von Georg Lukács und der Frankfurter Schule einen großen Einfluss. In diesem Rahmen wurde dann sogar eine empirische Operationalisierung eingeleitet.

Max Weber: Rationalisierung zwischen Entzauberung und Bürokratisierung

Bei Max Weber (1864–1920), dem Mitbegründer der Deutschen Gesellschaft für Soziologie, sucht man auf einer expliziten Ebene vergeblich nach einer Entfremdungskritik. Er hatte seine Theorie, und mit ihr die ganze Soziologie, auf eine Enthaltung von Werturteilen verpflichtet – und die Entfremdungstheorie enthält ja durchaus Bewertungen. Wenn Weber dennoch eine eigene Werthaltung durchblicken ließ, dann wurde meist deutlich, dass er den Veränderungen der Moderne, wie er sie wahrnahm: als Rationalisierung und Bürokratisierung, durchaus Positives abgewinnen konnte: »Die rein bureaukratische ... Verwaltung ist nach allen Erfahrungen die ... formal rationalste Form der Herrschaftsausübung«, sagt Weber (1922, 164) etwa hintergründig. Allerdings machte er, der selbst lange Zeit an einer Zivilisationskrankheit litt (Radkau 2005, 205 ff.) und von Friedrich Nietzsches gegenmodernen Warnungen sensibilisiert war (Hennis 1987, 167 ff.), sich unübersehbar Sorgen über die Zukunft moderner Gesellschaften. Denn die von ihm diagnostizierten Entwicklungen hatten neben aller Vereinfachung und Methodisierung der Lebensführung auch eine dunkle Nebenseite in Form von ungewollten Nebeneffekten. Das ist insofern kein Widerspruch, als das Erkenntnisinteresse dieser neuen Disziplin der Soziologie *insgesamt* eine entfremdungskritische war. In der damaligen Wahrnehmung drohten die entfesselten Kräfte der modernen Gesellschaft die Menschen zu überfahren und zu überfordern. Die »soziale Frage« von Armut und Ungleichheit war im Rahmen der Industrialisierung rasch aus dem Ruder geglitten, und der technische und wirtschaftliche Fortschritt stellte jede bewährte Tradition, auch etablierte Eliten und Sinnmuster, immer wieder infrage (Hennis 1987, 107, spricht mit Weber – und Marx – von »Verunpersönlichung«). Von ihren Anfängen bei Condorcet, Saint-Simon, Comte oder Lorenz von Stein an ging es der Soziologie als Wissenschaft darum, »diese Konsolidation unsres eignen Produkts zu einer sachlichen Gewalt über uns, die unsrer Kontrolle entwächst, unsre Erwartungen durchkreuzt, unsre Berechnungen zunichte macht« (MEW 3, 33), durch empirische Durchdringung und ursächliche Erklärung zu bannen und in Form einer neuen Politik – welcher Couleur auch immer – in wünschenswerte Richtungen zu leiten (Wagner 1991). Wie drückt sich diese Sorge nun bei Max Weber aus?

Zunächst teilt Weber die kognitivistische Lesart von Entfremdungsphänomenen, die Hegel der Aufklärung in die Schuhe geschoben hatte, wenn er von »Entzauberung« spricht (Weber 1919, 593). Das hat neben einer religionsgeschichtlichen Bedeutung im Sinne der »Entmagisierung« (Schluchter 2009, 7) vor allem eine wissensgeschichtliche Dimension. Indem die Phänomene auf zweckrationale Kontexte hin gedeutet werden, werden sie beherrschbar und verfügbar gemacht (zur Kritik an der »Verfügbarkarkeit« noch Habermas 1958). Das hat immense Vorteile – objektiv werden Gefahren ausgeschaltet und neue Möglichkeiten eröffnet, subjektiv erweisen sich viele Ängste als unbegründet, und es wird, so scheint es zumindest, viel Mühe eingespart. Allerdings kann das Ganze ein bedrohliches Ausmaß annehmen, wenn diese rationale Beherrschung das beherrschte Material nach seinem eigenen Bilde zu überformen beginnt (»Die Menschen bezahlen die Vermehrung ihrer Macht mit der Entfremdung von dem, worüber sie die Macht ausüben«, Adorno GS 3, 25). Hier begegnen wir der Rousseau'schen U-Kurve wieder. Im Wortlaut an Walther Rathenau (1912) erinnernd, sieht Weber eine »mechanisierte Versteinerung« herannahen (1920, 204). Die Menschen drohen durch die spezifisch moderne »rationale« Lebensform in ein stahlhartes Gehäuse der Hörigkeit zu geraten (das »faktisch unabänderliche Gehäuse«, 1920, 37, »die absolut unentrinnbare Gebanntheit unserer ganzen Existenz«, 3). Diese Formulierung begegnet bei Max Weber in zwei Variationen: Zunächst spricht er, und das erinnert an Bildvisionen aus Fritz Langs *Metropolis* (1927), von der Bürokratie als einer »lebendigen Maschine«:

»Geronnener Geist ist auch jene lebendige Maschine, welche die bürokratische Organisation ... darstellt. Im Verein mit der toten Maschine ist sie an der Arbeit, das Gehäuse jener Hörigkeit der Zukunft herzustellen, in welche vielleicht dereinst die Menschen sich, wie die Fellachen im altägyptischen Staat, ohnmächtig zu fügen gezwungen sein werden.« (Weber 1969, 332)

An anderer Stelle schreibt Weber über den anfangs noch »dünnen Mantel« der ökonomischen Rationalität, wie er für die puritanische Lebensauffassung prägend war:

»Aber aus dem Mantel ließ das Verhängnis ein stahlhartes Gehäuse werden. Indem die Askese die Welt umzubauen ... unternahm, gewannen die äußeren [!] Güter dieser Welt zunehmende und schließlich unentrinnbare Macht über den Menschen, wie niemals zuvor in der Geschichte. Heute ist ihr Geist ... aus diesem Gehäuse entwichen. ... Niemand weiß noch, wer künftig in jenem Gehäuse wohnen wird und ob am Ende dieser ungeheuren Entwicklung ganz neue Propheten ... stehen werden, oder aber ... ›Fachmenschen ohne Geist, Genussmenschen ohne Herz‹.« (Weber 1920, 203 f.)

Weber spart nicht mit Charakterisierungen dieses Gehäuses, auch wenn er sie, als wohlerzogener Preuße und Beamter, *anderen* in den Mund legt (eine Verfremdung):[86] Diese Wirtschaftsordnung sei eigentlich eine »schlechthin sinnlose Verkehrung« (1920, 36), etwas »schlechthin Irrationales« (35), und müsse daher allen nichtkapitalistischen Menschen »fremd« bleiben (36) – hier lässt Weber die Fremdheitserfahrungen des eigenen Amerika-Besuches durchblicken (»was Deutsche an den Tugenden des Amerikanismus als ›Heuchelei‹ zu empfinden gewohnt sind«, 35). Was hier getrieben werde, erscheint für den Ethnologen, der sich im Blick eines anderen, nämlich »präkapitalischen Menschen« auf die eigene Kultur übt, als »unfasslich und rätselhaft«, »schmutzig und verächtlich« und »Produkt perverser Triebe« (55). Gerade darum aber will Weber erklärend verstehen, wie es dazu überhaupt kommen konnte.

Es ist nun eine für Weber typische Auffassung, dass es einerseits – heute – zwar starke strukturelle Zwänge gibt, die Auswirkungen auch auf das Innenleben der Menschen haben: Der Kapitalismus »zwingt dem einzelnen ... die Normen seines wirtschaftlichen Handelns auf« (37). Da aber am *Anfang* dieser Entwicklung etwas »Geistiges« stand (nämlich die protestantische Ethik mit ihrer spezifischen Methodik der Lebensführung, die im Interesse der Erlangung von »Heilsgewissheit« Reichtum erzeugen hieß, aber diesen nicht zu verbrauchen erlaubte), kann auch nur wieder etwas »Geistiges« die Rettung bringen – die Wunde schließt der Speer nur, der sie schlug. Die Menschen stehen für Weber nur so lange unter dieser Bedrohung, wie »ihnen eine technisch gute und das heißt, eine rationale Beamtenverwaltung und -versorgung der letzte und einzige Wert ist, der über die Art der Leitung ihrer Angelegenheiten entscheiden soll« (1969, 332). Als Alternative kann er sich daher nur »eine mächtige Wiedergeburt alter Gedanken und Ideale« (1920, 204) vorstellen, von denen die alte christliche »Brüderlichkeitsethik« nur eine ist, die allerdings in tiefer »Spannung gegenüber den Realitäten der Welt« steht (1920, 330). Dass Weber den Sozialismus nicht stärker gewichtet, liegt daran, dass dieser für ihn denselben Zwängen der Rationalisierung und Bürokratisierung unterliegt wie der Kapitalismus und daher keinen Ausweg bringen kann (Weber 1918). Möglicherweise war die Kategorie der »Bürokratisierung« zu weit und überspielte zentrale Systemdifferenzen. Aber Weber hatte immerhin einen Punkt getroffen, und so wurde später auch am Realsozialismus, der in der Tat eine mächtige Verwaltung ausbildete, eine Entfremdung der Menschen von ihrer sozialen Umwelt kritisiert (Israel 1972, 290ff.; Trebess 2002, 251 ff.).

Webermarxismus – von Lukács bis Marcuse

Diese Sozialismuskritik Webers hat nun einige seiner Schüler nicht davon abhalten können, entschieden für den marxistischen Sozialismus Partei zu ergreifen, von dem sie sich, Webers Warnungen in den Wind schlagend, eine Überwindung der »Verdinglichung« erhofften.[87] Neben Ernst Bloch, der die Sache mit der »Brüderlichkeit« im Sinne Webers näher an die jüdisch-christliche Eschatologie rückte, ist vor allem Georg Lukács zu nennen, der ebenfalls stark von der Mystik beeinflusst war. Auch über ihn ist viel geschrieben worden. Lukács nutzte, sobald er 1918 zum Marxismus konvertiert war, die Weber'sche Ausweitung der Marx'schen Entfremdungsdiagnose (eine Trennung der Individuen von ihren Arbeitsmitteln finde sich in allen Sphären der Gesellschaft, nicht nur der Industrie, so Weber 1918) nicht etwa dazu, sie auf den realen Sozialismus auszudehnen, sondern er bediente sich ihrer alternativ, um den Kapitalismus in toto zu verdammen, da inzwischen jedes seiner Momente von der »Warenform«

erfasst worden sei. Bereits Marx hatte die explosive Dynamik der Kommerzialisierung benannt, in der

> »alles, was die Menschen bisher als unveräußerlich betrachtet hatten, Gegenstand des Austausches, des Schachers, veräußert wurde. Es ist dies die Zeit, wo selbst Dinge, die bis dahin mitgeteilt wurden, aber nie ausgetauscht, gegeben, aber nie verkauft, erworben, aber nie verkauft: Tugend, Liebe, Überzeugung, Wissen, Gewissen usw., wo mit einem Wort alles Sache des Handels wurde.« (MEW 4, 69, verfasst 1846)

Warenform soll dabei heißen, dass Beziehungen zwischen Menschen, sobald sie marktvermittelt sind, nicht mehr *als* solche Beziehungen erkannt und gelebt, sondern vielmehr als Auswirkungen von Dingen, als Effekt der Waren also, missverstanden und behandelt werden (darunter auch die eigene Arbeitskraft):

> »Das Wesen der Warenstruktur ... beruht darauf, dass ... eine Beziehung zwischen Personen den Charakter einer Dinghaftigkeit und auf diese Weise eine ›gespenstige Gegenständlichkeit‹ erhält.« (Lukács 1923, 97; nach MEW 23, 52)

Wenn Entfremdung universal geworden ist, dann ist sie aus der Welt der Arbeit, in der sie Marx noch (wenn auch nicht allein) verankert hatte, in die restliche Gesellschaft herübergeschwappt (etwas, was sich Axel Honneth nicht mehr vorzustellen vermochte).[88] Das liegt bei Lukács daran, dass er sie sehr tief verankert, so dass er – wie Weber – auch Phänomene der rationalen Verwaltung sowie das bürgerliche philosophische Denken dazurechnen kann. Er überdehnt die Gleichsetzung von verschiedenen Dualismen, indem er die historisch spezifische Vermengung von Dingen und Personen mit philosophisch sehr fundamentalen Dualismen (wie Freiheit und Notwendigkeit, Sein und Sollen, Wesen und Erscheinung oder Subjekt und Objekt) zusammenbringt. Im Unterschied zu Weber, Hegel oder Feuerbach meint Lukács jedoch, dass die darin zum Ausdruck kommende Entfremdung der Menschen von sich selbst (sie verstehen sich nicht mehr als Agenten) nicht durch ein neues *Denken* überwunden werden kann, da das Denken selbst im Bann der vergleichgültigenden und verdinglichenden Warenform steht (»Aus der verdinglichten Struktur des Bewusstseins ist die moderne kritische Philosophie entstanden«, 1923, 117). Auf diese Weise wird philosophisches und wissenschaftliches Denken selbst zum Problem, und so kann am Ende nur noch die spekulativ aufgeladene Vision einer »Tathandlung« (1923, 137) Abhilfe schaffen, die Lukács hier dem Proletariat als welthistorische Mission zuschiebt (146, auch darin dem jungen Marx folgend, MEW 1, 390). Allerdings erschöpft sich diese Handlung darin, und das zeigt die Abkunft dieser Idee von Fichte, dass es sich selbst (als Klasse) erkennt.[89]

Lukács hat sich später zwar immer wieder von dieser überfliegenden Konzeption distanziert (und distanzieren müssen), etwa in einem aufschlussreichen Vorwort zur zweiten Auflage, in der er auch zur Verwechslung von Entfremdung und Vergegenständlichung Stellung nimmt (1923, 15 f.). Doch an der Thematisierung der »Entfremdung« als Grundproblem hat er festgehalten; später traute er es vor allem der Kunst zu, aus der Entfremdung zumindest *im Denken* herauszuhelfen (»Du musst dein Leben ändern«, Werke 11, 818, sagt er mit Rilke; später griff Peter Sloterdijk dies auf). Nicht nur Lukács selbst hielt zeitlebens am Gedanken der kapitalistischen Entfremdung und Verdinglichung fest, auch ganze Legionen von Denkern des westlichen Marxismus – allen voran die Frankfurter Schule – wurden davon angeregt. Theodor W. Adorno (1903–1969) etwa benutzt den Ausdruck »Entfremdung des Menschen von einer Wirklichkeit, die bloß noch als Ware an ihn herangebracht wird« (Adorno GS 2, 59) wie selbstverständlich. Dabei legt Adorno die entgrenzte Version von Lukács, nicht die von Marx zugrunde. Ein empirischer Grund für die Ausweitung der Diagnose ist für Adorno, dass im fortgeschrittenen Kapitalismus nicht nur in der Arbeit, sondern auch in der Freizeit entfremdende Mächte am Werke sind – etwa die Kulturindustrie, deren »Standardisierung und Serienproduktion« (Adorno [mit Horkheimer], GS 3, 142) nur noch Schund erzeuge. Sie nivelliere jede widerständige Qualität künstlerischer Werke und ebne die Menschen zu einer unterschiedslosen Masse ein:

»Die rücksichtslose Einheit der Kulturindustrie bezeugt die heraufziehende der Politik. ... Für alle ist etwas vorgesehen, damit keiner ausweichen kann, die Unterschiede werden eingeschliffen und propagiert.« (Adorno [mit Horkheimer], GS 3, 144)

Jedoch sind es bei Adorno, der darin Philosoph bleibt, weniger empirische Gründe als vielmehr geistige, die für diese Tieferlegung verantwortlich zeichnen. Er verortet die Ursachen nicht in der kapitalistischen Lohnarbeit, sondern schon in der Struktur der instrumentellen Rationalität, der neuzeitlichen »Naturbeherrschung«. Die Diagnose ist, dass eine solche Beherrschung nicht nur im Bereich des Beherrschten Unterschiede einebnet, sondern dass sie auf die Herrschenden zurückschlägt:

»Nicht bloß mit der Entfremdung der Menschen von den beherrschten Objekten wird für die Herrschaft bezahlt: mit der Versachlichung des Geistes wurden die Beziehungen der Menschen selber verhext, auch die jedes Einzelnen zu sich. Er schrumpft zum Knotenpunkt konventioneller Reaktionen und Funktionsweisen zusammen, die sachlich von ihm erwartet werden.« (Adorno, GS 3, 45)

Immer wieder unterstellt Adorno im Sinne von Lukács – ohne dafür ausgiebig zu argumentieren –, Entfremdung sei »universal«, »total« oder »absolut« geworden (GS 3, 122; GS 7, 172; GS 10.1, 283; GS 11, 42; GS 8, 391). Allerdings traut er einem sozialistischen Aktionismus nun nicht mehr zu, aus diesem Gehäuse ausbrechen zu können. Mit dieser Totalisierung ohne Möglichkeit der Auflösung bekommt die Rede von Entfremdung etwas Paradoxes. Wäre sie wirklich total, könnte man sie gar nicht erkennen. Und wenn Herrschaft immer auf das beherrschende Subjekt zurückschlägt, dann ließen sich die gesellschaftlichen Verhältnisse, »welche die Menschen zu Ohnmacht und Apathie verdammen« (GS 6, 191), schon aus begrifflichen Gründen nicht ändern; dann wäre *jede* Politik, die so etwas versuchen würde, zum Scheitern verdammt, da sie ebenfalls »herrschen« würde.[90] Das erinnert an die Naturalisierung von Entfremdung bei Plessner und Gehlen; nur dass Adorno sie, im Unterschied zu jenen, bedauert. An die Stelle politischen Ausbrechens tritt bei Adorno als »Statthalter« (GS 11, 114) die Kunst, die durch ihre Gegen-Entfremdung immerhin ein *Bewusstsein* von realer Entfremdung zu verschaffen vermag.[91] Sie ermöglicht damit zumindest die *reservatio mentalis* einer Distanzierung gegenüber dem Bestehenden (»Nur Fremdheit ist das Gegengift gegen Entfremdung«, Adorno GS 4, 105; vgl. GS 11, 66). Viel mehr als dies war mit Adorno nicht zu machen, wie die Studentenbewegung dann mit Erstaunen erfuhr.

Da Adorno seinen Begriff von Entfremdung selten näher erläutert, ja stellenweise sogar selbst unterminiert,[92] können uns didaktisch aufgeschlossenere Vertreter der Kritischen Theorie wie Herbert Marcuse oder Erich Fromm eher behilflich sein, das Charakteristische dieser Variante zu beschreiben. Auch bei ihnen führt – auf der empirischen Ebene – die Einbeziehung der Konsumentenseite zu einer Verschärfung der Diagnose: »Der Prozess des Konsums ist ebenso entfremdet wie der Prozess der Produktion.« (Fromm 1955, 115) Vor allem die zunehmende »Marketing-Orientierung« der Menschen, also der Versuch, jede soziale Beziehung zu einem Geschäft zu machen und diese wie Waren zu verkaufen (Fromm 1947, 47 ff.), wird misstrauisch beäugt. Auf der Konsumseite führt sie zu einer weiteren Dequalifizierung der Gegenstände (»Wir trinken Etiketten«, Fromm 1955, 117), auf der Arbeitsseite dazu, dass nicht mehr ›nur‹ die Arbeitskraft zur Ware wird, die sich ja noch als Rolle abspalten ließ (wie Simmel und Plessner ins Feld geführt hatten), sondern dass die ganze »Persönlichkeit« zu einem marktförmigen Produkt geformt werden muss. Damit nahmen sie Diagnosen einer Unternehmerisierung und Subjektivierung von Arbeit um Jahrzehnte vorweg:

> »Erfolg hängt weitgehend davon ab, wie gut sich jemand auf dem Markt verkauft, wie gut er seine Persönlichkeit einbringt, sich in netter ›Aufmachung‹ präsentiert, ob er freundlich, tüchtig ... ist, welche Familie hinter ihm steht, welchen Clubs er angehört und ob er mit den richtigen Leuten bekannt ist.« (Fromm 1947, 48; 1955, 124f.)

Marcuse bezieht sich bei solchen Diagnosen auf Publikationen von Vance Packard (*Die Geheimen Verführer*, 1957) und C. Wright Mills. Schon dieser hatte geschrieben:

> »Man bekommt heute nicht die wahren menschlichen Züge eines Verkäufers zu Gesicht, sondern nur die kommerzielle Maske, die er trägt: sein genormtes Lächeln und seine schablonierten Umgangsformen mit dem ›geschätzten Kunden‹. ... Von den Angestellten wiederum verlangt man, dass sie freundlich, eifrig und tüchtig sind. Das gehört zum Kundendienst der großen Firmen und ist zur Förderung des Warenabsatzes gründlich rationalisiert worden.« (Mills 1951, 254; zur Entfremdung 262; zur Einbeziehung subjektiver Potenziale der Arbeitenden Bendix 1956, 388 ff.)

Vorbilder für ein solches gespielt-authentisches Verhalten (was Arlie Hochschild 1983 »Emotionsarbeit« nannte), das in der Arbeit zunehmend verlangt und mithilfe einer psychologischen Industrie antrainiert werde, könne man im Bereich des Konsums vor allem der Reklame entnehmen sowie, das legt Adorno nahe, der dequalifizierenden »Kulturmaschine« (Marcuse 1964, 85).[93] Und da Eltern stark an einem Aufstieg ihrer Kinder interessiert seien, würden diese ökonomisch vorgegebenen Erwünschtheiten in der Familie bruchlos weiter verstärkt (Fromm 1947, 49).

Marcuse wie Fromm sind nicht nur stark vom jungen Marx, sondern auch durch Sigmund Freud geprägt worden. (Untereinander waren sie bezüglich der rechten Freud-Lesart allerdings verfeindet.) Stärker als andere Vertreter des westlichen Marxismus gehen sie daher wieder auf den Menschen zurück – und greifen darin ein Motiv der philosophischen Anthropologie zugleich auf, wie sie es historisierend korrigieren. Denn eine »totale Kommerzialisierung« (Marcuse 1964, 108) kann am »Inneren« der Menschen nicht spurlos vorbeigehen. Wenn in Familie, Politik, Bildung, Arbeit, Freizeit und Konsum ähnliche Kräfte wirken, ist dem irgendwann nichts mehr entgegenzusetzen.[94] Diese Optik macht sich bei Marcuse und Fromm bemerkbar in ihrem Interesse sowohl für die Prägung, die die kapitalistische Gesellschaft der »Natur« der Menschen gibt, wie hinsichtlich der verbliebenen oder neu entstehenden Möglichkeiten der Einzelnen, sich diesen formierenden und verstellenden Kräften zu entziehen. Das ist nicht notwendig eskapistisch, wie der Vorwurf Adornos (GS 8, 29; GS 9.2, 40) gegen Fromm lautete. Wir haben anhand von Rousseau gesehen, dass der Rückzug von der Gesellschaft, den Rousseau im *Émile* und in den *Spaziergängen* erprobt, gesellschaftstheoretischen und politischen Gedanken keineswegs entgegensteht. Darin scheint vielmehr ein Motiv Schillers wieder auf: Gerade wenn man gesellschaftliche Verhältnisse ändern möchte, wie es ja das Grundmovens des Marxismus ist, ist man gehalten zu fragen, welche Bedingungen Menschen mitbringen müssen, die eine solche Veränderung vornehmen wollen. Das Neue muss irgendwo bereits im Alten angelegt sein.

Marcuse ist in dieser Hinsicht radikal – darum ist er zum Stichwortgeber der Studentenrevolte von 1968 geworden. In den 1960er Jahren hatte sich für ihn zumindest die *traditionelle* Rede von Entfremdung erledigt, weil es keinen Widerstreit zwischen dem Innen und Außen des Menschen mehr gebe (Marcuse 1964, 33). Da sich die Herrschaft der Äußerlichkeit mittlerweile ins Innere der Menschen vorgearbeitet habe, gebe es nicht länger eine solche Zerrissenheit, sondern stattdessen ein Gleichgewicht – aber ein falsches. Falsch ist es, weil dasjenige, was von den Menschen angeeignet werde, nicht das von ihnen selbst zuvor entäußerte ist, sondern etwas *für sie* Produziertes und Vor-Ausgelegtes. Dass sich Entfremdung totalisiert hat, heißt also, dass nicht mehr die Menschen sich entfremdet fühlen, sondern dass das ganze System inzwischen entfremdet ist – und die Menschen das gerade darum nicht mehr bemerken:

»Wenn die Individuen sich in den Dingen wiederfinden, die ihr Leben gestalten, dann geschieht das nicht, indem sie den Dingen das Gesetz geben, sondern indem sie es hinnehmen – ... das ihrer Gesellschaft. Ich habe soeben darauf verwiesen, dass der Begriff der Entfremdung fraglich zu werden scheint, wenn sich die Individuen mit dem Dasein identifizieren, das ihnen auferlegt wird ... Die Wirklichkeit bildet jedoch eine fortgeschrittenere Stufe der Entfremdung aus. Diese ist gänzlich objektiv geworden; das Subjekt, das entfremdet ist, wird seinem entfremdeten Dasein einverleibt.« (Marcuse 1964, 31)

Eingangs hatten wir gesehen, dass eine solche Diagnose – Entfremdung liegt vor, wird aber nicht bemerkt – möglich ist, wenn die Menschen zumindest ein Leiden feststellen. Von einem solchen spricht Marcuse, wenn er andeutet, er schreibe »für jene, die unter diesem Falschen leiden, obgleich sie sich dessen nicht bewusst sein mögen« (1964, 221). Genau diese Diagnose, dass man nicht mehr im *alten*, subjektiven Sinne von Entfremdung oder

Verdinglichung reden solle, aber daher um so eher von einer neuen, objektiv-gesellschaftlichen, teilt auch Adorno:

»Worunter die Menschen leiden, darüber gleitet mittlerweile das Lamento über Verdinglichung eher hinweg, als es zu denunzieren. Das Unheil liegt in den Verhältnissen, welche die Menschen zur Ohnmacht und Apathie verdammen und doch von ihnen zu ändern wären; nicht primär in den Menschen und der Weise, wie die Verhältnisse ihnen erscheinen.« (Adorno GS 6, 191)

Wie gesehen, kann diese Totalisierung der Diagnose zum Fatalismus führen, wie dies bei Adorno auch stellenweise der Fall ist. Sie kann aber auch eine politische Radikalisierung nach sich ziehen, wenn, wie bei Marcuse, aus der Ablehnung einzelner Phänomene eine »Große Weigerung« wird, noch länger mitzumachen (»der Protest gegen das, was ist«, Marcuse 1964, 83). Marcuse traute der Dekolonisierung, der Bürgerrechts- und Studentenbewegung, unter Umständen auch den Verfremdungseffekten der Kunst[95] sowie einem neuen Naturverhältnis die Möglichkeit zu, Entfremdung zumindest im Kleinen zu überwinden und damit eine bessere Politik möglich zu machen (Marcuse 1969, 52f.; darin ist er ein Erbe Rousseaus; vgl. Fromm 1955, 229ff.). Für politische Bewegungen war er deshalb der interessantere Gesprächspartner als der akademisch bleibende Adorno oder der parteigebundene Lukács.[96]

Auf seine Weise hat Erich Fromm (1900–1980) eine ähnliche Rolle gespielt, wenn auch für ein anderes Publikum – Bestseller wie die *Kunst des Liebens* oder *Haben oder Sein* haben Menschen erreicht, die dem akademischen Betrieb ferner stehen, und dafür hat ihn dieser Betrieb belächelt.[97] Fromm hat sich an das »Bilderverbot« (Adorno GS 3, 40) so wenig gehalten wie Marcuse und mögliche Gegenbilder einer Entfremdung klar konturiert. Diese Überlegungen haben Übergänge zu einer empirischen Operationalisierbarkeit geschaffen – die in der ursprünglichen Konzeption Kritischer Theorie angelegt war und von Horkheimer und Adorno zumindest im amerikanischen Exil auch praktiziert wurde. In seinem Buch *The Sane Society* von 1955, das die schon anhand von Marcuse und Adorno erläuterte These weiterführt, in der Gegenwart seien nicht nur einzelne Menschen von sich entfremdet, sondern die Gesellschaft *insgesamt* sei als entfremdet zu begreifen (daher die Übertragung des Gesundheitsbegriffs auf die Gesellschaft im Titel), artikuliert Fromm fünf Bedingungen für ein nicht-entfremdetes Leben: Die Ausbildung einer Bezogenheit auf andere durch Liebe (statt durch Abgrenzung), eine Selbsttranszendenz durch Kreativät (statt durch Destruktion), die soziale Zugehörigkeit durch Solidarität mit anderen (statt durch Inzest mit den nahen Verwandten, durch den man sich gegenüber anderen verschließt: »Der Nationalismus ist unsere Form des Inzests«, 1955, 56), ein Identitätserleben durch Ausbildung der Individualität (statt durch Konformität und Streben nach Anerkennung durch die Herde) und eine Lebensorientierung durch Vernunft (statt durch Illusionen; Fromm 1955, 30 ff.). Obwohl es gerade diese ›humanistische‹ Wendung war, die ihn den alten Weggenossen suspekt machte (Adorno pochte auf eine prinzipielle, anthropologisch bedingte Unversöhntheit des Menschen gegenüber *jeder* Gesellschaft, die er aus Freud herauslas; GS 8, 20 ff.), lässt sich wenig dagegen sagen, dass man einen Katalog wünschenswerter Praktiken aufstellt (Liebe, Kreativität, Solidarität, Individualität und Vernunft), die ein Leben lebenswert machen können.[98] Das erlaubt eine Präzisierung der Diagnose, was genau eigentlich schiefläuft. Der Vorwurf, Fromm habe die Entfremdungsdiagnose damit privatisiert und verniedlicht, läuft ins Leere: Er machte immer wieder klar, dass es vor allem gesellschaftliche Zwänge sind (der Zwang zur Konkurrenz, die Bevormundung am Arbeitsplatz, die fremdgesteuerte Überformung der Bedürfnisse durch Werbung, die Notwendigkeit, sich ständig anzupassen, und die Orientierung an Illusionen), die zur Entfremdung, zum Selbstverlust und damit letztlich zur »Depression« führten (Fromm 1955, 174). Wichtig an dieser Differenzierung der Vorstellung von einem nicht-entfremdeten Leben war vor allem die Möglichkeit, diese Aspekte analytisch zu scheiden und im Einzelnen empirisch untersuchen zu können.

Empirische Arbeiten zu Entfremdung

In der Tat haben sich soziologische Operationalisierungen des philosophischen Entfremdungsbegriffs nicht selten auf Arbeiten Erich Fromms bezogen. Allerdings wurde dabei nicht seine positive Liste übernommen, sondern eine etwas andere, die als Quintessenz der klassischen Soziologie verstanden wurde. Diese Liste hat Schule gemacht – 1975 etwa zieht Melvin Seeman Bilanz über eine erstaunlich große Anzahl empirischer Untersuchungen.[99] Auf der Grundlage eines älteren Vorschlags (Seeman 1959) unterschied etwa Robert Blauner (1964) in der Absicht, industriesoziologische Erhebungen für die Entfremdungstheorie aufzuschließen, die folgenden vier positiven Dimensionen: Autonomie (»freedom and control«, 32), sinnvolle Tätigkeiten (»activity which is purposeful«, 32), Zugehörigkeit (»a sense of belonging and membership«, 32) sowie die Möglichkeit eines individuellen Ausdrucks (»personal self-expression«, 15, oder »self-esteem«, 33). Negativ gewendet, im Zustand der Entfremdung, entsprechen dem Machtlosigkeit, Sinnlosigkeit, Isolation (Émile Durkheims »Anomie«) und Depersonalisation (»self-estrangement«, 26).[100] Davon ausgehend vergleicht Blauner die Lage der Arbeiter in vier verschiedenen Industrien (Druck-, Textil-, Automobil- und Chemieindustrie), die er in vier Dimensionen unterscheidet (Stand der Technik, Grad der Arbeitsteilung, spezifische Organisation der Firma und Marktlage in der jeweiligen Industrie, 10).

Blauner stellte fest, dass der Grad der empirisch zu erhebenden »Entfremdung« in den von ihm untersuchten Belegschaften unterschiedlich war. Das ist zunächst wenig überraschend: In der traditionellen Druckerei waren damals starke handwerkliche Elemente enthalten, der Stand der Technik und der Arbeitsteilung war daher vergleichsweise gering. Verglichen mit den Branchen der Textilindustrie, wo es stärkere Hierarchien gab, und der Automobilindustrie, wo die Automatisierung stärker fortgeschritten war und Arbeit zur Monotonie des Fließbands verkam, erlaubte dies den Arbeitenden mehr Autonomie, mehr Sinn und mehr Ausdrucksmöglichkeiten in der Arbeit. Überraschend war zunächst, dass sich in der noch weiter automatisierten Branche, der chemischen Ölindustrie, die Verhältnisse umkehrten, denn hier waren die Arbeitenden am wenigsten entfremdet. Das lag zum einen an den hohen Profitmargen dieser Branche, die gute Bezahlung und eine hohe Jobsicherheit erlaubte, zum anderen aber auch an der gewandelten Arbeitsform – die Aufsicht über automatisierte Abläufe bedurfte einer höheren Ausbildung (was Expertise an die Arbeitenden zurückführte) und ließ zugleich mehr Freiraum (»freedom from pressure«, 137).

Das Ergebnis der Studie musste zu zahlreichen Spekulationen Anlass geben: Entfremdung in der Arbeit erschien nicht mehr als eine black box, sondern sie variierte im Grad; ja, sie schien gerade durch ein *Weitertreiben* der Automatisierung wieder zurückzugehen. Vor allem marxistische Autoren waren solchen Untersuchungen gegenüber skeptisch (Israel 1972, 251 ff.): zum einen, weil durch die Differenzierung der Kategorie »Entfremdung« der Link zu einer Gesellschaftstheorie gebrochen schien (in der Tat wurden die unter diesem Begriff behandelten Themen untereinander immer disparater, siehe Einleitung), zum anderen, weil

Entfremdung so als schon innerhalb des Kapitalismus ›aufhebbar‹ erschien. Diese Thematik weist schon auf die Gegenwartsdiskussion voraus, in der ja ebenfalls – etwa von Boltanski/Chiapello 1999 oder Ehrenberg 2004 – eine Aufhebung der Entfremdung *im* Kapitalismus behauptet wird, die aber nicht Teil der Lösung, sondern Teil des Problems ist. Von welcher Aufhebung ist hier also die Rede?

Ein Blick auf die unterschiedlichen Faktoren zeigt, dass der Rückgang nicht auf Einflüsse zurückzuführen war, die vom Management ausgingen (»is not a product of management's humanitarian concern for the employees«, Blauner 1965, 135), sondern auf von außen Vorgegebenes. Besonders bei der Chemiearbeit war es zum einen der hohe Stand der Technik, zum anderen die gute Marktlage – viel Absatz, wenig Anbieter. Kritisch ist daher anzumerken, dass eine solche auch für Arbeitende komfortable Situation eher die Ausnahme darstellt: Extraprofite durch die Ausbeutung von Naturschätzen und das Fehlen einer starken Konkurrenz können nicht von langer Dauer sein. Die hohe Technisierung gibt den Arbeitenden in diesen Industrien nur kurzfristig einen Vorteil; sobald sie ›normal‹ geworden ist, folgen in der Regel neue Unfreiheiten (Yuill 2011, 108 f.). Spätere Diskussionen (im Überblick Minssen 2006; Nies/Sauer 2012) diskutieren eine mögliche Überwindung von Entfremdung daher mehr an den ›inneren‹ beiden Faktoren – der Organisation eines Unternehmens und dem Typ der Arbeitsteilung. Das gilt sowohl für die Industriearbeit selbst (Schumann 2003) wie für die Dienstleistungs- oder »kreative« Arbeit (Nair/Vohra 2012). Ob es dort tatsächlich keine Entfremdung mehr gibt, ist jedoch mehr als umstritten, wie wir nun sehen werden.

9. Falsche Aufhebung oder Potenzierung der Entfremdung? Neuere Debatten

»Die Entfremdung erweist sich an den Menschen gerade daran, daß die Distanzen fortfallen.« (Adorno GS 4, 45)

»Psychose selbst ist die vom Subjekt bis ins Innerste zugeeignete objektive Entfremdung.« (Adorno GS 8, 118)

Der von Simmel entworfene Spielraum, den die Individuen durch die geldbedingte Entfremdung und soziale Distanzierung gewinnen, schwindet in den letzten Jahrzehnten wieder, bedingt unter anderem durch die wachsende soziale Ungleichheit, die Entgrenzung und Subjektivierung von Arbeit und nicht zuletzt durch die Macht von Google und Facebook.[101] Damit kommen wir zu einer weiteren kritischen Einrede gegenüber der Entfremdungstheorie. Diese geht davon aus, dass die Entfremdungskritik der 1960er Jahre *Erfolg* hatte und damit etwas Wichtiges zerstört hat – nämlich jenes von Simmel benannte Vermögen, sich zu distanzieren. Diese These gibt es in mehreren Varianten, von denen wir zwei näher ansehen wollen: die These, dass sich die Entfremdungs- oder »Künstlerkritik« in die Arbeitsorganisation des flexiblen Neoliberalismus hinein transformiert habe, und die andere These, dass die entfremdungskritische Forderung nach möglichst weitgehender Authentizität inzwischen ihrerseits umgeschlagen sei in ein neues Leiden – die Erschöpfung. Schaut man genauer hin, stützen beide Lesarten die ältere Entfremdungstheorie allerdings mehr, als dass sie sie infrage stellen würden. Das gilt auch für zwei weitere Neuansätze, den von Eva Illouz hinsichtlich des Konsums und den von Rahel Jaeggi hinsichtlich der akademischen Selbstthematisierung.

Der neue Geist des Kapitalismus: Voreilige Preisgabe der Entfremdungskritik

In den neuen Managementformen, die Luc Boltanski und Eve Chiapello (1999) als Reaktion auf die Entfremdungskritik deuten, sind dem Arbeitgeber nicht mehr nur Arbeitszeit und -leistung zu opfern, sondern auch Geschmack, Lebensstil und Umgangsformen – und das kann als entfremdende Preisgabe auch noch des »Inneren« erscheinen. Einerseits bedeutet die verlangte zeitliche und emotionale Mehrarbeit eine Ausweitung der Entfremdung auf private Bereiche (eine »Internalisierung des Marktes«, Manfred Moldaschl). Zugleich bringt der sanfte Zwang zur betrieblichen Gemeinschaft einen versuchten *Abbau der Entfremdung*, eine neue »Tyrannei der Intimität« in der Arbeit mit sich, wie es bei Pflegeberufen schon seit längerem zu beobachten ist, die daher schon früh von Burnouts betroffen waren (Pearlin 1962, Pines 1983). Die Arbeitenden dürfen, ja sie müssen ihre ganze Person in ihre Berufsidentität einbinden und können daher persönlichen Zumutungen kaum mehr durch Verweis auf Rollengrenzen (»Das ist nicht mein Job«) entfliehen. Doch diese neue Familiarität ist heikel: Wer »seine« Firma tatsächlich als Gemeinschaft begreift, von ihr aber durch den erleichterten Kündigungsschutz in der nächsten Umsatzkrise gefeuert wird, leidet mehr als jemand, der seinen Job lediglich als Job versteht (*Your Boss is not your Mother*, DesRoches 1995). Arbeit kann also auch dann

»entfremden«, wenn man sich auf ruinöse Weise engagiert, ohne über die Ziele und Ergebnisse verfügen zu können oder auch nur ohne angemessen bezahlt zu werden. Man kann die Entfremdungs- und Verdinglichungskritik daher nicht auf Extremzustände des 19. Jahrhunderts beschränken. Doch schauen wir uns zunächst die Diagnose genauer an.

Eigentlich unterscheiden Boltanski und Chiapello vier Kritiktypen,[102] die aber rasch zum Dualismus der Künstler- und Sozialkritik zusammengefasst werden. Unter Künstlerkritik verstehen sie die Entfremdungskritik, bei der »Entzauberung und fehlende Authentizität« im Mittelpunkt stehen:

»Im Zentrum dieser Kritik steht der Sinnverlust und insbesondere das verloren gegangene Bewusstsein für das Schöne und Große als Folge der Standardisierung und der triumphierenden Warengesellschaft ... Die Kritik verweist hier auf den objektiven Willen des Kapitalismus ..., die Menschen für sich zu gewinnen, sie zu dominieren und zu Profitzwecken unter dem heuchlerischen Deckmantel der Moral einer Zwangsarbeit zu unterwerfen. Demgegenüber tritt sie ein für die Freiheit des Künstlers, für dessen Weigerung, die Ästhetik moralisch zu binden, und seine Ablehnung jeglicher Form der zeitlich-räumlichen Unterordnung sowie – in ihrer radikalsten Erscheinungsform – jeglicher Art von Arbeit überhaupt.« (Boltanski/Chiapello 1999, 81 f.)

Obwohl die Anspielungen auf Weber, Nietzsche und Marx recht breit sind, verstehen sie darunter etwas recht Spezielles, vor allem die Kritik, wie sie von einigen Pariser Künstlern Mitte des 19. Jahrhunderts artikuliert wurde. In einem Anklang an Max Weber wird diese Kritik überführt in den Antagonismus zwischen dem Typus des Bourgeois, der »verdammt« sei »zu detaillierter Planung, rationaler Organisation«, und dem *Dandy*, dem stilisierten Selbstbild der Künstler jener Phase als völlig »bindungslose Intellektuelle« (82);[103] obwohl das Dandytum eher Fiktion als Realität war (etwa in Oscar Wildes *Dorian Gray* von 1890 oder Joris-Karl Huysmans' *À rebours* von 1894).

Das Buch suggeriert nun eine merkwürdige Selbstblockade dieser Künstlerkritik: Obwohl die Annahme eigentlich die ist, dass – der Weber-Analogie folgend – die Kritik den Kapitalismus *weitertreibt* (eine »dynamische Wirkung der Kritik auf den Geist des Kapitalismus«, 70), wird zugleich behauptet, die Kritik komme dessen Dynamik nicht mehr hinterher. Die Kritik treibt den Kapitalismus – und der Kapitalismus die Kritik. In dieser Hase und-Igel-Theorie des Kapitalismus ist der Igel (der Kapitalismus) wie im Märchen zwar einerseits der Verfolger des Hasen (der Kritik), doch hat er zugleich den Hasen immer schon überholt:

> »Die Kritik ... muss unablässig Verschiebungen vornehmen und neue Waffen schmieden, unablässig ihre Analysen korrigieren, um mit den Merkmalen des Kapitalismus einer bestimmten Epoche möglichst auf Tuchfühlung zu bleiben.« (Boltanski/Chiapello 1999, 85)

So scheint Kritik immer verlieren zu müssen. Ein Grund für diesen fatalen Eindruck ist die spezifische Fassung der Künstlerkritik, die sich auf eine fragwürdige Variante derselben festlegt. Damit wird die Künstlerkritik unnötig schwach, und es kommt zu einem unsinnigen Gegensatz zwischen Künstler- und Sozialkritik. Möglicherweise waren bestimmte Fälle der Dandy-Kritik *tatsächlich* mit Sozialkritik unverträglich. Doch das trifft noch nicht einmal auf Oscar Wilde zu, der neben seinem Dandy-Manifest ein Buch zum Sozialismus schrieb (*The Soul of Man under Socialism*, 1891). Wie die vorangegangenen Kapitel gezeigt haben, war der Hauptstrom der Entfremdungskritik seit Rousseau und Schiller egalitaristisch und sachlich eng mit Sozialkritik verbunden. Gleichwohl behaupten die Autoren einen *systematischen* Gegensatz zwischen Künstler- und Sozialkritik:

»Da sich die vier ... Empörungsthematiken auf ideologisch und emotional unterschiedliche Quellen stützen, sind sie nicht ohne weiteres miteinander vereinbar. Je nach historischer Ausgangslage können sie entweder – allerdings auf Kosten eines Missverständnisses, das leicht als Inkohärenz kritisiert werden kann – gemeinsam auftreten oder im Gegenteil miteinander in Kritik geraten.« (Boltanski/Chiapello 1999, 82)

Ein solcher Gegensatz ist jedoch historisch keineswegs die Regel – wie eine Fußnote verschämt bemerkt, gilt er nicht einmal für die Großmeister der Kritik: »De facto finden sich bei Marx wie bei den meisten Denkern der Moderne [!] sowohl die Künstler- als auch die Sozialkritik.« (1999, 613, Fn. 49; hier wird Entfremdung eigens benannt) Es ist fraglich, ob die meisten Denker der Moderne einem Missverständnis aufsaßen. Es sind eher Boltanski und Chiapello selbst, die diese Trennung vornehmen – und sie ergreifen dabei deutlich Partei. Da die Erfolge der Arbeiterbewegung »ohne die Verstärkungen der Künstlerkritik auskamen« (Boltanski/Chiapello 2000, 4), sei die Künstlerkritik mehr Teil des Problems als der Lösung: »Die Künstlerkritik ... ist nicht von sich aus egalitär; sie läuft sogar ständig Gefahr, in einem aristokratischen Sinn interpretiert und umgedeutet zu werden.« (2000, 7) Hauptgrund für die Skepsis gegenüber der Künstlerkritik ist die Unterstellung, dass sie den »neuen Geist« des Kapitalismus inspiriert habe. So »kann die Künstlerkritik, wenn sie von den Gleichheits- und Solidaritätserwägungen der Sozialkritik nicht abgemildert wird, sehr schnell das Spiel eines besonders zerstörerischen Liberalismus bedienen, wie wir in den vergangenen Jahren aufgezeigt haben« (2000, 4).

Durch die Konstruktion dieses Gegensatzes kommt es zu einer Geschichtsphilosophie der Abfolge dieser Kritiktypen. Ein zeitweiliger Erfolg der Künstlerkritik zieht Ungleichheiten nach sich und provoziert damit die Sozialkritik. Deren zeitweiliger Erfolg hat wiederum Unfreiheiten zur Folge und provoziert so eine

Künstlerkritik, usw. Wie der Hase im Märchen kann »die Kritik« niemals gewinnen, da der Erfolg der einen Variante dazu beiträgt, dass die andere verliert – und umgekehrt: »Dabei merkt die Kritik nicht, dass die Situation sich gleichzeitig in anderer Hinsicht verschlechtert.« (1999, 85) Muss ein kritisches Einfordern von mehr Freiheit, mehr Selbstbestimmung und Authentizität angesichts dieser Wirklichkeit daher nicht als stumpfe Waffe erscheinen? Verhallen solche Forderungen nicht ungehört, weil sie ›immer schon‹ verwirklicht sind? In der Tat war dieser lähmende Eindruck eine Wirkung des Buches:

»Im Zeitalter der Postmoderne verliert daher das romantisch-expressivistische Paradigma seinen Oppositionscharakter und sein Widerstandspotential gegen die ... kapitalistischen Systemimperative. Das ... macht die Konzeption und Verfolgung alternativer Vorstellungen nahezu unmöglich.« (Rosa 2012, 176)

Wenn man die Entfremdungskritik für verzichtbar hält, da sie in »perversen Effekten« (Boltanski/Chiapello 1999, 331 f.) potenziell den Neoliberalismus antreibe, so unterstellt dies, dass das von ihren Trägern erfahrene »Leid« nicht auf die Mehrzahl der übrigen Menschen übertragbar sei. Das ist eine anfechtbare Behauptung. Die Kritik an Freiheits- und Sinnverlust ist in ihrem Umfang mindestens ebenso universal wie die Sozialkritik (Rosa 2009, 28; 2012, 217 f.). Dass eine Kommodifizierung sozialer Beziehungen die Qualität dieser Beziehungen entwertet, betrifft alle Menschen einer Gesellschaft (Pflegende wie Gepflegte, Lehrende wie Studierende etc.), ohne dass dieser Vorwurf aufhört, spezifisch kapitalismuskritisch zu sein. In Reaktion auf das Buch von Boltanski und Chiapello hat die Arbeitssoziologie mehrfach zeigen können, dass Entfremdungskritik angesichts des neuen Geistes gerade *nicht* abgegolten ist,[104] ja dass die Zumutung, auch in der Arbeit man selbst sein zu müssen, aber auf eine bestimmte, vom Unternehmen vorgegebene Weise, zu neuen Formen des Leidens an Entfremdung geführt hat – darunter etwa Burnout und Depression.

Burnout durch zu viel Authentizität – oder durch Entfremdung?

Folgt man dem französischen Historiker Alain Ehrenberg und der WHO, so gibt es eine neue Volkskrankheit: die Depression. Nach der Analyse von Ehrenberg ist sie einerseits eingelassen in die wachsende Bedeutung der Pharmazie, andererseits in einen normativen Wandel »von der Disziplin zur Autonomie« (2015, 297), der den Individuen heute mehr Freiheit und Eigenverantwortung erlaube, aber auch zumute – und das lasse die Menschen rasch orientierungslos und müde werden (29 ff.). »Die Depression steht somit am Schnittpunkt von Handlungsnormen und ... neuen Antworten, die die Pharmaindustrie anbietet.« (250) Meint dies, die gewachsene Freiheit sei als solche bereits eine Ursache der gewachsenen Depressionen? Da dieses Modell an dasjenige von Boltanski/Chiapello erinnert (wie dort wird die unterstellte Verwirklichung einer Kritik zur Ursache neuer Probleme; zur Entfremdungskritik; Ehrenberg 2015, 299), wurde dieses Buch im deutschsprachigen Kontext vor allem im Zusammenhang mit Fragen der Arbeit diskutiert (Ehrenberg tut das erst im Vorwort zur Neuausgabe, 2015, 17 f., sowie in 2011, 364 ff.). Das rückt dieses Buch nahe an das Thema der Entfremdung, obwohl von ihr kaum die Rede ist. Wie lässt sich der Zusammenhang herstellen zwischen der entgrenzten Arbeit und den gewachsenen Depressionen?

Tatsächlich befällt die Depression sowohl Arbeitslose, weil sie keine Arbeit haben (Dooley 2000), als auch die, die noch Arbeit haben (Rau u.a. 2010) oder deren Job es ist, die Arbeit anderer wegzurationalisieren.[105] Die Strukturen und Zumutungen haben sich verändert: Der typische Job ist heute nicht mehr die manuelle Arbeit am Fließband, sondern der Kreativität und Emotionsarbeit fordernde Dienst am Kunden oder Patienten, die Tätigkeit am Computer oder im Team. Es gibt dabei eine Pflicht zum Begeistertsein, zur Zurschaustellung von Ekstase – nicht nur bei der Arbeitssuche, sondern auch »on the job«. Jeder muss überall »er selbst werden«, wie es Ehrenberg (2015, 26) ausdrückt – aber das in Verhältnissen, in denen man in der Regel wenig zu sagen hat (Ehrenberg 2011, 407, nennt dies das Paradox der Autonomie). Beziehungen zu Mitarbeitern und Vorgesetzten sind wichtiger geworden, und die Simulation und Dokumentation von Arbeitswilligkeit und Können überlagert häufig das Können selbst – eine Art Refeudalisierung.

Diese erzwungene Zurschaustellung dauernder Begeisterung kann als seelische Prostitution empfunden werden. Die gegenwärtigen Depressionswellen haben nicht nur mit dem ungeheuer angewachsenen Stress des flexiblen Berufslebens, sondern auch mit diesem Zwang zur Selbstvermarktung zu tun. Dies berührt die Sozialität der Gefühle, welche strukturelle Zwänge für den Einzelnen fühlbar übersetzen (Pines 1983; Graefe 2011). Wir entfremden uns damit nämlich sogar noch von den eigenen Gefühlen, wenn wir die Gefühle, die wir fühlen (oder zumindest spielen) *müssen*, nicht mehr als die eigenen identifizieren können. So kann eine Unausgeglichenheit dadurch entstehen, dass die verordneten Gefühle mit den tatsächlichen Gefühlen nicht übereinstimmen und die »falsch« Fühlenden sich als Fremde und »emotionale Versager« fühlen. Sie passen nicht in die flexible Welt, weil die Gefühle, die sozial erwünscht sind und erwartet werden, nicht denen entsprechen, die die *reale* Arbeitswelt aufnötigt (die zudem suggerieren möchte, sie kämen aus den Subjekten selbst). Dieses Missverhältnis im Individuum wird allerdings nicht *vom* Individuum erzeugt, vielmehr stimmt an einer Gesellschaft etwas nicht, die ihre Mitglieder auf diese Weise krank macht. »Das Unheil liegt in den Verhältnissen, ... nicht primär in den Menschen.« (Adorno GS 6, 191, siehe Kap. 8)

Missverhältnisse zwischen Gefühlen und der Form gesellschaftlicher Organisation gab es schon immer. Neu an heutigen Entfremdungsphänomenen ist, dass eine weitere Front entstanden ist: Es sind nicht nur die äußeren Verhältnisse, die die Möglichkeiten des Individuums überfordern und so Spannungen auslösen; es sind zunehmend die Gefühlslagen selbst, die nicht in die Subjekte passen. Wenn sich diskursive Disziplinierungsversuche wie die Subjektformierung durch den Arbeitgeber auch auf das zu Fühlende erstrecken (man möge »intern motiviert« sein, immer fröhlich und entspannt, aber trotzdem hochleistungsfähig und jederzeit belastbar, auch nach Dienstschluss), so stellen sich Gefühle zweiter Ordnung ein, die ich »wegarbeiten« muss (z. B. im »workout«): Ich ärgere mich, dass ich dauernd so tun muss, als wäre ich mit den vielen Überstunden zufrieden; oder dass ich mich über das entschädigende Lächeln des Chefs freuen soll. Ich kann zwar versuchen, diese Freude nur zu spielen, aber gespielte Authentizität ist eben keine – es sei denn, man geht zum enorm anstrengenden »deep acting« über (Hochschild 1983, 33), dem innerlichen Verbiegen bis auf den Grund der Seele.

Vielleicht wäre die zunehmende Verbreitung von Depressionen nicht so besorgniserregend hoch, wenn es nicht zusätzliche Mechanismen geben würde, die diesen Prozess noch verstärkten. Da sind die Pillenindustrie und die Therapie-Industrie (Illouz 2009), die das Krankheitsbild erst konstruiert und gesellschaftsfähig gemacht haben, indem sie medikamentöse und therapeutische Behandlungen gefunden haben, die sich breit vermarkten ließen. Und diese Vermarktung funktioniert überraschend gut:

Auf der einen Seite hat es einen gewissen »Chic«, sich für depressiv zu halten, weil dies lange als Oberschichtenphänomen galt. Arbeiten bis zur Selbsterschöpfung wird als Anzeichen für Erfolg gedeutet, und vielleicht lässt sich das schlecht vermeiden, wenn das gesteckte Ziel zu hoch ist (Illouz 2006; Neckel/Wagner 2013). Durch einen »trickle-down«-Effekt kommt das auch bei unteren Schichten an – im doppelten Sinne. Daneben haben Marketingstrategen ein Interesse an einer solchen Ausbreitung, denn – welch Ironie des Schicksals – depressive Kunden weisen ein optimales Käuferverhalten auf: »[L]eichte Formen von Manie und Depression, also Hypomanie und Dysphorie, sind in ihren typischen Auswirkungen auf das Kaufverhalten von großem Interesse für die Hersteller.« (Liebl 2001, 120) Auch für Ehrenberg sind die neuen Abhängigkeiten (etwa Suchtkrankheiten) daraus zu erklären – und er benutzt dafür die Rousseau'sche Topologie von innen und außen: »An die Stelle der Angst tritt die depressive Leere. Der ständige Bezug auf die Dinge der Außenwelt ist ein Mittel, das Danaidenfass des depressiven Inneren zu füllen.« (2015, 182) Depression sei das Leiden des modernen Menschen, »der des Projektes, er selbst zu werden, müde ist, der versucht ist, sich bis zum Zwanghaften Produkten oder Verhaltensweisen zu unterwerfen« (34). Das entspricht durchaus der Konsumkritik von Autoren wie Fromm.

Es gibt für und durch dieses Leiden mehrere neue Märkte – und was einen Absatz schafft, das ist den Ökonomen zufolge gut für die Volkswirtschaft. »Innerhalb von zehn Jahren hat sich eine Serotonin-Ökonomie entwickelt.« (Ehrenberg 2015, 242) Wir haben es zu tun mit einer Kommerzialisierung nicht nur der Gefühle, sondern noch der Gefühlsstörungen. Im klassischen Sprachgebrauch ist das als »entfremdet« zu bezeichnen: Der Kapitalismus hat keine Sensoren dafür, wo eine menschliche Grenze überschritten wird. Der Markt reguliert sich selbst, doch was gut für den Markt ist, ist nicht automatisch gut für die Menschen; auch wenn einige Zweige der »Wirtschaftsethik« seit Jahrzehnten daran arbeiten, den Menschen gerade das weiszumachen. Gerade eine solche Entzweiung von ökonomischen und moralischen Gesichtspunkten hatte einmal Entfremdung geheißen:

»Wenn ich den Nationalökonomen frage: Gehorche ich den ökonomischen Gesetzen, wenn ich aus der Preisgebung, Feilbietung meines Körpers an fremde Wollust Geld ziehe ... , so antwortet mir der Nationalökonom: Meinen Gesetzen handelst du nicht zuwider; aber sieh dich um, was Frau Base Moral und Base Religion sagt; meine nationalökonomische Moral und Religion hat nichts angegen dich einzuwenden, aber ... Es ist dies im Wesen der Entfremdung gegründet, daß jede Sphäre einen andren und entgegengesetzten Maßstab an mich legt, einen andren die Moral, einen andren die Nationalökonomie.« (Marx, MEW 40, 551)

Wenn sich Waren profitabel vermarkten lassen, so *werden* sie hergestellt und vermarktet; und was nicht passt, wird passend – zur Ware – gemacht. Neben der Verramschung von Naturressourcen und öffentlichen Gütern gilt das nun auch für die eigenen Endprodukte: Der nachhaltige Kapitalismus »recycelt« sogar noch das, was er selbst an Schädlichem hervorbringt. Sogar Entfremdung ist zu einer Ware geworden – und sie verkauft sich gut. Es ist daher zu schnell geurteilt, wenn eine jüngere Veröffentlichung einmal mehr feststellt:

»Entfremdet zu arbeiten, der eigenen Arbeit fremd zu sein, ist kein gesellschaftlicher Zustand mehr, welcher der Kapitalismuskritik verfällt, da die Erwartung, eins zu werden, eins zu werden mit der eigenen Arbeit, eine der Zumutungen der Gegenwart ist.« (Neckel/Wagner 2013, 14)

Gerade diese Zumutung ist nicht als Aufhebung, sondern als Verstärkung der Entfremdung zu verstehen (Jerich 2008; Zima 2014, 140 ff.). Denn ist nicht der Umstand, dass Menschen bis zum

Umfallen für andere arbeiten und dabei glauben, sie wären »selbstmotiviert«, ein *Ausdruck* einer Entfremdung von den eigenen Belastungsgrenzen (und damit der eigenen Leiblichkeit und Freiheit)? Menschen geben die Expertise darüber ab, was für sie gut ist, oder vermögen es nicht mehr, ein solches Wissen umzusetzen; sie folgen stattdessen von außen kommenden »Imperativen« und sind infolgedessen dauerhaft aus dem Gleichgewicht – genau dies war die Beschreibung von Entfremdung schon bei Rousseau. Dass Selbstheilung nach *außen* verlegt, »outgesourct« wird wie in eine Reparaturwerkstatt (Hochschild 2013) – gerade diese Therapeutisierung und Medikalisierung könnte man auch so deuten, dass Menschen sich selbst abhanden kommen, dass sie *Fremden*, ja sogar Dingen (Pillen) eine Macht und ein Wissen über das für sie Gute zuschreiben, das sie selbst nicht mehr zu haben glauben. Sie deuten sich damit sogar selbst als »Ding« (als »Akku«, so Ulrich Bröckling).

Die Ursächlichkeit wird vordergründig mehr im Subjekt als in den gesellschaftlichen Strukturen gesucht – das ist ein sozial durchaus erwünschter Effekt der Verschiebung von Verantwortlichkeit von den Strukturen zurück in die Subjekte, denn so lässt sich medizinisieren und ein Markt schaffen, statt eine Systemfrage zu stellen. Doch gerade in dieser Befindlichkeit sind sich viele Menschen in der »öffentlichen Ausgelegtheit« (Martin Heidegger) dann wieder einig. Die Rede von einer »Volkskrankheit« führt durch die Hintertür wieder einen Konformismus ein – den der »einsamen Masse« (Riesman 1950). Wenn so viele Menschen je für sich, auf ihre Weise an der Arbeit und am Leben krank werden, muss es zumindest *anteilig* gesellschaftliche Gründe dafür geben, dass sie sich abhanden kommen.

Man muss an Ehrenberg wie schon an Boltanski und Chiapello daher die Frage stellen, ob die Unterstellung einer »Müdigkeit, man selbst zu sein«, nicht zu leichtgläubig von einer *Um-*

setzung der Entfremdungskritik ausgeht,[106] so dass es so aussehen kann, als sei ein Zuwenig, nicht ein Zuviel an Entfremdung für arbeitsbedingte Burnout-Erkrankungen verantwortlich. Angesichts der verbreiteten Befunde von einer steigenden Arbeitsverdichtung in vielen Bereichen, von Entgrenzung der Arbeit in das Privatleben hinein, von mehr Leistungsdruck und Kontrolle bei seit langem sinkenden Reallöhnen und von Verwandlung regulärer Arbeit in Zeit- und Projektarbeit (sprich: Prekarisierung) ist das allerdings wenig überzeugend. Dass Menschen heute mehr von sich selbst in die Arbeit hineinstecken *müssen*, ohne dass sie mehr herausbekommen würden, dass sie sich in der Folge Misserfolge selbst zuschreiben sollen und gesellschaftlich nicht mehr aufgefangen werden (auch der Ab- und Umbau des Sozialstaats spielt für das Gefühl der Unsicherheit eine Rolle), all das ist keine Entscheidung der Subjekte mehr, es ist ein Zwang, der über ihre Köpfe hinausgewachsen ist. Und eben das meinte die Diagnose der Entfremdung von jeher (Karger 1981). Man fragt sich, warum die Burnout-Welle ausgerechnet als Aufhebung der Entfremdung gelesen werden soll und nicht eher als deren Ausdruck.

Echte Liebe durch Konsum und die Entfetischisierungskompetenz der Mittelschicht

Eine Art Lust der gegenwärtigen Sozialtheorie, sich angesichts zunehmenden Leidens der Individuen voreilig der unbequemen Entfremdungskritik zu entledigen, lässt sich auch an anderen Varianten der Kritik an ihr beobachten, etwa bei Eva Illouz.[107] So hat sie etwa die These variiert, die es auch bei Alain Ehrenberg, Axel Honneth oder Ulrich Bröckling gibt, dass aus der alten Forderung nach »Selbstverwirklichung« inzwischen eine therapeutische Industrie geworden sei, deren Haupteffekt es sei, den Menschen ein Leiden *einzureden* – besser fahren würden wir also, so muss man schließen, ohne das Ideal der Selbstverwirklichung.[108] Vermutlich ist sie den Bedürfnissen vieler ihrer Leser aber am meisten mit der These entgegengekommen, zwar sei die »moderne romantische Liebe« in der Tat durchkommerzialisiert, aber das sei im Grunde nicht so schlimm, da die Menschen das souverän handhabten und überwiegend das Gefühl hätten, gerade im Konsum »ihr Leben zu kontrollieren« (2003, 185; eine Lieblingsthese der sich ebenfalls lustvoll antikritisch gebenden »Konsumsoziologie«):[109]

> »Meine eigene Untersuchung bestätigt Marx' Behauptung im Hinblick auf die allgegenwärtige Kommerzialisierung: Der Kapitalismus ist unerbittlich in die privatesten Nischen unseres zwischenmenschlichen und emotionalen Lebens eingedrungen. ... Aber lässt sich daraus schließen, dass sich die Qualität der Liebesbeziehung dadurch verschlechtert hat?« (Illouz 2003, 184)

Dies ist nach Illouz deswegen nicht der Fall, weil mit der Konsumorientierung historisch zugleich ein »Zugewinn an Freiheit« zu verzeichnen gewesen (181) und Konsum inzwischen eine »wichtige Quelle von Sinn« geworden sei (182). Es gebe also (im Idiom von Blauner 1965) im Konsum weder Erfahrungen von Unfreiheit noch von Sinnlosigkeit. Das ist klar gegen die Konsumkritik von Fromm und Marcuse gerichtet, die wir oben betrachtet hatten (180).[110]

Diese steile These überzeugt allerdings bei näherem Hinsehen weder begrifflich noch empirisch: *begrifflich* nicht, weil die Verbindung zwischen Konsumismus und Freiheit nicht kausal ist. Zwar wurde in der Tat »der Konsum begleitet und unterstützt von einem modernen Projekt der Freiheit und der Emanzipation« (181), zumindest wenn man es auf abstrakter Ebene betrachtet (de facto hat es im 19. und 20. Jahrhundert ebenso Diktaturen und Kriege gegeben). Doch die Formulierung »begleitet« lässt offen, ob es nicht unabhängige Quellen für beide gibt. Dass es heute mehr Freiheit gibt als zu Zeiten eines »Brautwerberituals«, heißt sicherlich auch, dass man ungehemmter konsumieren kann, sofern man genügend Geld hat – und das ist eine feine Sache. Aber man ist nicht *wegen* dieses Konsums freier, denn konsumieren lässt sich auch in Unfreiheit. Ältere Formeln für die Möglichkeit eines Konsums in Unfreiheit waren der »glückliche Sklave« bei Rousseau und Marcuse, die Fleischtöpfe Ägyptens (2. Mose 16,3) oder das römische *panem et circenses*. Warum soll der gestiegene Konsum plötzlich mehr Freiheit nach sich ziehen? Sind wir nicht vielmehr, wie das Argument der »shifting baselines« besagt, immer weniger frei, *nicht* zu konsumieren (Schor 2004)? Kann man heute ohne Laptop, Smartphone und Facebook-Konto noch normal agieren? Falls nicht, würde das nicht auf einen Funktionswandel des Konsums hindeuten, vom Ausdruck der individuellen Wahlfreiheit hin zu einem Vehikel des verordneten Konformismus?

Empirisch, in den Interviews, die Illouz für einen Zusammenhang von Konsum und dem Gefühl der Kontrolle über das eigene Leben anführt, ist nicht primär von Konsum die Rede: Ein Paar mit Kind wünscht sich, einmal wieder gemeinsam auszugehen; ein anderes Paar berichtet, dass es gern Ausflüge unternimmt »oder irgendwas. Einfach zusammen sein.« (185) In den Berichten über die Gestaltung des Beisammenseins spielt der Konsum also keine übergeordnete Rolle, ja es wird sogar eine starke Trennung zwischen romantischen Momenten und dem Aspekt des Konsums vorgenommen (»vollkommen getrennt«, 182). Ein Befragter spricht außerdem überaus konsumkritisch von einer »Überkommerzialisierung eines Gefühls« (184). Man fragt sich also, aufgrund welcher Indizien Illouz den Zusammenhang zwischen Konsum und Freiheit bzw. Konsum und Romantik gerade aus solchen Stellen herauslesen möchte. Sie selbst unterstellt, der Konsum sei das Entscheidende dabei (romantische Augenblicke würden von »Konsumakten erst möglich gemacht«, 182), nur dass die Akteure selbst das vergessen, verkennen, dem entfliehen, ja sogar einem neuen Fetischismus unterliegen würden. Das wird aber nicht an den Interviews gezeigt, sondern ihnen als Analysefolie untergeschoben.[111] Der neue Fetischismus sei keiner der Waren mehr (dort gebe es vielmehr eine »Entfetischisierung«, 184), sondern ein »Personenfetischismus«, indem nun fälschlich Personen zugeschrieben werde, was für Illouz eigentlich den Waren zukommt: »Die Beziehungen zwischen Menschen und Objekten erscheinen damit als Beziehungen zwischen Menschen.« (183)[112]

Wenn Illouz einschränkt, dass viele ihrer Interviewpartner der oberen Mittelschicht entstammen (184),[113] dann wird vielleicht die Motivlage deutlich, die sich hier Bahn bricht: Gibt es nicht ein Begehren, sich beim ausgiebigen Konsumieren nicht länger durch kritische Theorien beunruhigen zu lassen, sondern auch sozialtheoretisch ein gutes Gewissen zu haben? Das dürfte ein Begehren speziell dieser Mittelschichten sein, die einerseits über genügend Ressourcen verfügen, andererseits aber mit kritischen Theorien sozialisiert wurden, gegen die sie nun in einer Art Selbstbehauptung rückwirkend aufbegehren. (Das hätte Momente eines Freud'schen symbolischen Vatermords.) Eine solche Klassenspezifik gibt es nach Illouz jedenfalls bei den Virtuosen der kommerzialisierten Romantik, an denen sie ihre These der »Versöhnung« von Konsum und Freiheit abliest. Durch Verzerrungen des Konsums ungetrübte Liebesbeziehungen gebe es nur von der Mittelschicht an aufwärts:

»Ich behaupte, dass die Fähigkeit, eine Liebe im authentischen Sinne zu leben, denjenigen vorbehalten ist, deren Leben nicht von ›Notwendigkeiten‹ geprägt ist. Die emotionale Unterdrückung und das Misstrauen gegenüber verbalem Ausdruck, die von Männern aus der Arbeiterklasse in ihren Berufen häufig verlangt werden, stimmen nicht mit dem Mittelschichtideal von Intimität und Ausdrucksorientierung überein.« (322)

Das heißt nicht nur, dass die Aussagen über das Ende der Konsumkritik sich lediglich auf Lebensformen der oberen Mittelschicht beziehen; es bedeutet zugleich, dass ›unterhalb‹ dieser Schicht gelingende Liebesbeziehungen schwer möglich sind, und zwar bedingt durch Zwänge der Arbeit. Genau das hatten die ältere Entfremdungstheorien sagen wollen: Die Unfreiheit in der Arbeit droht in das restliche Leben hineinzuwirken, je mehr die dort herrschenden Zwänge auf Konsum und Freizeit übergreifen, so dass es auch dort zu Leiden kommen kann.[114] Zudem besteht in der Diagnose von Illouz, wie schon bei Rousseau, die Fremdheit zwischen den sozialen Klassen fort. Wenn sich am Ende so wenig ändert, verpufft da nicht die genussvolle Polemik gegen ältere kritische Theorien?

Diese Frage wird umso dringlicher, wenn man sich neben den Interviews von Illouz weitere Empirie anschaut. Die Bedrohung sozialer Beziehungen, insbesondere von Liebesbeziehungen, durch den Konsum geht ja nicht in erster Linie von gemeinsamen Abendessen und »Wein und Rosen und Blumen« aus (Illouz 2003, 184). Sie entsteht vielmehr dann, wenn Konsum die gemeinsame Zeit nicht anreichert, sondern *ersetzt*. Von solchen Phänomenen berichtet etwa Michael Sandel (2012, 93), der von »gekauften Freunden« spricht; oder Arlie Hochschild, die »commercial substitutes« als ein Grundthema ihrer Interviews beschreibt (1997, 209; 2003, 30 ff.; sowie 2013, Kap. 12): Vieles von dem, was wir kaufen, wird nicht mehr in Interaktionen eingebunden, sondern soll diese ersetzen – man schenkt, *statt* Zeit zu verbringen, oder imaginiert seine Fantasien über das Leben, das man eigentlich führen möchte, in Konsumobjekte hinein.[115] Der Kauf der Badminton-Ausrüstung suggeriert, man würde im Sommer zusammen Sport treiben gehen; die Bücher, die man nicht lesen wird, kauft man stattdessen (Rosa 2013, 134). Arlie Hochschild hat zeigen können, dass dieser *Consumerism* nicht abgetrennt von der Welt der Arbeit zu begreifen ist (wie es die Theorie der »Individualisierung« in den 1980er Jahren zu behaupten schien), sondern dass sich die Dimensionen wechselseitig verstärken:

> »Exposed to a continual bombardment of advertisements through a daily average of three hours of television (half of all their leisure time), workers are persuaded to ›need‹ more things. To buy what they now need, they need money. To earn money, they work longer hours. Being away from home so many hours, they make up for their absence at home with gifts that cost money. They materialize love. And so the cycle continues.« (Hochschild 2003, 209, vgl. 30 ff.; Schor 1999, 2004)

Ein Filmbeispiel, welches schön versinnbildlicht, dass etwas nicht in Ordnung ist, wenn der Konsum unser Leben bestimmt, ist die *Trueman Show* von Peter Weir (1998); ein früheres Beispiel waren die Zombiefilme der 1970er Jahre, welche oft in Shopping Malls spielten (die »lebenden Toten« persiflieren dabei die abgestumpfte Konsumgesellschaft; ein neueres Beispiel ist *Branded* von Jamie Bradshaw aus dem Jahr 2012).

Dass Menschen ausgerechnet in ihrem Kaufverhalten besonders viel Selbstkontrolle hätten, lässt sich insbesondere nach der Finanzkrise nicht mehr behaupten: Angesichts der Überschuldung vieler Haushalte vor allem in den USA (für die Illouz ihr Buch einst geschrieben hatte) lässt sich von Selbstkontrolle kaum mehr sprechen – hier ist die Skepsis von Fromm aktueller als die Affirmation von Illouz.[116] Nimmt man den sozialen Ausschluss hinzu, der sich in Form unterschiedlicher finanzieller Möglichkeiten gerade in Sachen Konsum schlagend bemerkbar macht (*Wir müssen leider draußen bleiben*, Hartmann 2012), so muss vom fröhlichen Konsumismus der Mittelschichten (den auch Bolz 2002 beschrieb) zumindest das sozialtheoretische gute Gewissen auf der Strecke bleiben. Die Sphäre des Konsums taugt am allerwenigsten als Beleg für modische Behauptungen einer Aufhebung der Entfremdung.

Entfremdungstheorie neuen Typs: Akademische Befindlichkeiten

Eine letzte Version des Abschieds von der Entfremdungstheorie im Geiste einer sich als »kritisch« verstehenden neueren Theorie unterstellt einen sozialtheoretischen *common sense*, dem zufolge es nicht länger opportun sei, über Entfremdung zu reden (jedenfalls nicht so, wie man es von Rousseau bis Marcuse tat):

> »Entfremdungskritik unter heutigen Bedingungen *darf* nicht, muss aber auch nicht in einem starken Sinn ›essentialistisch‹ oder metaphysisch begründet sein; und sie darf nicht, muss aber auch nicht perfektionistisch oder paternalistisch argumentieren.« (Jaeggi 2005, 50)[117]

Die Formel des »darf nicht, muss aber auch nicht« gibt bereits das Ziel dieses Buches von Rahel Jaeggi an, die in Berlin Philosophie unterrichtet. Es gibt einer als zwingend empfundenen diskursiven Vorgabe nach, dass man über Entfremdung im alten Sinne nicht mehr reden »darf«, versucht aber, den Begriff neu aufzufädeln und umzubesetzen. Angepeilt wird eine »Rekonstruktion« (2005, 12 f.), wie sie bereits Jürgen Habermas dem »Historischen Materialismus« oder Axel Honneth (2005) der »Verdinglichung« angedeihen ließ (wobei außer dem Namen von dem Rekonstruierten wenig übrig blieb). Das Ergebnis kann sich auch in diesem Fall sehen lassen, aber es handelt sich nun um *andere* Phänomene als bisher, die auch anders – nämlich rein begrifflich (durch »kategoriale Analyse«, 13) – behandelt werden. Da dieses Buch starke *claims* erhebt, wollen wir es abschließend näher ansehen.

Im Phänomenbereich geht es nicht länger um Probleme der Arbeit, der Ungleichheit, Unterdrückung und fehlgehenden Entwicklung von Menschen, sondern – passend für eine Doktorarbeit – vor allem um Befindlichkeiten einer urbanen und studierten westlichen Mittelschicht zwischen Abschluss des Studiums und Ausübung ihrer problemlos erlangten akademischen Berufe.[118] Diese »Phänomenologie« (16) wird nicht auf der Grundlage von Empirie artikuliert, wie es eine Publikation aus dem Institut für Sozialforschung vielleicht vermuten ließe (immerhin wird Prekarisierung, steigender Leistungsdruck oder Medikamentenmissbrauch bis hin zu Suizidgedanken unter Studierenden und Nachwuchskräften seit einiger Zeit erforscht). Vielmehr handelt es sich um fingierte Beispiele aus dem Seminaralltag, anhand deren philosophische Literatur diskutiert wird.

Bedingt durch diese Herangehensweise argumentiert das Buch weniger im Anschluss an Gesellschaftstheorien (wie Axel Honneth im Vorwort vermerkt, 10) oder an die Probleme realer Subjekte, sondern vor allem »aus der Perspektive des Subjekts« (183) – das heißt im Anschluss an philosophische *Theorien* »des« Subjekts zwischen Ernst Tugendhat und Harry Frankfurt. Zwei Fragen brennen daher unter den Nägeln: Warum eigentlich wird die ältere Theorie so rasch als »unzeitgemäß« und »fragwürdig« (11) fallen gelassen? Und was genau tritt an die Stelle der älteren Konzeption? Schauen wir zunächst auf die Beispiele (diskutiert im zentralen Mittelteil, 63–182), um ein Gefühl für diesen Neuansatz zu bekommen. Sie geben die Situation einer gutgestellten akademischen Mittelschicht wieder:

– Der erste Fall erdenkt einen jungen Wissenschaftler, der mit seiner jungen Familie in die Vorstadt gezogen ist, sich aber mit dieser neuen Situation schlecht abfindet (72). Für Jaeggi ist das ein Fall von Entfremdung im Sinne eines Gefühls der *Machtlosigkeit* (siehe Blauner 1965, 16f.). Nur ist der junge Wissenschaftler bei Jaeggi dafür am Ende selbst verantwortlich, weil er es versäumt, seinen Handlungsspielraum zu erkennen und zu nutzen und so in seinen Handlungen »präsent« zu sein (77, 187).

– Der zweite Fall illustriert anhand von Ressentiments gegenüber sozialen Aufsteigern die Rollentheorie (»Die Gewandtheit des Junglektors scheint uns maskenhaft, die Ungezwungenheit des Journalisten künstlich«, 92). Wieder machen diese Personen selbst etwas falsch – sie sind in ihren Rollen nicht authentisch genug, sie haben sie sich nicht genügend angeeignet. Das wertet Jaeggi mit Plessner als Beleg dafür, dass das unvermeidliche Spielen einer Rolle nicht das Problem darstelle – es sei falsch, das zu kritisieren. Vielmehr gelte es, die Rollen *richtig* auszuüben (105), indem wir sie uns »aneignen« (111). Das gelte es zu verstehen, wie Fälle aus dem philosophischen Seminar illustrieren sollen (98 Fn., 119). Dies geht jedoch an der Problematik der alten Entfremdungstheorie vorbei, dass es *aufgezwungene* Rollen gibt – etwa die kapitalistischen »Charaktermasken«. Als »Verdinglichung« wird es stattdessen bezeichnet, wenn ein Student erschrickt, der seine Dozentin in einer Bar entdeckt (108).[119] Wie schon bei Hegel bewirkt die Formalisierung also eine merkliche Verharmlosung.

– In einem dritten Fall dürfen wir uns in eine »kichernde Feministin« hineindenken, die ein Beispiel für »Entzweiung« (127) darstelle. Denn eigentlich darf eine Feministin nicht kichern, da man darin einen »Wunsch nach ... weiblicher Unterordnung« (128) entdecken könnte. Wie entkommt man einem solchen »Dilemma« (147)? Mit dem »behindernden« Problem (160) ist eher das Kichern als das feministische Schema gemeint (135), denn Ersteres sei ein »Wunsch« erster Ordnung, Letzteres ein Wunsch zweiter Ordnung, was nach Harry Frankfurt schwerer wiegt (131). Gerade diese Lösung kann allerdings das Problem verschlimmern: Muss man sich nun jedes Lachen verkneifen, das mit einer erwünschten Rolle nicht übereinstimmt? Wäre dies nicht eine karrieristische Entfremdung von den eigenen leiblichen Regungen? Jaeggi mag zwar keine »Starrheit« (157) verteidigen, doch müsse man am Ende lernen, »mit sich selbst umgehen zu können« (160). Auch die Lösung dieser Zerrissenheit wird also »dem« Subjekt zugemutet.

– Ein letztes Beispiel entstammt einem philosophischen Roman, in dem ein Professor den Bezug zu seinem Themengebiet verliert (161). Dieser »Verlust affektiver Bindungen« (167) sei »ambivalent«, also halb gut (nämlich eine Erfahrung von »Macht«, 182) und halb schlecht (da sie Selbstverwirklichung durch »Projekte« bedrohe, 181). Da halbgut noch nicht gut ist, sei die »Indifferenz« nur eine Vorstufe zur »wirklichen Unabhängigkeit« (181), die man auf der Hegel'schen Leiter, die hier anklingt, allerdings irgendwann erreichen sollte. Man hat sie erklommen, wenn man sich »identifikatorisch-aneignend auf selbstgesetzte Projekte in der Welt« bezieht (180), wie es der Professor im Roman allerdings schon lange praktiziert hatte.[120]

Damit wird deutlich, dass die ältere Entfremdungstheorie schon im Phänomenbereich weniger rekonstruiert als ersetzt wird. Es geht nicht mehr um Gesellschaftsdiagnose, sondern um akademische Befindlichkeiten derer, um die man sich eigentlich keine Sorgen machen muss. Daher stellt sich die Frage, warum eine solche Ersetzung für notwendig erachtet wird. Angesichts unserer bisherigen Neulektüren darf man die seltsam autoritäre Vorgabe, man dürfe von Entfremdung nicht mehr im alten Sinn reden, getrost hinterfragen. Bei den bislang betrachteten Kritiken an der Entfremdungstheorie waren zum Teil Kurzschlüsse im Spiel (etwa bei Boltanski/Chiapello und Ehrenberg), zum Teil Reduktionen auf die Lage Bessersituierter (etwa bei Illouz, vgl. Jaeggi 2005, 153). Was sind also die Gründe dafür, die ältere Debatte aufzugeben?

»›Entfremdung‹ [ist] heute nicht nur aus der philosophischen Literatur nahezu verschwunden.[121] Auch als zeitdiagnostische Vokabel spielt ›Entfremdung‹ kaum noch eine Rolle. Zu inflationär war der Gebrauch des Entfremdungsbegriffs in den Zeiten seiner Hochkultur geworden, zu überkommen scheinen seine philosophischen Grundlagen im Zeitalter der ›Postmoderne‹, zu fragwürdig seine politischen Konsequenzen in dem des ›politischen Liberalismus‹ – und vielleicht auch zu aussichtslos das Anliegen.« (Jaeggi 2005, 11)

Ein Schelm, wer dabei denkt, allein der Fakt, dass andere nicht mehr darüber sprechen, wäre ein Grund, dies selbst auch nicht mehr zu tun. Das würde dem Konformismus ähneln, den Rousseau (1755, 123) als Entfremdung kritisiert hatte: wenn man sich nicht mehr an der Sache orientiert, sondern an der Meinung der relevanten anderen (der akademischen *peers*, die sich heute nicht mehr »anschließen« möchten, 46). Jaeggi deutet die wahrgenommene Unpopularität nicht wirklich in diese Richtung. Allerdings lassen spätere Ausführungen eine solche Lesart durchaus zu – etwa wenn sie das Rousseau'sche Bild von innen und außen, das diesem Vorwurf zugrunde liegt, klar abweist (etwa 65, 184, 191 f.) und von »dem« Subjekt verlangt, es solle gerade *in* dem Außen authentisch sein (191, 256). Das Äußerliche – und dazu gehört die Meinung der anderen – bekommt in diesem Buch durchaus eine vergleichsweise hohe Wertigkeit.

Folgte man diesem Einziehen der Differenz von innen und außen, wäre ein Äußerlichbleiben nur schwer zu kritisieren. Kritisieren könnte man lediglich noch den falschen *Umgang* der Subjekte mit Äußerlichkeit (und auf solche »Vollzüge« kommt es Jaeggi an, 51, 246). Wird auf diese Weise nicht Gesellschaftskritik »transformiert« (13) in Zumutungen an Subjekte, ähnlich wie es Boltanski und Chiapello für die Transformation der Entfremdungskritik in der Managementliteratur festgestellt hatten? Schauen wir uns die intra-subjektiven Fallstricke daraufhin genauer an: »Das Subjekt« kann nach Jaeggi an Aufmerksamkeitsdefiziten scheitern (77, ähnlich Honneth 2005, 60 ff.), es soll also aufmerksamer für Handlungsspielräume sein und mehr Eigenverantwortung übernehmen. Wie wir sahen, soll es aber noch mehr: Es soll sich in seinen Rollen »angemessen« und »authentisch« artikulieren (91, 105, 190) und sich mit diesen identifizieren (119), es soll ein »prägnantes Selbst« ausbilden (122) und lernen, »mit sich selbst umgehen zu können« (160). Und es soll »zu sich« kommen, indem es sich auf Welt bezieht (175), dabei aber zugleich wissen, »dass man der Welt Bedeutung selbst geben muss« (182). Folgen wir Ehrenberg (2015), können gerade solch subjektivierte Imperative zur »Erschöpfung« führen – zumal wenn sie zu hochgeschraubt und untereinander nicht spannungsfrei sind. Im Resultat wäre eine Entfremdung von sich selbst denkbar, wenn man sich damit überfordert, oder von einer Gesellschaft, die solche Forderungen als Normalität verkauft.

Die »normative« Botschaft des Buches ist also überraschenderweise gar nicht so fern von der Forderung, stets man selbst sein zu sollen, die von Ehrenberg und anderen als *Ursache* der anwachsenden Burnouts ausgemacht wird. Die Diagnose, dass man nicht entfremdet sein *muss*, sondern selbst gegensteuern kann (bei Strafe des Vorwurfs einer »Funktionsuntüchtigkeit«, 185), ist daher als subjektivierte Rückkehr zu Hegel zu deuten (von dem auch die Grundidee einer »Formalisierung« stammt, 19). Es geht um das richtige Denken, nicht länger um Kritik an Gesellschaft, wie es einst das Kerngeschäft der Entfremdungstheorie war.

Damit stehen wir erneut vor der Frage: Was ist eigentlich der Beweggrund dafür, dass ältere Theorien fallen gelassen werden – da es ja schlecht der Umstand sein kann, dass die relevanten anderen das ebenfalls tun? Jaeggis Kritik unterstellt, die ältere Entfremdungstheorie sei essentialistisch, objektivistisch, geschichtsphilosophisch und paternalistisch gewesen (45 ff., 193). Sie beziehe sich auf das »objektiv Gute«, und das werde paternalistisch, da man sich ein Wissen anmaße, das die Akteure selbst gar nicht hätten (47).[122] Die verschiedenen Vorwürfe bündeln sich in der zentralen These, die ältere Theorie habe die Überwindung von Entfremdung lediglich als *Rückkehr* gedacht (»Rückzug in ein nichtentfremdetes ›inneres Selbst‹«, 184; vgl. Berlin 1958). Der Grundfehler sei »der Umstand, dass Aneignung diesem Verständnis zufolge immer nur als *Wieder*aneignung von etwas schon Bestehendem gedacht werden kann« (34, ähnlich 43, 46, 184). Das positive Ideal einer Aufhebung der Entfremdung sei daher »illusionär« (45). Dieses Argument vom Fehlen des Ursprungs ist alt – es ist schon bei Plessner begegnet. Jaeggi zitiert dafür Foucaults Misstrauen gegenüber der Vorstellung, »dass es ein Wesen oder eine Natur des Menschen gebe, die von einer bestimmten Anzahl geschichtlicher, ökonomischer und gesellschaftlicher Prozesse in und durch Repressionsmechnismen verschleiert, entfremdet oder gefangen wäre« (49, nach Foucault 1993, 10).

Doch wie wir sahen, wollten weder Rousseau noch Schiller, weder Marx noch Marcuse in einen unproblematischen Urzustand oder ein »außer der Welt hockendes Wesen« zurück (MEW 1, 378). Sie unterstellten keineswegs, dass früher alles besser war. Für die Diagnose von Ungleichheit, Unglück, Fremdbestimmung und emotionalem Ungleichgewicht ist keine Annahme einer »vorgängig« heilen Welt nötig. Es genügt der Verweis auf tatsächliches Leiden, das benennbare Ursachen in einer Form der Vergesellschaftung hat; verbunden mit dem sozialtheoretischen

Nachweis, dass es auch anders möglich wäre. Die Diagnose einer Entfremdung setzt lediglich eine Aufmerksamkeit für das Leid anderer und ein sozialtheoretisches Kontingenzbewusstsein voraus.

Ist aber das Gegenteil der Annahme einer vorgängig heilen Welt *gar* keine Welt? Stellenweise argumentiert Jaeggi radikal konstruktivistisch: »Das Angeeignete gibt es nicht ohne den Aneignungsvorgang.« (184) Wenn »das Selbst« allerdings wirklich »erst *in* diesem Aneignungsprozess« entstünde (184), dann wäre Entfremdung nicht mehr denkbar – ein Selbst *wäre* dann jeweils das, als was es sich in einem Moment angeeignet hätte (und unklar bliebe, was dieses »es« sein kann). Woher sollten hier noch Spannungen kommen – zu was? Wären wir nicht mit jeder neuen Aneignung ein *neues* Selbst, so dass Identität über die Zeit undenkbar erschiene?[123] Auf ein solch radikales Modell mag sich Jaeggi am Ende nicht verlassen. Wenn sie dann einen Mittelweg geht (»natürlich gibt es immer schon etwas, das aneignet«, 225), ist damit auch die klassische Entfremdungstheorie wieder denkbar, denn mehr als handlungsfähige Personen, die sich in die Welt hinein entwerfen, musste auch diese nicht voraussetzen.

Die Differenz zu älteren Theorien liegt damit weniger in deren unterstelltem Essentialismus als vielmehr in der seit Rousseau mitgeführten Ebene der Gesellschaftstheorie, die bei Jaeggi seltsam abhanden gekommen ist.[124] Von Rousseau bis Ehrenberg beanspruchte diese Gesellschaftstheorie zu erklären, *warum* die Individuen in eine »Beziehung der Beziehungslosigkeit« (19) einzutreten gezwungen sind – die Möglichkeit eines solchen »Zwangs« streift Jaeggi nur noch im Nachgang (245). Diese Rekonstruktion unternimmt damit eher eine Verschiebung der Thematik hin zu Techniken der Selbstfindung in der akademischen Welt. Eine grundstürzende Kritik an älteren Entfremdungsdiagnosen wird damit nicht formuliert, eher werden sie durch diese Beobachtungen ergänzt. Der Anspruch, damit werde die ältere und umfassendere Kritik abgelöst, wird nicht eingeholt.

10. Zwischen Nostalgie und Freiheit: Zur Zukunft der Entfremdungskritik

Was ist aus diesem langen Weg von Rousseau bis heute zu lernen? Zunächst haben wir gesehen, dass es nicht nur einen Entfremdungsbegriff gibt, sondern unterschiedliche. Allerdings ließ sich von Rousseau und Schiller über Hess und Marx bis zu Marcuse und Hochschild eine Hauptlinie ausmachen, in der bis heute empirisch geforscht wird. Entfremdung wird hier als unfreiwilliges Verbleiben in der Äußerlichkeit gefasst, als gestörte Aneignung einer ursprünglich unproblematischen Objektivierung. Diese Linie liegt in der Mitte zwischen zwei Extremen, die das Argument ad absurdum führen: Auf der einen Seite haben wir eine *epistemische Verkürzung* des Argumentes kennengelernt, die sich von Humboldt und Hegel bis zu Jaeggi verfolgen ließ. Hier wird die Ursache für das Fremdwerden des Vertrauten primär im Subjekt verortet. Das Problem ist daher durch ein richtiges Denken oder eine bessere Erziehung relativ unkompliziert zu lösen. Auf der anderen Seite konnten wir bei Georg Simmel und der philosophischen Anthropologie eine *anthropologische Vernotwendigung* des Arguments beobachten. Ursachen für Entfremdung sind nicht mehr historisch kontingent, sondern werden in den Bauplan »des« Menschen verlegt, so dass es vergeblich wäre, Entfremdung überwinden zu wollen. Das Erste mündet in Überforderung, das Zweite in Resignation.

Die Hauptlinie liegt in der Mitte. Da Entfremdung nicht stets im gleichen Ausmaß und in derselben Form erfahren wird, sind in den meisten Fällen nicht-entfremdete Erfahrungen denkbar, die als Kontrastfolie für eine Gesellschaftskritik in Anschlag gebracht werden können. Es gibt Rückwege aus der Entfremdung. Allerdings sind die Gründe für eine Entfremdung nicht nur individuell. Es handelt sich um strukturelle Zwänge, die sich von den Subjekten selbst nur im beschränkten Umfang aufheben lassen. Entfremdungskritik wird so weder als Anthropologie noch als Individualpsychologie konzipiert, sondern als kritische Theorie der Gesellschaft, die jedoch zu beiden Dimensionen hin offen ist.

Das Verhältnis dieser drei Varianten lässt sich mit Rae (2010, 27) auch in anthropologischer Sprache fassen. Ihm zufolge muss eine Rede von Entfremdung angeben können, was als ihr Gegenteil gefasst wird, wie das »authentische« Sein eines Subjektes jenseits von Entfremdung zu verstehen wäre. Er sieht drei Möglichkeiten: Entweder man unterstellt eine festgelegte Wesensnatur des Menschen (»fixed ontological essence«), die sich nur treffen oder verfehlen lässt. Diese Konzeption ist tendenziell rückwärtsgewandt (da eine ursprüngliche Einheit unterstellt werden kann) und anfällig für paternalistische Muster, da sich ein Wissen darüber, was dieses fixe Muster sei, monopolisieren und zu Herrschaftszwecken nutzen lässt.

Eine Ablehnung dieses Musters (wie bei Plessner und Jaeggi) kann reflexartig dazu führen, eine völlige Unbestimmtheit anzunehmen, der zufolge Menschen jederzeit das aus sich machen können, was sie möchten (»a constant becoming«, Rae 2010, 27). Der Nachteil dieses konstruktivistischen Gegenmodells ist allerdings, dass es Entfremdung verharmlost und historische Erfahrungen geringschätzt. Denn einerlei, wie es um eine Person zum Zeitpunkt x gerade bestellt ist, aus dieser Sicht könnte sie durch »richtiges« Denken jederzeit eine Einheit mit sich erzielen. Geht es primär um subjekt-immanente Stimmigkeit, bedarf es keiner gesellschaftstheoretischen Dimension mehr. Dieses subjektfixierte Gegenmodell ist allerdings ebenfalls anfällig für ideologische Vereinnahmungen, die hier sogar mit einer »Freiheit« argumentieren können. So ging die neoliberale Umstellung von Ausbeutung auf Selbstausbeutung gerade im Namen einer (freilich reduzierten) »Selbstverwirklichung« vor sich (dazu Kap. 9).

In der dritten, der Hauptlinie der Entfremdungskritik hat Gesellschaftstheorie hingegen eine zentrale Stellung inne. Ihr zufolge können und sollen sich Menschen zwar frei entwickeln, aber dies wird beschrieben unter Voraussetzung eines mitgegebenen Möglichkeitsraums (»ontological potential«, Rae 2010, 27). Dieser ist auf vielfältige Weise zu entwickeln, so dass das Beengende des ersten Modells vermieden wird, aber er lässt sich auch verfehlen (indem Möglichkeiten ungenutzt bleiben) oder ruinieren (indem die anthropologische Grundlage durch »Bioderegulierung« untergraben wird, Brennan 2003, siehe Kap. 1). Im Unterschied zur zweiten, konstruktivistisch-subjektivistischen Variante kann man so auf einer mehr als individuellen Ebene sagen, was sinnvolle Ziele für ein gutes Leben wären (etwa die Balance zwischen innen und außen bei Rousseau, Schiller und streckenweise bei Simmel oder die freie Entwicklung eines jeden durch selbstbestimmte Tätigkeit bei Marx und Marcuse) und was mögliche gesellschaftliche *Ursachen* für die verbreiteten Erfahrungen von Leid und Entfremdung sind. Es waren in der Hauptlinie von Rousseau bis Marcuse vor allem die soziale Ungleichheit sowie der gesellschaftlich wie seelisch destabilisierende Effekt einer dynamisierten kapitalistischen Arbeitsteilung.

Verdeutlichen wir die drei Wege der Entfremdungstheorie noch auf eine dritte Weise, nämlich hinsichtlich des unterstellten Verständnisses des Guten: Welches sind die angestrebten Ziele, welches die unterstellten normativen Folien der Entfremdungskritik? Die gängige Literatur sieht nur zwei Ideale. Großheim etwa (2002, 61) unterscheidet die Kontrastideale »verloren gegangene Lebensbedeutsamkeit« und »mangelnde Kontrolle« (61, auf dieser Grundlage unterscheidet er mit Schmitz »rezessive« und »transportative« Entfremdung). Normativ leitend sind demzufolge, in den Worten von Jaeggi (2005, 41), eine »nostalgische Sehnsucht nach vormodernen nichtentfremdeten Zuständen« hier, die »Gestaltungsmacht handelnder Individuen« dort (man solle »Herr seiner eigenen Handlungen« sein«); das konservative Ziel des Aufgehens in einer »gegebenen sinnhaften Ordnung« hier (mit Adorno, GS 3, 97: »Heimweh und alle Sehnsucht nach dem verlorenen Urzustand«, vgl. GS 6, 274), das ›emanzipatorische‹ Ziel einer Ausweitung individueller Verfügung dort. Es steht also Rückkehr gegen Autonomie.[125] Allerdings bringen beide Positionen Nachteile mit sich. Daher ist es wichtig, die dritte Position der ›Hauptlinie‹ auch normativ von diesem verkürzten Dualismus abzugrenzen. Folgende Grafik möge diese Dreiheit kurz verdeutlichen.

Primärursache	*Anthropologie*	*Ziel*	*Gefahr*
Natur des Menschen	fixes Wesen	Rückkehr	Paternalismus
Individuum/ Wissen	völlig unbestimmt	Autonomie	Integrations-ideologie
Gesellschaft	Anlagen	gute Entwicklung	(Entfremdung)

Matrix der drei Linien der Entfremdungstheorie

Beginnen wir mit dem Schwierigeren, der Kritik der Autonomie. Hartmut Rosa hat jüngst argumentiert, dass mehr Autonomie nicht die Antwort auf alle Entfremdungsphänomene sein kann, ja dass sie möglicherweise sogar zu den Ursachen zu rechnen ist.[126] Wenn nämlich im Namen der Ausweitung einer individuellen Verfügungsmacht alles machbar und berechenbar wird (siehe Adorno zur Naturbeherrschung, Kap. 8), besteht nicht nur die Gefahr einer Erschöpfung der Kapazitäten der Individuen sowie der äußeren Natur im Sinne von Ehrenberg und Brennan; es kann auch zu einem Resonanzverlust kommen. Das will sagen, dass eine Welt, die durch die permanente Nutzbarmachung im Interesse der Nutzenmaximierung zurechtgestellt wird (im Sinne des »Gestells« beim späteren Heidegger), uns nicht mehr mit eigener Stimme antwortet. Solche Resonanzerfahrungen, wie sie ein ungeplanter Waldspaziergang, eine spontane Interaktion mit Unbekannten oder ein ungetrübter Kunstgenuss (anstelle eines Konsums von Fertigprodukten) noch ermöglicht hatten, werden sehr viel schwieriger. Für Rosa (2013, 141 f.) ist eine solch stumme Welt eine Entfremdungserfahrung (ob es die soziale, die natürliche oder die Objekt-Welt ist). Mehr Autonomie ist hier kein wirksames Gegenmittel mehr, denn Resonanz lässt sich nicht erzwingen. Ein bleibender Fokus auf individueller Autonomie könnte vielmehr dazu führen, dass sich Individuen dieses Stummwerden selbst zuschreiben, dass sie in der Folge *noch mehr* Anstrengungen unternehmen (härter arbeiten, mehr in sich und ihr Erscheinungsbild ›investieren‹, noch weiter weg in den Urlaub fliegen usw.) und damit das Problem verschärfen, indem sie sich selbst und die anderen überstrapazieren.

Die Linie der Vertrautheit, die von Ruskin über Rathenau und Rifkin bis Rosa läuft,[127] macht daher den Sinnverlust durch die moderne Arbeitsteilung und die Dynamik der Maschinen für die Entfremdung verantwortlich: Weil im Rahmen der Industrialisierung eine komplexe, sich laufend ändernde Arbeitsteilung eingeführt wird, verfügen Individuen immer weniger über »ihre« Werke und Arbeitskontexte. So haben sie es mangels Übersicht und Eingewöhnungszeit immer schwerer, sich in der Arbeit, in Technologien des Konsums und schließlich auch in der Familie zuhause zu fühlen und sich die erforderlichen Tätigkeiten sinnhaft anzueignen. Dieser Kritikschiene unterliegt das Ideal einer *Eingewöhnung*, einer Heidegger'schen Behaustheit in Traditionen (Hegel spricht vom »einhausen«, Werke 4, 318). Sie fragt nach mehr Zeit und nach Sinn. Auch hier gibt es allerdings Fallstricke: Eine Verlangsamung kann zwar,[128] muss aber keine Bereicherung in Sachen Freiheit sein. Sie kann auch umwillen einer Einpassung geschehen. Langsame Lebensformen können herrschaftlich-autoritär verfasst sein. In einer ständisch oder kastenartig geordneten Wirtschaft etwa hat man Zeit, sich in seine Rolle zu finden, aber kaum die Freiheit, seine Rolle eigenständig zu interpretieren oder gar zu *verändern*. Es ist zweifelhaft, ob eine solche Resonanz in Unfreiheit noch erstrebenswert wäre.

Diese Diagnose läuft also Gefahr, in eine konservative Nostalgie umzuschlagen. Man muss ihr Ziel zwar nicht wie Jaeggi als ein »vormodernes« verstehen (als ursprüngliche Einheit, Heimat des Menschen oder Aufhebung der Arbeitsteilung), sondern kann als Gegenteil des Entfremdeten schlicht das »Vertraute« nehmen. Was ich gewohnt bin, kann Gefühle wachrufen, die als Resonanz gedeutet werden – und die man vermisst, wenn sich etwas ändert. Gewöhnen kann man sich allerdings auch an Zwangsverhältnisse (das Problem der »adapted preferences«). Vertrautheit bildete dann nur die »imaginären Blumen an der Kette« (Marx, MEW 1, 379). Solange das Ideal die Vertrautheit ist, lässt sich eine Entfremdung vom Gewohnten durch Maßnahmen einer »Corporate Identity«, durch Betriebsfeiern oder Ästhetisierungen ansatzweise überwinden. Die Betriebswirtschaftslehre (insbesondere das Personalwesen) diskutiert die Entfremdungstheorie genau in dieser sozialtechnologischen Hinsicht, sogar unter Rückgriff auf Marx und Blauner (Jerich 2008, Shantz u.a. 2012). Skepsis ist hier angebracht.

Nun muss nicht jedes Gefühl einer Unbehaustheit Ausdruck eines *Leidens* sein, sondern es kann auch, gerade in den ersten Lebensjahrzehnten, der ›normale‹ Ausdruck einer Entwicklung sein, auf die wieder eine neue Selbstidentifikation und gelingende Beziehungen folgen. Wenn meine Wünsche und Identifikationsmuster nicht mehr in die Welt passen und mir das alte Selbst fremd wird, könnte ich mich dann nicht auf die neuen Umstände einstellen? Ein temporäres Sich-selbst-fremd-Werden (dem ein Fremd-Werden der anderen und ein Den-anderen-fremd-Werden korrespondiert) ist unter Umständen, wie das *Robocop*-Beispiel gezeigt hat,[129] einfacher zu beheben. Dafür ist Selbstbestimmung allerdings vorausgesetzt: Es braucht den Freiraum des Experimentierens mit den eigenen Handlungen und in der Wahl der Sozialpartner sowie eine stabile Basis sozialer Kontakte. Die andere Linie setzt daher normativ eher auf Selbstbestimmung: Das Gegenteil des Fremden wäre dann weniger das Vertraute als das Eigene; etwas, das ich selbst mit entscheiden und gestalten kann. Man kann sich darin selbst dann wiedererkennen, wenn es etwas Neues ist. Mehr Freiheit erhöht also die Wahrscheinlichkeit einer aneignenden Sinngebung, während Sinngebung als solche nicht in Freiheit erfolgen muss.

Allerdings heißt das noch nicht, dass Autonomie allein die Antwort ist, denn wie wir sahen, kann man sich auch durch ein Zuviel davon der Welt entfremden. Es kommt darauf an, Freiheit und Sinn zusammenzudenken. Unsere Hauptlinie von Rousseau bis Marcuse tat dies, indem sie als Ziel weder die Unterordnung unter fremdgegebenen Sinn noch die grenzenlose Selbstbehauptung um ihrer selbst willen formulierte, sondern eine selbstbestimmte Entwicklung der eigenen Potenziale (»die freie Entwicklung eines jeden«, Marx/Engels, MEW 4, 482). Das anthropologische Ausdrucksmodell, von dem diese Linie ausgeht, ist ohne Materialität nicht zu denken – sowohl was materiale Möglichkeiten der Individuen als auch was ihre Setzungen angeht (seien es Artefakte, Selbstbilder oder Institutionen). Damit bleibt eine Entfremdungstheorie stets auf Empirie angewiesen und ist vom Lehnstuhl aus schwer fassbar. Von hier aus lassen sich allerdings beide »Extreme«, sowohl das ziellose Driften durch Reduktion auf »das« Subjekt wie dessen Unterlaufen durch erzwungene Sinngebung von außen, als theoretische Vereinseitigungen kritisieren und einholen.

In dieser Idee einer freien Selbst- und Weltaneignung sind zwei Dinge vorausgesetzt, die die gängige Deutung gern überspringt: Es muss ein »etwas« geben, dass es anzueignen gilt und mit dem man in Übereinstimmung leben kann (etwa eine Anlage der jeweiligen Person oder Sinngehalte in der Welt), und es muss ein Wissen über sinnvolle Ziele einer solchen Aneignung geben (Theorien des Guten, die die Erfüllungsgestalten gelingenden Lebens oder gelingende Formen von Gemeinschaft angeben). Das Immer-mehr-haben-Wollen ist *kein* solches Ziel, sondern es maximiert Mittel, die irgendwann das Ziel untergraben können (so die Konsumkritik bei Fromm und Marcuse, Kap. 8). Autonomie ist ebenfalls nur ein Mittel, wenn auch ein unverzichtbares. Sie gibt selbst noch nicht an, zu welchem Zweck sie genutzt werden soll. Es ist denkbar, dass die Ausweitung individueller Verfügungsmacht um jeden Preis ebenfalls Entfremdungserfahrungen im Sinne der Sinnlosigkeit hervorruft. Resonanzverlust kann daher als *Anzeige* für eine Entfremdung gelten.

Damit erhält die Resonanztheorie einen anderen Status: Sie ersetzt nicht die Autonomieethik, sondern ist als Ethik der Wohlberatenheit zu verstehen, die uns sagen kann, in welche Richtung sich die eigene Freiheit sinnvollerweise nutzen ließe. Freiheit setzt sie immer schon voraus. Da sie ihr aber Ziele steckt, kann sie sie gegebenenfalls auch eingrenzen (wie bei der Bindung an eine Person, eine Religion, ein Amt etc.), wenn sie die Ziele zu erodieren beginnt. Daher konnte es sich Teresa Brennan erlauben, gegenüber einem enthemmten Marktliberalismus auf Allianzen mit den Konservativen zu drängen (2003, 168). Damit heißt sie keine einengende Politik der Rückkehr zu vormodernen Lebensformen gut (denn »nostalgia is not at issue here«, 2003, 157). Doch kann eine Reaktion auf den beschleunigten Raubbau an der inneren und äußeren Natur beim zeitgleichen Abbau nichtkommerzieller Rückzugszonen durchaus in einer wohlüberlegten *Umkehr* in Sachen Wirtschaft und Politik bestehen.

Lassen wir es bei dieser normativen Konturierung der verschiedenen Entfremdungstheorien und halten Ausschau danach, auf welche Weise ihre Hauptlinie heute noch relevant ist. Gegen die Entfremdungstheorie, insbesondere die Marx'sche, wird ja eingewandt, dass sie durch ihren Produktivismus andere Erfahrungen als die »der« Arbeiter (etwa die von Frauen oder solche in anderen Kulturen) systematisch ausgrenze. Allerdings stammen die interessantesten Neuanwendungen der Entfremdungskritik gerade aus feministischer und postkolonialistischer Feder. Donna Dickenson etwa argumentiert, dass die kapitalistische Ausbeutung der Reproduktionsarbeit von Frauen, die im Haushalt lange Zeit gratis verrichtet wurde, inzwischen biomedizinisch verlängert werde. Die Stammzellforschung etwa basiere auf einer unentgeltlichen Aneignung weiblicher Körpermaterialien (eine Landnahme, 2007, 171 f.). Doch da diese sowohl auf produktive wie auf reproduktive Arbeit von Frauen zurückgingen, sei es an der Zeit, dafür die entsprechenden Rechte einzuklagen – nicht auf grenzenlose Vermarktung, sondern auf Mitbestimmung etwa bei der Frage, wie diese Materialien genutzt werden.[130] Solange diese Körpermaterialien von Konzernen wie »herrenloses« Naturkapital behandelt würden, handele es sich um eine Entfremdung der Frauen im Sinne von Marx: von ihrer Arbeitstätigkeit, ihren Produkten und ihrer Leiblichkeit.[131]

Auch im postkolonialen Feld wird der Entfremdungsbegriff heute offen benutzt. Das möge ein abschließender Blick auf Literatur aus dem indischen Subkontinent verdeutlichen. Entfremdungsphänomene werden dort in verschiedenen sozialen Sphären beschrieben. Es gibt zum einen die Erfahrung indischstämmiger Eliten, welche in westlichen Branchen oder selbst im Westen tätig sind und auf diese Weise zwischen den Welten schweben. Sie haben sich von ihrer Herkunftskultur ein Stück losgelöst, fühlen sich aber in ihrer Wahlheimat nicht zuhause oder nicht gleichwertig behandelt und schweben so in einem Zustand der Heimatlosigkeit (*lost in translation*), der in der Literaturwissenschaft zuweilen auf den Begriff der Entfremdung gebracht wird.[132] Das wäre noch der weniger desaströse und potenziell konservierende Entfremdungsbegriff der fehlenden Eingewöhnung oder Anerkennung.

Über Entfremdungsphänomene bei der ›formell‹ arbeitenden Mittelschicht (der Großteil der Tätigkeiten in Indien ist informell) gibt es ebenfalls einige Literatur. Ein aufschlussreiches Beispiel sind Beschreibungen des Arbeitsalltags von Arbeiterinnen in indischen Call-Centern, die für lokale Verhältnisse relativ gut dotiert sind: Die Arbeiterinnen sollen nicht nur stets freundlich und unternehmerisch gestimmt sein, sondern auch so tun, als seien sie Amerikanerinnen (etwa mit einem falschen Namen). Zudem müssen sie nachts arbeiten, da sie sich nach der Zeitzone der Kunden in den USA richten müssen (Patel 2010, Raghuram 2013, als Roman Hasan 2009). Zusammen mit dem Wissen darüber, dass ihre ›Kolleginnen‹ im Westen für dieselbe Arbeit – nur ohne Nachtschicht und Verstellung – erheblich mehr Geld bekommen, fügt dies der technisch wie emotional ohnehin aufreibenden Tätigkeit (W. Weber 2006; Yuill 2011, 113) noch einiges Entfremdungspotenzial hinzu.[133] Zwar ist die Hintergrundkultur der Arbeiterinnen eine andere als die von männlichen Industriearbeitern in den

USA der 1950er Jahre, doch behält der Entfremdungsbegriff seine diagnostische Kraft, was die Rückwirkungen der Tätigkeiten und Organisationsstrukturen auf die Arbeitenden angeht. Zwar lauert hier der Simmel'sche Einwand, dass solche Tätigkeiten helfen können, sich von möglicherweise problematischen sozialen Bindungen ein Stück weit zu distanzieren, was – je nach Ausgangslage – etwas Befreiendes haben mag. Wenn jedoch das Lösende selbst wieder befremdliche und beengende Momente hat, dann droht neben der Unfreiheit und Ungleichheit in der Arbeit eine ähnliche Heimatlosigkeit wie bei den zwischen den Welten schwebenden Schichten.

Schließlich findet sich der Entfremdungsbegriff – am wenigsten überraschend – auch bei weniger privilegierten Schichten, etwa in Schriften über oder von Dalits. Damit wird hier die starke Ausgrenzung aus der Gesellschaft benannt, die als Entfremdung erfahren oder beschrieben werden kann.[134] Um eine Ent-Fremdung handelt es sich, weil dasjenige, was diesen Menschen verwehrt wird, von ihnen in anderen Kontexten als eine ihnen offenstehende Möglichkeit erlebt wird (etwa die Fähigkeit, sich gleichberechtigt zu beteiligen, oder der Respekt der anderen). Dabei geht es keineswegs ›nur‹ um kulturelle Ausgrenzung, sondern damit verbunden ist eine radikale Ungleichheit in der Ausstattung mit Ressourcen und beim Zugang zu öffentlichen Gütern, ja selbst zur Arbeit. Ungleichheit wurde von Rousseau an als eine Hauptursache von Entfremdung gehandelt. Sie äußert sich hier so, dass es Menschen verwehrt wird, ihre Fähigkeiten frei zu entwickeln und öffentlich auszuüben und dafür auch respektiert zu werden. Wenn hier von Entfremdung die Rede ist, so geschieht dies im Sinne der dritten ›Hauptlinie‹.

Wenn ein Begriff in der Lage ist, das diffuse seelische Leiden an Phänomenen wie Eizellspenden, einer Kommerzialisierung von weiblicher Reproduktionsarbeit, von Fremd-Aneignungen von

Kreativität im Internetbereich,[135] Belastungen in Call-Centern und überkommenen sozialen Ausgrenzungen überall in der Welt inhaltlich näher aufzuschließen, dann gibt es wenig Anlass dafür, diesen Begriff in der Philosophie und Sozialtheorie noch länger zu verschmähen. Vielleicht kann dieses kleine Buch weitere Forschungen in diese Richtung anregen und so dazu beitragen, einen Kernaspekt kritischer Gesellschaftstheorie wieder zu beleben.

Nachwort zur zweiten Auflage: Weiterungen

Seit der ersten Auflage dieses Buches hat sich leider nicht vieles zum Guten verändert. Im Gegenteil, die ökologische Zerstörung, die politische Instabilität und der ökonomische Kahlfraß des Neoliberalismus haben sich weltweit noch verschärft. Auch hinsichtlich der philosophischen Daseinserhellung im emanzipatorischen Interesse ist trotz einiger Lichtblicke keine Trendwende zu erkennen. Daher konnte das Buch unverändert in eine zweite Auflage gehen. Doch nutze ich die Gelegenheit, in diesem Nachwort einige Hinweise zu geben, wie sich die hier markierten Linien weiterziehen lassen. Damit greife ich zugleich einige Kritiken auf.[136]

Besonders drei Themen sind es, in denen die Entfremdungsthematik heute fast noch drängender ist als vor fünf Jahren: die Entfremdung von der Natur (die in der Klimakrise gipfelt, wo sich aber keine Trendwende erkennen lässt), die Entfremdung von der Politik (die inzwischen zum weltweiten Aufschwung des Populismus geführt hat) und die Fixierung auf quantitative Kennziffern, die Bemühungen um qualitative Verbesserung in nur noch technisches Enhancement und Steigerungswahn verkehrt (man kann darin eine verhängnisvolle Entfremdung von traditionellen Vorstellungen von Bildung und gutem Leben sehen). Ich möchte diese drei Weiterungen aktualisierend in den Kontext dieses Buches stellen.

Entfremdung von der Politik

Norbert Wohlfahrt schlug in seiner Besprechung dieses Buches vor, das Entfremdungsthema stärker auf die Politik zu beziehen. Das hat eine historische und eine gegenwartsbezogene Dimension. Historisch betrachtet hat schon Marx die Thematik zunächst von der Religionskritik Feuerbachs auf die *Kritik der Politik* verschoben, bevor er sie in den *Pariser Manuskripten* (1844) und im *Kapital* (1867) zu einer Kritik der politischen Ökonomie ausbaute.[137] Beim frühen Marx meint Entfremdung von der Politik – durchaus im Sinne Kants – eine selbstverschuldete Unmündigkeit; das Versäumnis, Möglichkeiten einer kollektiven Selbstbestimmung zu nutzen und die sozialen Verhältnisse im eigenen Interesse gemeinsam umzugestalten. Bei dieser Diagnose politischer Entfremdung ist also die Möglichkeit eines Engagements vorausgesetzt (was nicht selbstverständlich ist, sondern günstige Umstände erfordert), es scheitert jedoch am Unwillen oder einer Unkenntnis dieser Möglichkeiten.

Das Interessante an der Konzeption von Marx ist, dass er diese kognitive wie volitive Entfremdung von der Politik mit Elementen aus der Kritik der politischen Ökonomie erläutern kann – also keine Zusatzannahmen aus der Individualpsychologie, keine Pathologisierung und keinen Kulturalismus benötigt. Das verleiht dieser Konzeption eine bestechende Systematik. Es sind Wahrnehmungs- und Deutungsmuster aus dem Bereich des Marktes, die irrig auf die Politik bezogen werden und die dort zu nutzenden Möglichkeiten verdecken. (Noch heute werden in dieser Hinsicht oft »Sachzwänge« vorgeschoben, und das Diktat der Märkte scheint allmächtig).[138] Statt von einer »Verdinglichung«, die zu langwierigen Debatten über die »Aktanz« von Dingen verleiten kann,[139] empfiehlt sich hier die Rede von einer »Kommodifizierung«, wie es im Englischen nicht zufällig heißt.

Zur Kritik der politischen Ökonomie gehört deshalb eine Kritik der Immunisierungen hinzu, durch welche kapitalistische Mechanismen sich gegenüber emanzipatorischem Veränderungswillen abschotten, indem sie solche Möglichkeiten invisibilisieren. Die ökonomistische Brille verkennt und verdeckt sie. (Und nicht nur sie, auch der Wert der Natur wird in der Ökonomik unsichtbar gemacht, s.u.). Die Marx'sche Entfremdungskritik hält für die Analyse solcher Mechanismen noch einige überraschende Ideen vor, die über die üblichen Ansätze der kritischen Theorie hinausgehen.[140]

Zudem gibt es Analysen der politischen Entfremdung, die historisch noch hinter die Marx'schen Thesen zurückfassen – für James C. Scott etwa haben schon die frühesten Staaten sich parasitär auf die frühen Stadtkulturen gesetzt, die jahrhundertelang ohne diesen Moloch auskamen. Auch Staaten werden damit als Ausbeutungsstrukturen begriffen, die die Menschen von ihren Lebenswelten entfremden, indem sie die gewohnten Abläufe überformen und für ihre Zwecke instrumentalisieren.[141] Noch Marx sah die Gefahr, dass ein Staat erneut zu einer »Maschine der Klassenherrschaft« werden könnte (Marx, MEW 17, 336). Wenn *checks and balances* der Gewaltenteilung versagen wie derzeit u.a. in den USA, fühlt man sich daran unangenehm erinnert.

Die Rede von einer Entfremdung von Politik lässt sich aber noch direkter zeitdiagnostisch verstehen. Die ältere These von der Politikverdrossenheit meinte, die Bürger in westlichen Demokratien hätten kein Interesse mehr an politischer Partizipation, die These der Postdemokratie von Colin Crouch und Jacques Rancière unterstellte, dass politische und ökonomische Eliten sich zunehmend technokratischer Gremien und »Experten« bedienten, um riskante parlamentarische Wege und gesellschaftliche Debatten zu umgehen. Erstaunlich parallel argumentierte wenig später der Populismus, das »Establishment« habe sich vom »Volk« und damit von der »wahren Demokratie« entfremdet. Dass der Populismus, wo er an Einfluss und Macht gewinnt, sich ungeachtet seiner Elitenschelte *selbst* über parlamentarische und rechtsstaatliche Mechanismen hinwegsetzt, kann man nicht nur in Südosteuropa, sondern auch auf den amerikanischen Kontinenten (oder direkt vor der Haustür) beobachten.

Dabei lässt sich der Populismus durchaus als Versuch der Repolitisierung, als Aufhebung von politischer Entfremdung verstehen – allerdings als ein verkürzter, da Politik so nicht gerettet, sondern an den Abgrund getrieben wird. Hätte der von Christ- und Sozialdemokratie eifrig mitbetriebene neoliberale Kahlschlag zuvor nicht so viel an öffentlichen Gütern, an Kultur- und Bildungsarbeit der Erosion des Marktes ausgesetzt und zugleich die Selbstverwaltung vor Ort den Diktaten des globalen Marktes geopfert, dann hätte der Rechtspopulismus vermutlich weit weniger Resonanzboden gehabt.[142] Wenn man Populismus als Versuch der »Repolitisierung« versteht, dann als einen solchen, der aus der Entfremdung nicht nur erwächst, sondern sie regelrecht *methodisiert* (»der« Fremde wird als solcher festgehalten und zum Abstoßungspunkt gemacht) und damit keinen gesteigerten Wert mehr auf Meinungsvielfalt, auf Pluralismus und eine respektvolle Auseinandersetzung mit anderen Positionen legt (was der »Bildung« im Sinne von Humboldt und Hegel nahekäme, siehe Kap. 3). Leider scheint einem Teil der politischen Philosophie das Ausmaß dieser (nicht nur) intellektuellen Verrohung, dieser Entfremdung nicht unbeträchtlicher Teile der Bevölkerung von den gewohnten demokratischen Usancen und Mechanismen noch nicht ganz klar geworden zu sein.[143]

Entfremdung von der Natur

Gibt es etwas Schlimmeres als den Rechtspopulismus? Ja, das gibt es: Die ökologische Krise hat weit bedrohlichere Ausmaße als die politische, denn in einer lebensfeindlich werdenden Welt könnte es bald keine Menschen mehr geben, die sich streiten. (Vielleicht ist dies ein Grund, warum Rechtspopulisten zu den Klimaleugnern gehören: Es soll nichts Provozierenderes neben uns geben ...) Die Drastik der Lage ist eigentlich bekannt: Die Wissenschaften sind sich einig wie sonst selten, soziale Bewegungen wie *Fridays for Future* oder *Extinction Rebellion* bringen die Botschaft medienwirksam unter das Volk, und auch die Medien sparen nicht mit Darstellungen und Appellen. Als Ausdruck der Entfremdung von Natur kann es gelesen werden, dass ungeachtet dieses Rummels sehr wenig passiert: Die Energiewende wird ausgebremst, der CO2-Ausstoß auf den Straßen steigt ständig, die Autos werden größer und schwerer und zahlreicher, Lastwagenverkehr und Flüge nehmen zu, schädliche Agro-Industrien werden gefördert und Subsistenzwirtschaften weltweit vernichtet. Politik und Wirtschaftswissenschaften begrüßen all dies als »Wachstum«, selbst wenn dabei Ungleichheit und Prekarität ebenfalls wachsen. Diese krasse Fehlentwicklung kann nicht am Unwissen liegen, denn die *Grenzen des Wachstums* sind seit bald einem halben Jahrhundert gut belegt und bekannt; die Jahrhunderthitze und das Schwinden von Bienen und Vögeln haben es auch den letzten Schlafmützen deutlich gemacht. Die Entfremdung von der Natur, die hier zum Ausdruck kommt und täglich gelebt wird, bringt also keine Unkenntnis, sondern einen *Unwillen* zum Ausdruck, sich für zuständig zu erkennen. Lässt sich das aggressive Aussehen eines SUV anders deuten denn als Kriegserklärung an die Mitmenschen und an die Natur in dem Glauben, das eigene Ego mit einer Eisenschale und etwas blinkender Technik puffern zu können?[144]

Diese Entfremdung von der Natur geht quer durch die politischen Lager. Nicht zufällig erklärte die AfD Ende 2019 die Klimaschutzpolitik zum neuen Feindbild (Stichwort »Dieselmord im Ökowahn«).[145] Aber selbst von linker Seite wird die Idee, auch Individuen könnten ihre Gewohnheiten umstellen, gern einmal als »neoliberal« hingestellt – der Gedanke, dass nicht nur »das System«, sondern auch Individuen eine Verantwortung für den Planeten tragen, wird aufgrund der Verwendung der scheinbar verdächtigen Worte »Individuum« und »Verantwortung« leichtfertig abgewiesen: das autonome Individuum sei doch eine eurozentrische Konstruktion, die Verantwortungssemantik nur liberale Regierungstechnologie. Lieber fliegt man noch schnell auf die Konferenz zur Nachhaltigkeit nach China oder Südamerika, um über die gute Sache zu reden und die richtigen Leute zu treffen. Auch hier scheint es keine Verbindung mehr zwischen dem eigenen Verhalten und der geteilten Welt zu geben. Die Komfortzone wird zur Echokammer.

Ursachen für diesen Verblendungszusammenhang gerade in Sachen Natur gibt es eine ganze Reihe, es gibt nicht nur *einen* schwarzen Peter. Ich halte es nach wie vor für falsch und fatalistisch, »den Menschen« schon anthropologisch in ein Ungleichgewicht mit der Natur zu setzen, wie dies die Philosophische Anthropologie bei Gehlen und Plessner tat (siehe Kap. 7). Es gibt innerhalb verschiedener Formen menschlichen Zusammenlebens mit sich sowie der Natur ganz unterschiedliche Grade der Naturzerstörung. Gerade darum ist eine genaue Lektüre Rousseaus so wichtig: Es handelt sich bei ihm, dem Klassiker der Entfremdungsdiagnose, um keinen Schwarz-Weiß-Maler – hier der gute Naturzustand, dort die verkommene Zivilisation. Wichtig war ihm vielmehr der Aufweis von sozialen, kulturellen und auch ökologischen Bedingungen des guten Lebens: Es geht darum, eine Balance zu finden zwischen subjektiver und objektiver Kultur, zwischen erster und zweiter Natur (siehe Kap. 2). Ein möglichst weitgehender Einklang mit der »äußeren« Natur gehört dazu, das hatte die literarische Rousseau-Rezeption zwischen Empfindsamkeit und Romantik, zwischen Friedrich Heinrich Jacobi und Henry David Thoreau keineswegs falsch verstanden. Der Hegelianismus hingegen will *bis heute* glauben machen, der »Geist« hätte Natur auf eine grundlegende Weise »transformiert«, so dass ihm allein die »Normativität« Heimat sein könne (zur Hegelkritik siehe Kap. 4). In dieser falschen Selbstsicherheit hat noch die kritische Theorie die Natur links liegen lassen – selbst Adorno, der neuerdings wieder für sein Naturdenken verehrt wird, offenbart doch meist eine seltsam mechanistisch verkürzte Auffassung der Natur: Natur müsse überwunden werden, doch bisher sei dies nur halb geschehen und so kehre sie als Bedrohung in Form einer allzu rationalistischen Kultur zurück.[146]

Es gibt weitere Ursachen für diese praktische wie theoretische Entfremdung von Natur. Theoretisch fatal waren nicht zuletzt die Jahrzehnte einer poststrukturalistischen Entpolitisierung, in der die Nabelschau der »Identität« an die Stelle einer gruppenübergreifenden Solidarität mit den Schwachen und Entrechteten getreten ist – die ja auf nüchterne und sachliche Analysen angewiesen ist. An die Stelle von Wahrheit und Wissenschaft, vom Kampf um autonome Freiräume für Subjekte und Gemeinschaften trat das freie Spiel der Signifikanten und der Netzwerke, das sich in einem anerkennungsseligen Überbietungsspiel letztlich *antikritisch* an emanzipatorischen Traditionen abarbeitete. Rousseau hätte vermutlich moniert, hier gehe es nicht mehr um die Sache, sondern um Ruhmsucht der Autoren: wer hat die steilste These? Wer wird am meisten beachtet? (siehe Kap. 2) Dieser kulturelle Substanzverlust ist anfangs vor allem von konservativer Seite kritisiert worden.[147] Dass das identitäre Denken und die konstruktivistische Wissenschaftskritik inzwischen von rechts besetzt werden konnten, ist kein Zufall, und gerade darin zeigt die konservative Kritik nachträglich ihr Gewicht.

Die antikritische Wende der 1980er und 1990er Jahre war insofern tragisch, als es in den 1970er Jahren bereits eine vergleichsweise entschiedene und reflektierte Literatur auch zu ökologischen Fragen gegeben hatte.[148] Es gehört heute in der akademischen Welt zum guten Ton, sich über diese Schriften lustig zu machen – sie hätten noch allzu naiv eine für sich seiende »Natur« vorausgesetzt und idealisiert, die es zu schützen gelte, während wir heute doch wüssten, dass solche Vorstellungen sozial konstruiert seien, dass es hierbei nicht zuletzt um soziale Differenzierung und Regierungsdispositive gehe und wir ohnehin nur noch von Hybriden umgeben seien. Gerade diese adoleszente Abstoßungsreaktion möchte ich als Entfremdung sowohl von tradierten kulturellen Standards wie auch von dem Gegenstandsgebiet der Natur deuten; von tradierten kulturellen Standards, weil intellektuelle Aufrichtigkeit erfordern würde, sich ernsthaft mit den kritisierten Positionen auseinanderzusetzen. Von Eskapismus und romantischer Verklärung einer »unberührten« Natur sind die ökologischen Schriften der 1970er Jahre ebenso weit entfernt wie von ontologischer Naivität. Die leitmotivische Unterstellung Bruno Latours, »die« Modernen hätten Natur und Kultur stets getrennt und dualistisch gedacht, geht an den philosophiehistorisch interessantesten Positionen, an die die Versuche eines Umdenkens von Spinoza über Schelling und Humboldt bis zu Dewey anknüpften, in atemberaubender Nonchalance vorbei.

Zudem ist der Abschied von der Natur voreilig und kaum durchdacht. Es wirkt wie eine Selbstüberredung zu behaupten, gerade angesichts der ökologischen Krise erübrige sich die Rede von »Natur«, da diese ja immer schon technisch überformt sei; wir lebten also bereits nach ihrem Ende.[149] (Daher die Rede vom Ende der Natur im Anthropozän und von Techno- statt Biosphäre.) Aber erübrigt sich die Rede von Getreide, weil es Brot gibt? Die von Bäumen, weil es Holztische, die von Instrumenten, weil es Orchester gibt? Diese trendige konzeptuelle Verabschiedung des Problems passt zu gut zur allgegenwärtigen *praktischen* Missachtung von Natur, als dass sie theoretisch überzeugen könnte; sie wirkt wie die hochgestochene akademische Begleitmusik zur zeittypischen praktischen Entfremdung von Natur, die diese normalisiert und enttabuisiert – und sich darum des Beifalls sicher sein kann. Kritisiert wird nicht mehr die Zerstörung, sondern die Theorie, die sich dagegen noch aufgelehnt hatte.[150]

Die Frage ist also: Woher stammt die ungeheure Wucht der *Praxis* der Naturzerstörung, die selbst noch die avanciert sein wollenden Theoretiker mitreißt? Auch an dieser Stelle verbieten sich geschichtsphilosophische Konstruktionen oder anthropologische Verallgemeinerungen. Wie Menschen schon in frühester Zeit ihre Umwelten zerstört haben, indem sie überfischten, überjagten, überrodeten, so gibt es immer wieder auch Beispiele für langfristig angelegte Kulturen, die sogar Ideen der »Nachhaltigkeit« reflektiert haben (Améry 1976, Grober 2013). Sicher scheint jedoch, dass der Kapitalismus keine solche Kultur ist. Er hebt an mit einer gewaltsamen Kapitalisierung der Landwirtschaft und bringt mit der Industrialisierung ökologische Verwüstungen bislang ungekannten Ausmaßes mit sich, die zudem ohne Rücksicht auf Verluste global ausgeweitet werden. Eine Reflexion auf diese Zusammenhänge in der Begleitwissenschaft der Ökonomie findet sich nur selten (Immler 1985). Umso erstaunlicher sind die Befunde der neueren Marxforschung, die bei Marx – dem wichtigsten Kritiker des ökonomischen (Nicht-)Denkens – eine ungekannte grüne Seite freigelegt haben. Marx befasste sich mit der Erosion des Bodens durch moderne Kunstdünger sowie der Entfremdung von der Natur, die es bereits im Rahmen der Landnahmen seit dem 16. Jahrhundert gab.[151] Der Entfremdung und Ausbeutung der Arbeitenden ist daher eine solche der Natur an die Seite zu stellen, wobei die eine sich ohne die andere vielleicht verringern, aber nur schwer aufheben lassen wird. Es bleibt zu hoffen, dass die schrecklichen Lücken, die die gewaltige Pandemie des Jahres 2020 reißt, in dieser Frage vielleicht auch Chancen für einen Neuanfang bietet.

Arbeit an der Gegenentfremdung: Kunst und Bildung

Ein dritter Anknüpfungspunkt ist die Frage, was eigentlich in der heutigen Zeit aussichtsreiche Versuche sind, Entfremdung zu verwinden. Das vorliegende Buch hat sich kritisch distanziert sowohl von allzu individualistischer *Autonomie*-Programmatik, sofern sie zu Atomisierung und Kontrolldenken und damit gerade zur Ausweitung von Entfremdung führen kann (das Auto-Mobil als metallene Kristallisation individueller Selbstbestimmung ist dafür ein Sinnbild), als auch von *Nostalgie*-Mustern, die in eine vermeintlich bessere Zeit zurückspringen möchten, die es in dieser idealisierten Form jedoch nie gegeben hat. In der Vergangenheit liegt nicht bereits das Ziel.

Allerdings gibt es vergangene Zukünfte, an die der hier vorgeschlagene dritte Weg einer Entfaltung anknüpfen kann: Es gab und gibt vielversprechende Praktiken mitsamt den ihnen entsprechenden Sinnentwürfen, an die sich anzuknüpfen lohnt, selbst wenn sie nie recht zum Zuge gekommen sind. An dieser Stelle möchte ich nicht der Linie relativ autarker ländlicher Gemeinschaften nachgehen, obwohl dies an vielen Orten der Welt ein vielversprechendes Muster ist, nicht nur im globalen Süden

(Kothari 2017). Auch in Europa hat die ländliche Gemeinde eine interessante politische Geschichte, die vom Mittelalter über den Frühsozialismus bis zu kommunalen Experimenten der Alternativbewegung reicht (dazu Améry 1976 oder heute das *global ecovillage network*). Eine zu erwartende Kritik daran, an solch dörfliche Gemeinschaftsformen zu erinnern, lautet, dass diese hinterweltlerisch sein können, hierarchisch, paternalistisch, antiliberal; dass uns diese Lebensform gar aus der Moderne herauszuschrauben droht. Das ist sicher überzogen, es gibt ermunternde Beispiele dafür, dass dörfliche Gemeinschaften einen Geist der Solidarität und Naturverbundenheit auch mit Toleranz und Liberalität paaren können.

Es gibt aber auch unmittelbarer moderne Praktiken, die selbst an einer Aufhebung von Entfremdung arbeiten. Arbeit (oder »die« Moderne) ist also nicht per se entfremdet, sondern nur unter spezifischen Bedingungen. Zu den entfremdenden Arbeiten gehören das Schaffen unter Leibeigenschaft für eine angemaßte feudale Herrschaft, die Sklaverei (obzwar es selbst hier Unterschiede gibt)[152] sowie die unregulierte Industriearbeit. Zu den potenziell nicht-entfremdenden Arbeitstätigkeiten gehören dagegen ein freies Tätigkeitsein in der Natur (z.B. das vielgeliebte Gärtnern) oder kreative und künstlerische Formen von Arbeit, vielleicht auch das Handwerk.

Genauso wie die individuelle Verantwortung autonomer Subjekte oder wie die Natur ist allerdings auch das kreative Tätigsein neuerdings unter Verdacht geraten (siehe Kap. 9): Vor allem avancierte Sozialwissenschaftler vermuten darin eine totale neoliberale Durchdringung. Wer von Kreativität auch nur spreche, der transportiere bereits unweigerlich neoliberale Imperative der Selbstregierung. Aber soll man wirklich jedes Feld räumen und jedes Gut aufgeben, mit dem Marketingstrategen des flexiblen Kapitalismus ihre Verkaufs- und Optimierungsinteressen huckepack reisen lassen? Heißt das nicht, gerade den fragwürdigsten Kräften der jüngsten Vergangenheit zu viel Macht einzuräumen und dem Eigensinn und der Widerständigkeit alternativer Praktiken viel zu wenig zuzutrauen?

In einem qualitativ angelegten Forschungsprojekt wollten wir dies genauer wissen und befragten künstlerisch und gestalterisch Tätige über ihren Lebensstil, ihre Arbeitspraktiken und ihre Erfahrungen und Vorstellungen (Henning/Thomä/Schultheis 2019). Im Ergebnis war festzustellen, dass im Glutkern kreativer Tätigkeiten noch immer Erfahrungen eines nicht-entfremdeten Schöpferischseins stehen, dass diese Erfahrungen hochgeschätzt und sorgsam von anderen, eher marktaffineren Tätigkeiten abgegrenzt werden, die das Kreativsein häufig ebenfalls erfordert. Kreative Tätigkeiten sind gerade deswegen so leicht ausbeutbar, weil viele Menschen ein intrinsisches Interesse an ihnen haben und deswegen manchmal freiwillig auf ein hohes Einkommen verzichten. Aber das ist nicht nur schlecht, sondern bietet auch Chancen, etwa auf ein gutes Leben nach dem Wachstum, wie es Autoren von John Stuart Mill bis zu Herman Daly entworfen haben (vgl. Henning/Rosa 2017, Schoor 2010).

Es lassen sich also durchaus Formen nicht-entfremdeten Lebens und Handelns finden und es ist nicht einzusehen, hiervon aus falscher Angst vor einer vermeintlich neoliberalen Diskurshegemonie zu schweigen. Vielmehr lohnt sich gerade hier der Blick zurück in die Tradition, die ja zum Teil aus Zeiten stammt, in denen zwar vieles im Argen lag, aber wo die Hauptfaktoren der modernen Entfremdung – maßlose Industriearbeit, kompensatorischer Konsum, nervöse Selbstausbeutung, ein haltloser sozialer Geltungsdrang und die desaströse Naturzerstörung – noch vergleichsweise milde Formen hatten. In dieser Hinsicht hat dieses Buch als Gegenfolie der Entfremdung also weder allein auf Autonomie und Kontrolle gesetzt noch auf das Nostalgie- oder Resonanzmodell (zur Kritik der Resonanz siehe Kap. 10), sondern vielmehr auf ein perfektionistisches Modell des gelingenden Lebens, in dem die beiden anderen Vorschläge zueinander finden können, wie sehr sie sich sonst auch beißen.

Nicht-entfremdet könnte in etwa heißen, ein ganzheitliches Leben zu führen und auszuschöpfen, in dem man sich seiner sozialen, natürlichen und kulturellen Umwelt gegenüber öffnet, sich deren wertvolle Gehalte sinnhaft erschließt und sich dabei auf beglückende Weise weiterentwickelt. Jede Einzelne wird dabei, je nach Neigung und Anlage, unterschiedliche Wege finden und sich erst dadurch wirklich individuieren, gegebenenfalls auch von anderen abgrenzen müssen (Henning 2018b). Aber gerade durch diese Entfaltung kommt man nicht nur näher zu seiner Welt, sondern auch zu sich selbst. Das bedeutet gerade nicht, immer dieselbe Person bleiben zu müssen. Nur wer sich ändert, bleibt sich treu. Die in diesem Buch diskutierten Autoren Rousseau, Wilhelm von Humboldt und Marx sind wichtige Vertreter dieser Idee der Selbstvervollkommnung (näher ausgeführt habe ich diesen dritten Weg im Parallelbuch zu diesem, Henning 2015).

Enhancement: Entfremdetes Vervollkommnungsstreben

Allerdings hat auch die zuletzt beschriebene Idee der persönlichen Entfaltung eine Schwundform, eine kapitalistisch deformierte Vereinseitigung, ja ihre Parodie. Die Rede von einer Vervollkommnung kommt von Aristoteles und meint ethisch eigentlich ›nur‹ das Erlernen und Einüben selbstzweckhafter Praktiken. Kennzeichnend dafür ist allerdings, dass es »Füllegestalten« gibt (exemplarische Vorbilder, denen die eigene Entwicklung gut gelungen ist) und gerade kein endloses Hasten, dass man ein solches Ziel *erreichen* und dann innehalten kann, um sich wieder anderen Belangen widmen zu können – oder auch einmal gar nichts zu tun (Muße ist überaus zentral).

Das meinte also die aristotelische Rede vom Glück (als Eudaimonie) oder dem guten Leben. Dafür braucht man allerdings freie Zeit, ein anregendes Umfeld sowie Unterstützung und Unterweisung durch andere. All dies kann man nicht einfach kaufen, nicht auf dem Markt als Produkt anbieten. Versucht man es dennoch, wird der eigentliche Sinn dieser Vervollkommnung verfehlt – das ist der Hintergrund nicht nur der marxistischen Entfremdungskritik, sondern auch der konservativen Kulturkritik etwa Heideggers. So kommt es zu drei *Entkernungen*, die sich verkürzt so erläutern lassen: Was auf dem Markt angeboten wird und eine Waren- oder Dingform besitzt, wird dadurch *erstens* quantifiziert – letztlich muss es in Geld oder anderen Einheiten messbar sein. Qualität schlägt in Quantität um. Durch diese Quantifizierung wird *zweitens* eine grenzenlose Steigerung möglich – es gibt immer ein *plus ultra*, das sich vielleicht auch noch erreichen ließe (mit Hegel: eine negative Unendlichkeit). Dadurch wird jedoch der für Aristoteles entscheidende Punkt verfehlt, dass es gerade durch das Erreichen solcher Ziele zu einem nachhaltigen Glück kommt. Stattdessen ist in der quantifizierten Schwundform ein permanentes Hinterherhecheln zu erwarten, man hat oder ist nie genug und fühlt sich dadurch nicht beglückt, sondern gestresst (wie es Illouz beschreibt, siehe Kap. 9). *Drittens* schließlich setzt die eigentliche »Verdinglichung« dann ein, wenn man nicht nur die zu erreichenden Ziele als zähl- und messbare Dinge missversteht, sondern in der Folge auch sich selbst. (Eine Mimesis an die Maschine.) Dann beginnt die permanente Selbstvermessung, die manische Optimierung oder Perfektionierung. Wie viele Schritte bin ich heute gegangen? Wie viele »Likes« habe ich für meinen »Post« erhalten? Die Muskeln müssen die größten sein, die Urlaube die verrücktesten, die Kinder die erfolgreichsten, die Partys die ausgefallensten, die Autos die größten usw. Nichts kann mehr »normal« sein, geht nicht gibt's nicht, *du musst immer noch besser werden*.

Diese quantitativ reduzierte Selbstoptimierung erzieht zu einer marktkonformen Wettbewerbsmentalität. Zudem passt sie ideal in die digitale Welt (Mau 2017), die ja auf Daten aus ist und solche auch zum permanenten Vergleich anbietet. Orientiert man sich hier am Wortlaut, dann liegt eine Gleichsetzung zwischen dieser technoiden »Perfektionierung« und dem älteren *ethischen* Perfektionismus nahe. Dabei stehen sich beide in der Sache überaus unversöhnlich gegenüber: Der ständige Vergleich ist der Feind der Besinnung (ein Argument Rousseaus), die Quantifizierung die Erosion der Qualität (so bereits die Geldkritik von Moses Hess), die Hetze die Verunmöglichung des Erreichens, die Endlosigkeit der Feind des Glücks (so sagte schon Aristoteles). Es handelt sich bei der Unkultur der Optimierung um *Entfremdungen* der Ideen von qualitativer und ethischer Verbesserung.[153]

Das Gegenteil der verfehlten Optimierung ist entsprechend weder ein Nichtstun noch das zynische Lob der Verschlechterung, sondern die Rückbesinnung auf Ziele, die es tatsächlich wert wären, sich ihnen durch Verbesserungsbemühungen anzunähern. Aristoteles verstand darunter Charaktertugenden, Klassiker wie Wilhelm von Humboldt oder Goethe (ja selbst noch Nietzsche) die entfaltete (»gebildete«) und in sich ruhende Individualität; Pragmatisten wie John Dewey das persönliche Wachstum; und der Fähigkeiten-Ansatz von Martha Nussbaum die Entwicklung zentraler menschlicher Fähigkeiten im Interesse des guten Lebens. Das, was hier entfremdet, also auf reduzierte und verstellte Weise verhunzt weitergeführt wird, kann man auf verschiedene Weise näher erläutern und füllen; es handelt sich aber stets um Vorstellungen des guten menschlichen Lebens als Ganzem. (Dazu gehören nicht-entfremdete Verhältnisse zu Politik und Natur, s.o.). Daher gehört die Entfremdungskritik letztlich in die Theoriefamilie der philosophischen Anthropologie, selbst wenn deren berühmteste Vertreter Plessner und Gehlen aufgrund der Ahistorizität ihrer Ansätze keine weiterführenden Beiträge zur Thematik leisten konnten (siehe Kap. 7).

Wie weiter? Für eine rettende Kritik der vergangenen Zukunft

Aus den genannten Feldern gegenwärtiger Entfremdungsphänomene lässt sich abschließend eine Strategie des Umgangs mit dem reichhaltigen philosophischen und soziologischen Erbe benennen. Ist es ›verbrannt‹, weil es von einigen falsch benutzt wurde? Deutlich ist zwar, dass Entfremdungsphänomene sowohl gegenüber der Politik wie der Natur verbreitet sind, sich sowohl in der neoliberalen Arbeitsorganisation wie in der Unkultur der individuellen Selbstoptimierung finden. Aber das kann für die Kritik der Entfremdung nicht heißen, die genannten Phänomene Politik und Natur, Arbeit und Selbstsorge einfach aufzugeben oder sich ihnen nur noch in Form einer postmodernen Verrätselung zu nähern (indem raunend eine »andere« Natur oder Politik verheißen wird, als ob sich eine solche einfach aus dem Meisterdenker-Hut zaubern ließe).[154] Es ist gerade angesichts der erschöpften Ressourcen – auch der intellektuellen – unwahrscheinlich, dass sich noch unbegrenzt Möglichkeiten finden oder erfinden lassen, wie wir miteinander, mit uns selbst und mit der Natur umgehen können. Vielmehr muss es darum gehen, das, was es in den Vergangenheiten der verschiedenen globalen Kulturen bereits an zukunftsweisenden Ansätzen gegeben hat, wieder auf kritische Weise anzueignen, es der Vergessenheit zu entreißen und es dabei zugleich vor der verkürzenden Überformung durch neoliberale Praktiken und zynisch-postmodernistische Dekonstruktionen zu »retten«, ganz im Sinne der rettenden Kritik Walter Benjamins.[155] Das gilt für die realen Praktiken ebenso wie für deren Reflexion in Form von Philosophien. Es gibt keinen Grund, das als Konservatismus zu scheuen (so Teresa Brennan, siehe Kap. 10, oder bereits Karl Mannheim). Ein Grund mehr, sich der Tradition des kritischen Denkens über Entfremdung von Rousseau über Schiller bis Marx und Marcuse neu zu versichern!

Würzburg, im März 2020

Anhang

Anmerkungen

1 »The results of the research proved that the white-collar employees experience a medium-level alienation, which is a significantly high level for a sector in which highly-educated people work and are paid well when compared to the market. The primarily triggering factors of the result are the banks' level of being mechanical, work routine, work simplicity and the human relations in the workplace« (Cetin u.a. 2009, 5).

2 »In sum: in the increasing time given to work, there is an attempt to keep pace with the accelerating speed of production. But, just as that pace outstrips the ability of nature to reproduce or sustain itself, so too does it press human beings to their limits« (Brennan 2003, 22). Marx sprach von der Entfremdung von der »Gattung« (Kap. 6). Zur Beschleunigung auch Rosa 2013, 124 ff., siehe Kap. 10.

3 Plessner etwa artikuliert ein anthropologisches Modell, die moderne kapitalistische Sitution jedoch wird von ihm unterbestimmt. Umgekehrt basiert Simmels »positive« Theorie der Entfremdung auf kapitalistischen Tauschmodellen, doch entgleitet ihm die vorausliegende Produktion (sprich: die Entäußerung). Mehr dazu in Kap. 7.

4 Der »Expressivismus« wurde von Charles Taylor (*Hegel*, 1975, 28 ff.) und neuerdings etwa von Matthias Jung ausführlicher entwickelt, aber kaum mit der Entfremdung zusammengebracht.

5 Wilhelm Dilthey sprach von Erleben, Ausdruck und Verstehen.

6 Zum Begriff der »Aneignung« sei der Eintrag dazu in den *Ästhetischen Grundbegriffen* empfohlen (Band 1, hrsg. von Karlheinz Barck u.a., Stuttgart 2000).

7 Kandidaten für solche Sachzwänge wären etwa die zu große Komplexität der ausdifferenzierten Moderne; die Vereinzelung der Menschen in den Großstädten und durch moderne Medien; die allumfassende Bürokratisierung; die kapitalistischen Vermittlungsformen von Geld und Handel und die Zwänge der Lohnarbeit; die industriell vorgefer-

tigten Konsummuster, die uns von unseren authentischen Bedürfnissen entfernt haben; oder die allzu liberale Kultur, die traditionelle Bindungen infrage stellt, ohne neue erzeugen zu können.

8 Etwa Claude Faraldos *Themroc* (1973), Rainer Werner Fassbinders *Welt am Draht* (1973), Ridley Scotts *Blade Runner* (1982), Terry Gilliams *Brazil* (1985), Jonathan Mostows *Surrogates* (2009) oder Joseph Kosinskis *Oblivion* (2013). Einzelne Filme werden in der Folge zur Verdeutlichung herangezogen.

9 Doch gibt es in der Weltgesellschaft für Soziologie (ISA) noch immer ein »Research Committee on Alienation Theory and Research«, siehe http://www.isa-sociology.org/rc36.htm.

10 Yuill 2010, 109, betont, »just because scholarly interest in a particular social process diminishes does not mean that the objective existence and experience of that process also comes to an end«. Vielmehr gelte, dass »alienative conditions are possibly more prevalent today than they were in the 1960s and 1970s« (105; siehe Kap. 8).

11 »According to Foucault and Deleuze ... the opressed ... *can speak and know their conditions«* (Spivak 1988, 78). Aber: »Outside (though not completely so) the circuit of the *international* division of labour, there are people whose consciousness we cannot grasp if we close off our benevolence by constructing a homogeneous Other« (84). »The subaltern cannot speak. There is not virtue in a global laundry list with ›woman‹ as a pious item« (104). Inzwischen gibt es spannende Literatur von eben diesen »Subalternen« (etwa in Dasan u.a. 2012). Zur Entfremdung im indischen Kontext Kap. 10.

12 »However, we should not think that the individual has explicitly to experience a sense of alienation to be alienated. While the individual's subjective perception plays a part, alienation is not solely dependent on her or his subjective perception« (Rae 2010, 28).

13 »With its potential to articulate how human suffering and self-estrangement emerge out of particular relationships between people, their social structures and nature, alienation theory provided sociologists with a useful tool on a variety of levels« (Yuill 2011, 103).

14 Meister Eckhart, *Werke*, hrsg. v. F. Pfeiffer 1857, 257, nach Ritz 1972, 512. Zu Meister Eckhart und der Gnosis auch Nicolaus (1995, 20); Hüllen 1982, 25 ff.; Rotenstreich 1989, 3 ff.

15 Um diese Zeit begann man, Gesellschaft als unabhängig vom Staat zu denken. Damit wird eine von der Staatsphilosophie abgelöste Sozialwissenschaft denkbar (Durkheim 1892; Henning 2005, 190). Montesquieus *Geist der Gesetze* erschien 1748, Rousseaus zwei *Diskurse* 1750 und 1755, Adam Smiths *Theory of moral sentiments* 1759, und 1758 entwarf Quesnay sein *Tableau économique*.

16 Zu dieser Lesart etwa Müller 1985, Alt 1982, Schmid 1983, oder Spelsberg 2012.

17 Trebess 2001, 22 und 24. Das Gleichgewicht als Ziel Rousseaus (abgelesen vor allem am *Émile*) stellen auch Buck (1984, 110ff.) und Marks (2005, 55, 85) in den Mittelpunkt; Robert Spaemann hat dies als »Ideal absoluter Identität« eher verzerrt, unglücklich auch die Lesart eines vorgängigen Idealzustandes bei Jaeggi 2005 (siehe Kap. 9).

18 Rousseau war selbst ein Sprach- und Musiktheoretiker – er schrieb Opern, veröffentlichte 1767 ein vielgelesenes Musiklexikon und verfasste Polemiken gegen den herrschenden Musikstil.

19 »Soll man die Gesellschaften zerstören, mein und dein abschaffen und wieder in die Wälder zurückkehren, um mit den Bären zu leben? Eine Folgerung, wie sie vielleicht meine Gegner ziehen könnten, der ich aber lieber zuvorkomme, als dass ich sie der Schande überließe, selbst so zu folgern.« (Rousseau 1755, 140, Anmerkung IX) In diesem Kontext ist Thoreau (*Walden*, 1854) zu nennen, der dem zeitweiligen Rückzug in die Natur durchaus etwas abgewinnen konnte – freilich nicht, um für immer dort zu bleiben, sondern um Impulse für ein anderes Leben in Gesellschaft zu bekommen.

20 An diesen Fantasien hat sich wenig geändert: Noch in Serien wie *Game of Thrones* – oder zuvor bei *Asterix* und *Winnetou* – stehen überzivilisierte Städte für moralischen Verfall, während einfachere Zivilisationen moralisch noch nicht korrupt sind und daher eine Vorbildfunktion haben.

21 Dazu Fetscher 1975, 47, sowie Ferrara 1993. An dieser Stelle wird die Über- und Umformung normativer Gehalte durch die Konsumkultur deutlich, denn wem kommt hier nicht die Wendung in den Sinn: »Ich will so bleiben, wie ich bin«?

22 »Heißt es nicht, einen Menschen seiner Natur entfremden, wenn man ihn vor allen Übeln seiner Gattung bewahren will?« (Rousseau 1762b, 65)

23 Rae 2010, 22, verbindet diesen Gedanken mit dem der Selbstsorge bei Martin Heidegger 1927, man könnte die Linie noch weiterziehen bis zur »Sorge um sich« bei Michel Foucault.

24 »Nachdem das gesellschaftliche Leben begonnen hatte und Beziehungen zwischen den Menschen bestanden, mussten sie vieles von dem ändern, was ihre ursprünglichen Anlagen waren.« (Rousseau 1755, 99f.)

25 Ein »Vorlaufen in den Tod« hat Heidegger später (1927) als das *nichtentstellte* Leben hervorgehoben.

26 Ein wichtiges biografisches Detail ist es an dieser Stelle, dass sich Rousseau 1753 einer persönlichen Ehrung durch den König für seine Oper *Der Dorfwahrsager* entzog.

27 Welche 1762 noch gar nicht ›erklärt‹ waren; unveräußerliche Rechte wurden erst 1776 in der Unabhängigkeitserklärung und 1789 in der französischen Nationalversammlung artikuliert.

28 Einen zweiten Grund für die Unerfüllbarkeit der amour-propre hatte der erste *Diskurs* genannt: Wenn letztlich »alle dasselbe« tun, wird es immer schwerer, sich noch auszuzeichnen. Dass man sich in einer besseren Gesellschaft selbst mögen darf, da nicht die Selbstliebe, sondern nur die *falsche* (auf Ruhm und Distinktion bedachte) Selbstliebe als Problem gesehen wird, verhindert selbstkasteiende Rituale, wie sie Großheim 2002 für extreme politische Strömungen beschrieben hat.

29 Im vorangehenden Kinofilm (*First Contact* – zu den Borg aus diesem Film siehe Kap. 1 und 6) wird sogar gesagt, dass die Enterprise-Zivilisation selbst eine solche Umkehr vollzogen hat: Es gibt kein Geld und darum auch kein Elend mehr (dazu Brennan 2003, 163).

30 Lukács hat damals noch nicht klar zwischen Entfremdung und Verdinglichung unterschieden (Kap. 8).

31 Der Vorwurf lautete, Deutschland habe sich damit als unpolitische Kulturnation erfunden, die es versäumt habe, Demokratie zu erlernen; darin waren sich Autoren wie Georg Lukács und Helmuth Plessner erstaunlich einig.

32 Ähnlich spricht Müller 1985, 75, von einer »Reduktion auf ökonomische Entfremdung«; Nolte 1953, 57f., begreift schon die Aufnahme Fichtes durch Schelling und Hegel als »Rückbildung«.

33 Schon Heinrich Heine wandte ein, dass weniger eine kritische Theorie, die die Zustände zeitdiagnostisch unter die Lupe nimmt, für den Revolutionsterror verantwortlich sei (wie Hegel suggerierte, siehe Kap.

4), sondern vielmehr die allzu vereinheitlichende Totaltheorie, die sich in sich selbst verfängt und daher gegenüber der Wirklichkeit nachlässig wird, ja sie in ihr System zwingen muss: »Es werden bewaffnete Fichteaner auf den Schauplatz treten, die in ihrem Willensfanatismus weder durch Furcht noch durch Eigennutz zu bändigen sind; denn sie leben im Geiste, sie trotzen der Materie.« (Heine 1834, 143; vgl. Willms 1967, 12 f.)

34 »Wie die Wahrheit, so hat auch der Holismus bei Hegel nicht nur erkenntnistheoretische, sondern auch ontologische Bedeutung. Holismus und Systemform verknüpfen sich nicht nur zu einer Eigenschaft unseres Wissens, ... sondern diese kommt der Wirklichkeit selbst zu.« (Siep 2000, 68)

35 Von nur einem Subjekt muss man sprechen, denn »Der absolute Geist ist einsam« (Habermas 1969, 40): »Der Geist muss sich entäußern, und das Entäußerte ist nicht unmittelbar Geist, sondern bedarf seiner Tätigkeit, um es als Eigenes zurückerhalten zu können. Dennoch bleibt der Gedanke hochproblematisch, weil der Geist sich nicht *an* etwas entäußert, sondern *sich selbst* als fremd setzt. Dies kann nur Gott. ... Von Entfremdung auf dieser Ebene zu sprechen ist sinnlos, weil es wirkliche Fremdheit auf ihr nicht gibt.« (Trebess 2001, 43)

36 Diese erneuernde Wirkung hat sie im europäischen Geistesleben immer wieder gehabt – die Antike wurde als Beispiel echten, unverstellten Lebens gedeutet. Schon im Spätmittelalter war das der Fall, dann in der Renaissance und im 18. Jahrhundert. Erst heute sind diese Dokumente stumm geworden, wir haben uns von ihnen – je nach Lesart – »entfremdet« oder emanzipiert. In der Universität Zürich wurde 2015 das Latinum als Zugangsvoraussetzung für ein Philosophiestudium abgeschafft.

37 Wie wird etwas für uns zum Gegenstand? An dieser Stelle trug Marx die Arbeit ein, die Gegenstände schafft. Auch Hegel spricht hier von der intellektuellen »Mühe, die wir hierzu anwenden müssen« (Hegel Werke 4, 320), aber diese bezieht sich nicht auf die Ver-, sondern auf die *Ent*gegenständlichung, die Aneignung. Zu unserem Gegenstand machen sich »Natur und Geist« für Hegel eher selbst.

38 Klassisch formulierte dieses Argument bereits Edmund Burke; ähnlich kurzschlüssige Verbindungen zog man später zwischen 1968 und der RAF oder zwischen Marx und dem Stalinismus.

39 Siehe Hegel, Werke 7, 468 ff.; kritisch dazu Marx, MEW 1, 263 f. (von 1843). Empirisch »verdampft« Hegels Bestimmtheit (das Buntscheckige, MEW 4, 466) bereits damals, genau das meint ja Hegels These der rationalen Dequalifizierung (die Max Weber in »Wissenschaft und Beruf« von 1919 »Entzauberung« nannte). Dadurch hinterlassen diese Texte den Eindruck einer etwas gewaltsamen Selbstüberredung.

40 Zu dieser Diderot-Lektüre Nicolaus 1995, 208 f., und Thomä 2013.

41 Wenn Alessandro Ferrara antagonistische und integrative Konzeptionen des »authentischen Selbst« unterscheidet, benennt er etwas Ähnliches: Gehört für Rousseau oder Nietzsche das Ausbrechen aus sozialen Fesseln zur Entwicklung eines authentischen Selbst, so ist für Hegel gerade das Sich-fesseln-Lassen der Weg zu einer solchen Entwicklung (Rae 2010, 28).

42 »Der Einzelne muß auch dem Inhalte nach die Bildungsstufen des allgemeinen Geistes durchlaufen, aber als vom Geiste schon abgelegte Gestalten ... so sehen wir in Ansehung der Kenntnisse das, was in früheren Zeitaltern den reifen Geist der Männer beschäftigte, zu Kenntnissen, Übungen und selbst Spielen des Knabenalters herabgesunken.« (Hegel Werke 3, 32)

43 Eine Zeit lang war es Mode, sich dafür auf den *jüngeren* Hegel zu beziehen (dies taten etwa Georg Lukács, Jürgen Habermas und anfangs Axel Honneth), der in der *Jenenser Realphilosophie* gegenüber der Arbeitsteilung und Mechanisierung noch unversöhntere Töne angeschlagen hatte: »Die Arbeit wird um so absolut toter, sie wird zu Maschinenarbeit, die Geschicklichkeit des Einzelnen um so unendlich beschränkter, und das Bewusstsein der Fabrikarbeiter wird zur letzten Stumpfheit herabgesetzt« (Hegel, *Sämtliche Werke* 19, Leipzig 1932, 239) – das Phänomen eines ›deskilling‹.

44 Bollenbeck 2007, 126 f.; Axel Honneth begeistert sich noch heute für das »versöhnende« Moment: »Mit der Einsicht in die Tatsache, dass die moderne Lebenswelt bereits ein ganzes Spektrum an freiheitsverbürgenden Interaktionsmustern enthält, die zusammengenommen ›Sittlichkeit‹ genannt werden, ist mithin in einem präzisen Sinn eine therapeutische Funktion verknüpft: Die Leser und Leserinnen sollen sich in dem Augenblick, in dem sie die angebotene Deutung eines sittlichen Gehalts ihrer eigenen Lebenswelt akzeptieren, zugleich von der

irreführenden Einstellung befreien, die sie bislang an der Verwirklichung ihrer Freiheit gehindert haben.« (2001, 74 f.)

45 Marx zitiert hier Moses Hess (*Die letzten Philosophen*, 1845, 193), auf den wir noch kommen.

46 Im Englischen wird dieser Unterschied als *meaning* und *reference* oder *intension* und *extension* benannt. Das Beispiel bei Gottlob Frege, von dem diese Unterscheidung kommt, ist der Unterschied zwischen Abendstern und Morgenstern. Beide *meinen* etwas Unterschiedliches (der Stern am Abend und der am Morgen), aber sie *beziehen* sich auf dasselbe (den Planeten Venus). Auch Feuerbach benutzt ein planetarisches Beispiel: »So ist die Sonne das gemeinschaftliche Object der Planeten, aber so, wie sie dem Mercur, der Venus, dem Saturn, dem Uranus, so ist sie nicht der Erde Gegenstand.« (Feuerbach 1841, 5)

47 Im Wortlaut: »Gott ist das reine, das unbeschränkte, das freie Gefühl. Jeder andre Gott, den Du hier setzest, ist ein von Außen Deinem Gefühl aufgedrungener Gott. Das Gefühl ist atheistisch im Sinne des orthodoxen Glaubens, als welcher die Religion an einen äußern Gegenstand anknüpft. Das Gefühl läugnet einen gegenständlichen Gott – es ist sich selbst Gott. ... Du bist nur zu feige oder zu beschränkt, um mit Worten einzugestehen, was Dein Gefühl im Stillen bejaht. Gebunden an äußere Rücksichten, in den Banden des gemeinsten Empirismus noch befangen, unfähig die Seelengröße des Gefühls zu begreifen, erschrickst Du vor dem religiösen Atheismus Deines Herzens und zerstörst in diesem Schrecken die Einheit Deines Gefühls mit sich selbst, indem Du Dir ein vom Gefühl unterschiednes, objectives Wesen vorspiegelst.« (Feuerbach 1841, 13) Dass Gefühle, anders als ungeformte Empfindungen, bereits kognitive Urteile enthalten, hat etwa Martha Nussbaum herausgestellt.

48 »So wenig ein Gott ohne Empfindung, ohne Leidensvermögen einem empfindenden, leidenden Wesen genügt, so wenig genügt auch wieder ein Wesen nur mit Empfindung, ein Wesen ohne Activität und Spontaneität ... Kurz, nur ein Wesen, welches den ganzen Menschen in sich trägt, kann auch den ganzen Menschen befriedigen. Das Bewusstsein des Menschen von sich in seiner Totalität ist das Bewusstsein der Trinität. Das Geheimnis dieses Mysteriums ist nichts andres als das Geheimnis des Menschen selbst. Was als Abdruck, Bild, Ähnlichkeit, Gleichnis von der Religion und Theologie bezeichnet wird, dürfen wir

nur als die Sache selbst, das Wesen, das Urbild, das Original erfassen, so haben wir das Räthsel gelöst.« (Feuerbach 1841, 72/1843, 80)

49 »Je leerer das Leben, desto voller, desto concreter ist Gott. ... Nur der arme Mensch hat einen reichen Gott. Gott entspringt aus dem Gefühl eines Mangels ... Hierin haben wir den wahren Erklärungsgrund, warum die Trinität in der neueren Zeit zuerst ihre praktische und endlich auch ihre theoretische Bedeutung verlor.« (Feuerbach 1841, 90) Hierin – das meint wohl in der gewachsenen Bedeutung von Gemeinschaft für die Menschen, die nicht länger in »Einsamkeit« (82) leben.

50 Dazu Lademacher 2012, Weiß 2015. Bereits kommunistische Kirchenväter wie Ernst Bloch und Georg Lukács haben Moses Hess in ihren Schriften gewürdigt.

51 »Das aus der Revolution hervorgegangene freie Individuum ... erkannte noch nicht, daß die wahre Negation des Bestimmtwerdens von Außen die Selbstbestimmung von Innen heraus sei. ... Man musste wieder die äußere Schranke, das materielle Eigenthum, die absolute Verschiedenheit der Individuen toleriren, weil man nicht verstand, sich selbst zu beschränken.« (Hess 1843, 447) Hier scheint Hess noch dem Hegel'schen Modell eines *falschen Denkens* aufzusitzen: »Das materielle Eigenthum ist das zur fixen Idee gewordene Fürsichsein des Geistes. Weil er die Arbeit, das Ausarbeiten oder Hinausarbeiten seiner selbst nicht als seine freie That, als sein eignes Leben geistig begreift [!], sondern als ein materiell Anderes erfasst, muss er's auch für sich fest halten.« (1843, 450)

52 Zur Ambivalenz der »Vertretung« siehe Spivak 1988 (so kann man sich selbst vertreten und damit selbstmächtig handeln, aber auch vertreten werden und dadurch entmachtet werden).

53 Siehe etwa Popitz 1967, Israel 1972, Meszárós 1973, Oppolzer 1974, Wood 2004 oder Swain 2012.

54 Plessner 1969, 148, sieht darum in der Entfremdungstheorie »das anthropologische Rückgrat des Marxismus«, während Marxisten wie Louis Althusser (1965, 31 ff., 174 ff.) oder später Michael Heinrich (2001) den späteren Marx von den früheren Werken abtrennen wollten, um diesen Vorwürfen zu entgehen (die sie in der Sache bestehen lassen).

55 Diese Kritik der Entfremdungstheorie benutzt selbst entfremdungstheoretische Motive. Sie erinnert an Streitereien zwischen den junghegelianischen Entfremdungstheoretikern (Feuerbach, Hess, Max Stirner

oder eben Marx). Ähnlich gab es beim Poststrukturalismus zumindest anfangs ein *Überbietungswollen* gegenüber dem Marxismus.

56 Das hat Methode: Es gibt bei Marx stets ein Bemühen um Verständlichkeit und Nachvollziehbarkeit, auch wenn es später »dialektischer« zugeht (was der Darstellung komplizierter Sachverhalte geschuldet ist). In seiner Lesart endet die Hegel'sche Philosophie mit der Erkenntnis, »dass das abstrakte Denken für sich nichts ist«; daher sei zu beginnen mit »Anschauung« (MEW 40, 585 f.), also dem, was die Leser in ihrem Alltag nachvollziehen können.

57 Deutete Adorno (GS 3, 317) die darwinistisch gelesene »Anpassung« noch als Gipfel der Ideologie, wurde in den 1990er Jahren die fluide Identität postmodernistisch als *Prothean Self* gefeiert. Selbst die Wohlfahrtsökonomik hatte hiergegen ursprünglich Reserven: Ihr schien ein solcher Wandel als »adaptive preference« – ein ökonomisches Stockholm-Syndrom – problematisch zu sein.

58 Nach Taylor (1991, 60 f.) und Eberlein (2000, 351 ff.) war gerade die postmoderne Absage an die Selbstverwirklichung bei Foucault oder Butler selbst Ausdruck einer solchen: Es ging darum, eigenen Fantasien sämtliche Hindernisse zu nehmen – und seien es ältere Theorien über eben dieses »Selbst«.

59 Auch Eltern müssen vieles tun (nachts Kinder hüten, Nachmittage auf dem Spielplatz verbringen, herumstreiten etc.), aber es gibt keine »fremde Macht«, die dazu zwingt. Begriffe man seine Kinder so, wäre das bereits ein »parental alienation syndrome«. Auch in der Erziehung gibt es große Spielräume für die Eltern – jedes Kind wächst anders auf. Etwas anderes ist die Ausbeutung der Reproduktionsarbeit von Frauen durch Männer (die »rohe, latente Sklaverei in der Familie«, MEW 3, 32), die noch heute von fixen Geschlechterrollen und ungleichen Berufschancen gestützt wird. Zur Entfremdung in der Hausarbeit klassisch Friedan 1966, 153 ff.; vgl. Bartky/Slatger 1982.

60 Man denke an die Angst von Majestix (dem Häuptling aus dem Dorf von *Asterix*), dass ihm der Himmel auf den Kopf fällt, oder an Englische Parks. Ängste vor einer ungedeuteten, rohen Natur werden durch Sinndeutungssysteme (Arbeit im Sinne Hegels) gebannt.

61 Hans Jonas zitiert dafür aus Sophokles' *Antigone* – was »der Mensch« ist, wird an seinen Produkten abgelesen: »Ungeheuer ist viel, und nichts ungeheurer als der Mensch.«

62 Zur Gestalt des Roboters, der zugleich auch Mensch ist, siehe *Blade Runner* (Ridley Scott 1982), *Terminator* (James Cameron 1984), *Robocop* (Paul Verhoeven 1987), die »Borg« in *Star Trek: First Contact* (Jonathan Frakes 1996) oder *Chappie* (Neill Blomkamp 2015); zur Dimension des Computers *Matrix* (Geschwister Wachowski 1999) oder *Her* (Spike Jonze 2013); zur Gestalt der Außerirdischen *Alien* (Ridley Scott 1979), *Starship Troopers* (Paul Verhoeven 1997) oder *Body Snatchers* (von dem es gleich vier Verfilmungen gibt, als habe jedes Jahrzehnt die Vision der Entfremdung neu schildern wollen: 1956, 1978, 1993 und 2007); zur Vertierung in *Die Fliege* (David Cronenberg 1986, ebenfalls bereits erstmals 1958 – und klassisch natürlich schon in Franz Kafkas *Die Verwandlung* von 1912) oder in *District 9* (Neill Blomkamp 2009). Auch Vampire haben oft eine zweite Natur als Wolf oder Fledermaus.

63 Hierzu zählen die boomenden Superhelden-Serien wie *Spiderman*, *Superman* oder *X-Men* sowie Filme, in denen Menschen sich als Zauberer (*Harry Potter*, *Duell der Magier*) oder Götter neu entdecken (*Hancock*, *Percy Jackson*, *Kampf der Titanen* usw.).

64 »Ein Mensch, der sein ganzes Leben damit verbringt, ein paar einfache Handlungen zu vollziehen, ... hat keine Gelegenheit, seinen Verstand zu üben oder seine Erfindungskraft anzustrengen ... Er ... wird am Ende so unwissend und dumm, als es nur immer ein menschliches Wesen sein kann. ... Dies ist aber der Zustand, in welchen in jeder zivilisierten Gesellschaft der arbeitende Arme, d.h. die Masse des Volkes fallen muss, wenn es sich die Regierung nicht angelegen sein lässt, dagegen Vorsorge zu treffen.« (Smith 1776, 805; siehe Lamb 1973; zu Parallelen bei Ferguson Henning 2015, 317 f.).

65 Der Tauschwert einer Ware hängt von der Arbeit ab, die in sie hineingegangen ist; es wird aber so getan, als habe die Ware, sobald sie in die Vermarktung geht, einen davon *unabhängigen* »Marktwert«.

66 Zum Verhältnis früherer und späterer Marx'scher Aussagen zur Entfremdung etwa Elbe 2014. Ihm kommt es auf komplexer werdende Begriffe von Arbeit und Reichtum an, die wir hier vernachlässigen können.

67 Man vergleiche die frühere Version: »Die Entäußrung des Arbeiters in seinem Produkt hat die Bedeutung, nicht nur, dass seine Arbeit zu einem Gegenstand, zu einer äußern Existenz wird, sondern dass sie

außer ihm, unabhängig, fremd von ihm existiert und eine selbständige Macht ihm gegenüber wird, dass das Leben, was er dem Gegenstand verliehn hat, ihm feindlich und fremd gegenübertritt.« (MEW 40, 512, von 1844).

68 Das karikiert Marx mit den Worten: »Ein wackrer Mann bildete sich einmal ein, die Menschen ertränken nur im Wasser, weil sie vom Gedanken der Schwere besessen wären. Schlügen sie sich diese Vorstellung aus dem Kopfe, etwa indem sie dieselbe für eine abergläubige, für eine religiöse Vorstellung erklärten, so seien sie über alle Wassersgefahr erhaben.« (MEW 3, 13f.)

69 Ich danke Andreas Pettenkofer für diesen Weckruf aus dem dogmatischen Schlummer.

70 Vgl. Haraway 1985. Diese Szene ist einer Szene vergleichbar, wo es ebenfalls um das Nachhausekommen in der Differenz geht: Am Ende von *Alien 4* (Jean-Pierre Jeunet 1997) kehrt ein Raumschiff zur Erde zurück, in dem sich keine ›normalen‹ Menschen im alten Sinne mehr befinden, sondern eine Androidin, ein Alien/Mensch-Hybrid (wunderbar gespielt von Sigourney Weaver), ein Rollstuhlfahrer und ein monsterhafter Unmensch (ebenso schön gespielt von Ron Perlman).

71 Das gilt noch für Rosa, der hier Simmel – und Rousseau – folgt: »Während die Dinge sich also immer weiterentwickeln, werde ich im Bezug und Verhältnis zu ihnen immer unfähiger.« (Rosa 2013, 127, vgl. 135) Rosa setzt mit Recht voraus, dass es bessere und schlechtere Weisen gibt, seine Zeit zu verbringen (Erfahrungen vs. Erlebnisse), und damit auch echte (artikulierte) und falsche (praktizierte) Bedürfnisse. Zu den echten gehören »Geige spielen, wandern, Freunde besuchen oder eine Wagner-Oper besuchen«, 133), zu den unechten gehören Dauerfernsehen, zielloses Shoppen und Surfen im Internet (138).

72 Noch prägnanter hier: »Das schöpferische Leben erzeugt dauernd etwas, was nicht selbst wieder Leben ist, etwas, woran es sich irgendwie totläuft ... Es kann sich nicht aussprechen, es sei denn in Formen, die etwas für sich, unabhängig von ihm, sind und bedeuten. Dieser Widerspruch ist die eigentliche und durchgehende Tragödie der Kultur.« (Simmel 1916, 99)

73 Das erinnert an Formulierungen von Thomas Carlyle: »The Feudal Baron had a Man's Soul in him ... He felt it precious, and at last it became habitual, and his fruitful enlarged existence included it as a ne-

cessity, to have men round him who in heart loved him ... It was beautiful; it was human! ... Isolation is the sum-total of wretchedness to man« (Carlyle 1843, IV.4).

74 »Wie eine offizielle ärztliche Untersuchung im Jahre 1861 nachwies, sind, von Lokalumständen abgesehn, die hohen Sterblichkeitsraten vorzugsweise der außerhäuslichen Beschäftigung der Mütter geschuldet und der daher entspringenden Vernachlässigung und Misshandlung der Kinder, u. a. unpassender Nahrung, Mangel an Nahrung, Fütterung mit Opiaten usw., dazu die unnatürliche Entfremdung der Mütter gegen ihre Kinder.« (MEW 23, 420)

75 »Die Sphäre der Zirkulation oder des Warenaustausches, innerhalb deren Schranken Kauf und Verkauf der Arbeitskraft sich bewegt, war in der Tat ein wahres Eden der angebornen Menschenrechte. Was allein hier herrscht, ist Freiheit, Gleichheit, Eigentum und Bentham. ... Beim Scheiden von dieser Sphäre der einfachen Zirkulation oder des Warenaustausches, woraus der Freihändler vulgaris Anschauungen, Begriffe und Maßstab für sein Urteil über die Gesellschaft des Kapitals und der Lohnarbeit entlehnt, verwandelt sich, so scheint es, schon in etwas die Physiognomie unsrer dramatis personae. Der ehemalige Geldbesitzer schreitet voran als Kapitalist, der Arbeitskraftbesitzer folgt ihm nach als sein Arbeiter; der eine bedeutungsvoll schmunzelnd und geschäftseifrig, der andre scheu, widerstrebsam, wie jemand, der seine eigne Haut zu Markt getragen und nun nichts andres zu erwarten hat als die – Gerberei.« (MEW 23, 189 f.)

76 Zur entfremdungstheoretischen Lesart Heideggers Schuller 1991, 279–302; Jaeggi 2005, 32 f., und Skempton 2010, 127–159; zu Heideggers Versuch, Marx ›ontologisch‹ zu überbieten, insgesamt Rohrmoser 1974, 73 f., und Henning 2005, 302 ff.

77 Für Thomas Carlyle war Entfremdung Heimatlosigkeit, »to have a world alien, not your world; all a hostile camp for you; not a home at all« (Carlyle 1843, IV.4). Selbst Derrida meinte, die Entfremdungskritik sei angetrieben von einer Präsenzmetaphyik (kritisch dazu Skempton 2010, 96 ff.).

78 Ursprünglich hatte er allerdings noch gesagt, in der exzentrischen Positionalität (die dort mit Fichte erklärt wird) »ist der Mensch ›sich selber‹ nicht mehr verborgen« (Plessner 1928, 326).

79 Die neuere Plessner-Forschung konnte zeigen, dass Plessner selbst weltanschaulich durchaus einer autoritären Richtung zuneigte.

80 »Vom wilden Menschen sprachen sie, den gesitteten beschrieben sie.« (Rousseau 1755, 60)

81 Das ist gut hegelianisch: »Ein Hauptmoment der Erziehung ist die Zucht, welche den Sinn hat, den Eigenwillen des Kindes zu brechen, damit das bloß Sinnliche und Natürliche ausgereuet werden.« (Hegel Werke 7, 327)

82 Der »Institutionenzerfall des Großstadtmilieus« erzeuge eine »Desintegration« in den Subjekten (Gehlen 1940, 59, vgl. 465). »Gehlen sieht den Kern der Entfremdung des Menschen im rapiden neuzeitlichen Verfall der Institutionen.« (Hüllen 1982, 131; vgl. Meyer 1984, 179 ff.)

83 »Die echte Freiheit aber ist die freiwillige Unfreiheit.« (Gehlen, Gesamtausgabe 2, Frankfurt/M. 1980, 176, verfasst 1933). Gehlen folgt hierin dem späteren Fichte (Großheim 2002, 191), den er damals nationalsozialistisch deutete (Rügemer 1979, 55 f.).

84 »Die Thematisierung der eigenen Subjektivität ist in der Welt nicht unterzubringen. Sie ist institutionell steril.« (Gehlen, hier zitiert nach Rohrmoser 1974, 66). Seine These, »die Exaltation der Subjektivität sei sozusagen der Verdampfungsniederschlag des institutionellen Elements« (Gehlen 1961, 75), verteidigt Gehlen auch gegen Schelskys Kritik. Daher ist Patrick Wöhrle (2009, 132 ff.) zu widersprechen, wenn er in Gehlens Thematisierung der »Selbststeigerung« bürgerlich-individualistische Elemente erblickt: Bei Gehlen soll kein individuelles Selbst gesteigert werden (genitivus objectivus), sondern Menschen steigern sich im kollektiven Ritus selbst (genitivus subjectivus), unter anderem durch Selbstpreisgabe. Dass es bei Gehlen schon im Frühwerk »existenzielle Motive« gibt, die sich durchziehen (Rehberg 1994), heißt noch nicht, dass sie individualistisch zu verstehen sind – Existenzialismus kann auch antiliberal ausfallen (Großheim 2002, 204 ff.).

85 Gehlen überspielt hier seine eigene große Beeinflussung durch Fichte in jüngeren Jahren, welche es ähnlich auch bei Plessner gab.

86 Das In-den-Mund-Legen zeigt etwa die Tatsache, dass es das scheinbare Zitat mit den »Fachmenschen« bei Friedrich Nietzsche, auf den hier angespielt wird, gar nicht gibt (Hennis 1987, 177 f.). Dennoch macht dieses Scheinzitat den Gedanken der Entfremdung deutlich, denn offensichtlich sollten (studierte) Fachmenschen *eigentlich* Geist

und (›gemütliche‹) Genussmenschen ein Herz haben. Das ist ihnen abhanden gekommen.

87 Man könnte diese Dimensionen unterscheiden, doch kann eine Entfremdung der Menschen von etwas dadurch zustande kommen, dass dieses Etwas als »verdinglicht«, und damit bereits verfremdet, begegnet. Für unsere Zwecke kann man sie als verwandt behandeln; Markus 1986.

88 »Wie soll erklärt werden, was Verdinglichung außerhalb der Handlungssphäre des Äquivalententausches heißt, wenn damit allein eine Umdefinition aller Situationsgegebenheiten in ökonomisch kalkulierbare Bezugsgrößen gemeint ist?« (Honneth 2005, 22, ähnlich 67)

89 »Die Selbsterkenntnis des Arbeiters als Ware ist bereits als Erkenntnis praktisch.« (Lukács 1923, 296) Dazu Adorno überaus kritisch: »Absolute Dynamik aber wäre jene absolute Tathandlung, die gewalttätig sich in sich befriedigt und das Nichtidentische als ihre bloße Veranlassung mißbraucht.« (GS 6, 191) Mehr zur Verdinglichung bei Dannemann 1987 oder Henning 2012.

90 Für Marx war Entfremdung der Zustand, in dem »die eigne Tat des Menschen ihm zu einer fremden, gegenüberstehenden Macht wird, die ihn unterjocht, statt daß er sie beherrscht [!]« (MEW 3, 33); Engels mildert später ab: »An die Stelle der Regierung über Personen tritt die Verwaltung von Sachen.« (MEW 20, 262) Wie Weber zeigte, kann auch Verwaltung Herrschaft sein. Technische Kontrolle übt stets auch Macht über Menschen aus (vgl. Habermas 1968).

91 »Das von Kunst erschütterte Subjekt macht reale Erfahrungen; nun jedoch, kraft der Einsicht ins Kunstwerk als Kunstwerk solche, in denen seine Verhärtung in der eigenen Subjektivität sich löst, seiner Selbstsetzung ihre Beschränktheit aufgeht.« (Adorno, GS 7, 401)

92 »Die Menschen, keiner ausgenommen, sind überhaupt noch nicht sie selbst. ... Nicht zuletzt darum ist die Rede von der Selbstentfremdung unhaltbar ..., weil sie mit Vatermiene zu verstehen gibt, der Mensch wäre von einem Ansichseienden, das er immer schon war, abgefallen, während er es nie gewesen ist und darum von Rückgriffen auf seine *archai* nichts zu hoffen hat als Unterwerfung unter Autorität, gerade das ihm Fremde.« (Adorno, GS 6, 274) Das ist insofern merkwürdig, als Entfremdungskritik von Rousseau bis Marx nicht darauf baute, dass es den angestrebten Zustand bereits gegeben hätte; zudem be-

nutzte Adorno das Wort an anderen Stellen ohne Zögern. Mehr zur Entfremdung bei Adorno siehe Becker 1972, 232 ff.; Trebess 2002, 142 ff.; Zein 2006, 109 ff.

93 »Der erfolgreiche Geschäftsmann, der im Inserat eines Konfektionshauses abgebildet ist, demonstriert, wie man sich geben muss und wie man aussehen muss, um auf dem derzeitigen Personalmarkt *big money* zu machen.« (Fromm 1947, 49) Auf solche Partien bezieht sich später Eva Illouz zurück.

94 Die Diagnose kehrt später im Foucaultianismus wieder, etwa bei Ulrich Bröckling, ohne dass diese Richtung sich dieser Kontinuität entsonnen hätte. Fromm etwa bemerkte schon, dass »das Leben als ein Unternehmen betrachtet« wird (1955, 131).

95 Dafür bezieht sich Marcuse auf Brecht zurück (Reitz 2000, 216). Zu Brechts eigenem Rückbezug auf Diderot siehe von Held 2011.

96 Mehr zur Entfremdung bei Marcuse siehe Reitz 2000; Becker 1972, 245 ff.; Rohrmoser 1974, 82 ff.; Meyer 1984, 175 ff., und Zima 2014, 44 f.

97 Obwohl viele Philosophen, die etwas auf sich halten (Adorno inbegriffen), Mikrofone und Kameras eher suchen als scheuen. 1968 war auch Fromm von Bedeutung, da seine frühen Studien zum autoritären Charakter für die anti-autoritäre Bewegung prägend waren. War Fromm wie die Beatles, so war die härtere Droge (die Stones) dann Wilhelm Reich. (Otto Gross wurde erst später entdeckt, dazu Henning 2015, 417 ff.)

98 Das stellt eine Liste von Elementen des guten Lebens dar, wie sie später bei Martha Nussbaum oder anderen Theoretikern eines ›objektiven‹ Glücks wiederkehrt (dazu Henning 2015, 43 f.). Zugleich lassen sich Rückverbindungen zu den vier Dimension des »Wovon« bei Marx ziehen: Liebe und Solidarität betreffen die anderen Menschen, die Kreativität das Verhältnis zum eigenen Gegenstand, die Vernunft die eigene Handlungsweise und die Individualität das »Gattungswesen«. Das demonstriert zugleich, dass auch Marx als Theoretiker eines guten Lebens zu deuten ist.

99 Diese kommentierte Bibliografie muss wiederum auf Bibliografien von Teilaspekten der soziologischen Entfremdungsforschung verweisen, um die schiere Fülle zu bewältigen. Es geht längst nicht mehr nur um Industriearbeit, sondern z. B. auch um Geburtenraten bei Katholiken, Hilfsbereitschaft in der Gruppe oder Rassenunruhen in den USA.

100 Erneut ließe sich die Linie zurück ziehen: Die sinnvolle Tätigkeit bezieht sich auf die Praxis, der Ausdruck auf das Objekt, die Zugehörigkeit auf die anderen, die Autonomie auf ein Gattungsmerkmal.

101 Dazu interessant sind, neben Pauen/Welzer 2015 und Illouz 2006, 115 f., Romane wie *The Circle* (Dave Eggers, 2013) oder TV-Serien wie *Mr. Robot* (Sam Esmail 2015).

102 Es gebe Kritiken erstens an Entzauberung und fehlender Authentizität, zweitens an Unterdrückung und Unfreiheit, drittens an Armut und Ungleichheit und viertens an Egoismus und Erosion der Solidarität (Boltanski/Chiapello 1999, 80).

103 Schon der Titel des Buches zitiert Webers *Protestantische Ethik*, und deutlich klingt Webers Gegensatz zwischen Charisma und veralltäglichter Rationalität an. Der von den Autoren genannte Baudelaire (81) steht politisch *zwischen* Künstler- und Sozialkritik, und der Übersetzer Baudelaires, Stefan George, stand Pate für Webers Bild des charismatischen Führers.

104 Etwa Hochschild 2003, Wolf 2004, Nies/Sauer 2012, zuvor bereits Hodson 1996.

105 Schön dargestellt wurde dieses Phänomen von George Clooney in *Up in the Air* (Jason Reitman 2009). »Gastrointestinal diseases are one of the drastically escalating chronic diseases in the West, afflicting some of those who argue for deregulation in public and many who practice it in private« (Brennan 2003, 30).

106 Lazzarato 2007 vermutet bei Boltanski/Chiapello einen Anti-1968er Affekt. Vielleicht ist dieser auch hier am Werk: »Bei der Lektüre spürt man auch, dass das Buch von einem Ressentiment gegen den Mai '68 durchzogen ist, das seit einigen Jahren quer durch die intellektuellen Eliten Frankreichs seine Bahn zieht.«

107 Eine Freude am Provozieren klingt deutlich an: »Das vorliegende Buch hat unweigerlich Implikationen für die Kritik an der Moderne, doch möchte ich mich an dieser Kritik nicht beteiligen« – obwohl das Buch als solche aufgezogen ist. »Meine Absicht in diesem Buch ist vielmehr, die Kulturwissenschaft von der ›Verdachthermeneutik‹ zu befreien, von der sie viel zu stark gezehrt hat.« (Illouz 2009, 13)

108 »Rogers' ganze Theorie fußte auf der simplen Idee einer Tendenz zur Selbstverwirklichung ... Im Ergebnis lief das darauf hinaus, eine neue Kategorie von Menschen zu definieren: Wer hinter jenen psychologi-

schen Idealen der Selbsterfüllung zurückblieb, war nun krank.« (Illouz 2009, 268 und 270; siehe bereits 2006, 71 f.; zur Kritik daran Henning 2015, Kapitel 4.3)

109 »Und was den heutigen Umgang mit Konsumfetischen, sprich Marken angeht, erfolgt dieser eher im Sinne der *Cultural Studies*, also per Aneignung, und kaum entfremdet.« (Hellmann 2011, 7, Fn.)

110 Illouz meint, »in den Berichten der Menschen lassen sich keine Spuren der Diagnose der Kritischen Theorie finden, welche den Konsum als kulturelle Pathologie beschrieben hat. ... Die Waren behindern und unterdrücken das Ich nicht, sondern dienen vielmehr als nützliches Hilfsmittel.« (Illouz 2003, 186)

111 Für diesen Bruch mit der Selbstinterpretation der Menschen (der sonst der Entfremdungstheorie vorgeworfen wird) bezieht sich Illouz auf Bourdieu. Die jüngere Kritische Theorie versucht solche Brüche eigentlich zu vermeiden (Celikates 2009, 39ff.; siehe Einleitung).

112 Warenfetischismus bei Marx hieß: »Es ist nur das bestimmte gesellschaftliche Verhältnis der Menschen selbst, welches hier für sie die phantasmagorische Form eines Verhältnisses von Dingen annimmt.« (MEW 23, 86) Dass soziale Interaktion nicht zugleich über Gegenstände vermittelt sein kann, ist damit nicht gesagt, im Gegenteil: Auch im nicht-entfremdeten Miteinander spielen Produkte eine Rolle (siehe Kap. 1 und Kap. 6).

113 Ein neueres Buch (Illouz 2012) schränkt die alte, optimistische These weiter ein, wenn es die ökonomisierten »Heiratsmärkte« (nicht ganz frei von Klischees) als ungebremste Spielwiese der Ungleichheit zwischen den Geschlechtern modelliert: Während Männer Bindungsängste pflegten, seien Frauen auf langfristige Sicherheit bedacht.

114 Dass diese Entfremdungsdynamik längst in ›höheren‹ sozialen Sphären angekommen ist, zeigen etwa Cetin u.a. 2009 oder Halbesleben/Clark 2010 (siehe Kap. 1).

115 Illouz nimmt kritisch Bezug auf Hochschild (1983), der sie vorhält, die kritisierte emotionale Arbeit sei gar nichts Verwerfliches, sondern vielmehr eine Errungenschaft der Zivilisation: »Dass man die eigenen Wutanfälle ... unter Kontrolle behalten kann, ist nicht einfach nur die *Folge* einer ›Kommerzialisierung der Gefühle‹ (wie Hochschild und andere behaupten), sondern wesentlicher Bestandteil jeder ernstzunehmenden sozialen Kompetenz.« (2009, 112) Allerdings hatte Hoch-

schild nicht behauptet, dass das Vermögen der Kontrolle eine Folge der Kommerzialisierung ist, sondern dass die Kommerzialisierung die Kontrolle über diese Vermögen *in fremde Hände* legt. Hier behält Hochschild recht, und mit der Therapeutisierung kritisiert ja auch Illouz solch ein Outsourcing. Dass emotionale Kontrolle »viele verschiedene Formen« hat (114), wie Illouz treffend bemerkt, ist für Hochschilds Argument schon vorausgesetzt und taugt daher ebenso wenig als Kritik daran.

116 Es gibt in der Geschichte der Entfremdungstheorie eine aufschlussreiche Parallele: Schon Goldthorpe u.a. (1969) hatten behauptet, durch den gewachsenen Konsum hätten sich Entfremdungserfahrungen deutlich verringert. Diese an Illouz erinnernde These wurde wenig später ebenfalls durch eine Krise über den Haufen geworfen – denn die angeblich zufriedenen Arbeiter, auf die sich die Untersuchung gestützt hatte, begannen wenig später einen Streik (Yuill 2011, 108 Fn.).

117 Alle genannten Autoren (Boltanski, Ehrenberg, Illouz sowie Jaeggi) wurden in prestigeträchtigen Reihen des Frankfurter Instituts für Sozialforschung publiziert. Dabei stimmen die Autoren in wenig mehr überein als in ihrer Ablehnung der älteren Entfremdungskritik, für die das Institut einst berühmt war. Konstruktive Anknüpfungen an diese Tradition sind dort lange nicht mehr publiziert worden, obwohl es ihrer nicht wenige gibt (siehe jüngst Rae 2010, Yuill 2011 oder Thompson 2013).

118 Zima 2014, 22 ff., meint, dass Entfremdung ein »spezifisches Problem der modernen Intellektuellen« sei. Dass primär sie diese *thematisieren*, heißt indes nicht, dass sie nur sie beträfe.

119 Ist dieses Erschrecken nicht nachvollziehbar? Man hat aufgrund der Machtasymmetrie Angst, nun im angetrunkenen Zustand in Diskussionen verwickelt oder am nächsten Morgen aufgezogen zu werden. Jaeggi dagegen denkt von der Dozentin aus und hält diese Angst für verdinglichend, weil sie die Dozentin auf ihre Rolle *als* Dozentin festschreibe – die sie doch weiterhin bleibt, zumal gegenüber Studenten. Ebenso schwer nachzuvollziehen ist, warum die Idee der Ganzheitlichkeit »eine Chimäre und eine falsche Abstraktion« darstellen soll (115) – das meinte ja nicht, dass die »reine Potentialität« nochmals »hinter« den Menschen steht (wie Plessner es verstand), sondern dass es besser ist, wenn eine Person mehr als nur *eine* Anlage entwickelt und ausübt. Warum soll das falsch sein?

120 Diese Interpretation reißt Indifferenz und wahres Schaffen seltsam auseinander. Im Roman ist die Indifferenz Perlmanns nur scheinbar: De facto verfasst er in der Zeit seiner Verzweiflung einen guten Text, und das Selbstmitleid (das bei aller »Indifferenz« der Welt gegenüber nach vorn drängt) erweist sich am Ende als unnötig. Darin spiegelt sich Humboldts Entfremdungsmodell, für das Entfremdung ein nötiger Schritt zur Bildung ist.

121 Was ist mit den Neuerscheinungen zu Hegel, Rousseau, Marx oder Marcuse, die oft Partien zur Entfremdung haben? Was mit anderen Qualifikationsarbeiten zum Thema, etwa Pöttker 1997, Trebess 2002 oder Großheim 2002 – oder den soziologischen Forschungen zum Thema?

122 Unbemerkt bleibt dabei ein Widerspruch zwischen den beiden Kritikstrategien: Wird einmal mit Rawls und Tugendhat gefordert, dass »die Deutungshoheit über das eigene Leben bei den Individuen liegen soll« (Jaeggi 2005, 47), wird wenig später der Glaube an eben diese Subjektivität mit Foucault und Althusser problematisiert (»Der normative Bezugspunkt des autonomen Subjekts ... ist damit in Frage gestellt«, 2005, 50). Diese Kritikpunkte legen sich gegenseitig lahm.

123 Dies war die Befürchtung von Sennett (1998) gegenüber dem »flexiblen Menschen«.

124 »For all the elegance and insight generated by the normative theorists it is their unwillingness either to engage in empirical research of their own, or to develop and assimilate the previously discussed empirical findings, that ultimately limits their effectiveness« (Yuill 2011, 108)

125 Mit Blauner (1965) unterscheidet dies Entfremdung als Sinn- und als Machtlosigkeit.

126 Bereits für Sennett (1998) führt eine erzwungene Freisetzung der Individuen zu einem haltlosen Umherdriften, während nach Moses Hess (1845) die Freiheits-Ideologien marktfunktional waren und uns im Effekt zu Sklaven machten. Zum ›Zuviel‹ an Ungebundenheit (wenn sie einer guten Entwicklung nicht mehr förderlich ist) auch Henning 2015.

127 John Ruskin verlängerte das romantische Ideal des Mittelalters (etwa in *The Stones of Venice* von 1853), Rathenau 1912 formulierte eine Kritik der Mechanisierung, Rifkin 1987 eine der Beschleunigung.

128 Wer mit den Kniffen der Fertigung vertraut ist, vermag sich in der Arbeit Freiheitsspielräume zu erkämpfen. Daher die ständigen Um-

strukturierungen durch das Management: Es will im Wettrennen um Übersicht und Kontrolle vorn liegen. So dient ein Teil der inszenierten Beschleunigung einem Abbau errungener Freiheitsspielräume.

129 Siehe Kap. 6. Es illustrierte die Theorie von Marx, der auf der einen Seite von Unbehaustheit spricht: »Der Arbeiter fühlt sich daher erst außer der Arbeit bei sich und in der Arbeit außer sich. Zu Hause ist er, wenn er nicht arbeitet, und wenn er arbeitet, ist er nicht zu Hause.« (MEW 40, 514). Solange Robocop träumt, ist er bei seiner Frau, als er aufwacht, muss er *arbeiten*; er ist allein mit der Technik, in einem kalten, gleißend hellen Raum. Gleich darauf tritt aber bei Marx die Selbstbestimmung nach vorn: »Seine Arbeit ist daher nicht freiwillig, sondern gezwungen, Zwangsarbeit.« (MEW 40, 514)

130 »However, the Marxist concept of alienation can be productively applied here ... In fact, what women do in the steem cell technologies can be characterised as both productive and reproductive« (Dickenson 2007, 74).

131 Dickenson ist klar, dass eine Marktausweitung neue Probleme brächte. Es kommt ihr nicht auf Kommodifizierung an (die ist bereits erfolgt), sondern auf die Ausweitung der Produzentenrechte. Das Überblenden der ökonomischen Dimension würde die Ausbeutung nur verlängern. »The injustice can therefore be partly put right be recognising a property right in women's labour in ovum donation, provided that the right is limited to ... the right to determine management of the tissue's use« (2007, 78).

132 M. Singh 2003, Khair 2005, Vereranga 2011, Tiwari 2013, A. Singh 2014.

133 Auch Filme dazu enthalten, obwohl sie als kitschige Liebesgeschichten geframt werden, einiges diagnostisches Potenzial (etwa *Outsorced* von Pavlina Hatoupis oder *The Other End of the Line* von James Dodson, beide von 2009).

134 So bei Dasan 2012, 277 f., oder Dasan/Karankal 2014, 104 ff.

135 »The highly interactive, reflexive designer environment can be easily captured and enclosed for private profite« (Giri/Niedhart 2015, 31).

136 Das Buch erfreute sich einer lebendigen Aufmerksamkeit, es wurde in weiteren Forschungsarbeiten benutzt (hervorheben möchte ich die Dissertation von Sebastian Kump 2019 und die Masterarbeit von Eva-Maria Jung 2018); und es erhielt ausführliche Rezensionen, etwa von Ullrich Bauer in der *Kölner Zeitschrift für Soziologie und Sozialpsycho-*

logie 69/2017, 339–343, von Norbert Wohlfahrt auf *Socialnet.de*, 2015; von Robert Fechner in *Zyklos: Jahrbuch für Theorie und Geschichte der Soziologie* 3/2016; oder von Christian Schneickert in der *Philosophischen Rundschau* 64.2/2017. Siehe auch die Hefte zur Entfremdung im *Philosophie-Magazin* 3/2016 und im *Soziologie-Magazin* 2/2017.

137 Dazu inzwischen mehr in Henning 2017a (»Kritik der Politik«, 35–45). Ja, auch das *Kapital* enthält eine Kritik der Entfremdung – darüber gab es bei Veranstaltungen zum Thema immer wieder Diskussionen, dabei ist die Textlage eindeutig: »Die verselbständigte und entfremdete Gestalt, welche die kapitalistische Produktionsweise überhaupt den Arbeitsbedingungen und dem Arbeitsprodukt gegenüber dem Arbeiter gibt, entwickelt sich also mit der Maschinerie zum vollständigen Gegensatz.« (MEW 23, 455, vgl. 596, 635, 674 und öfter) »Wie der Mensch in der Religion vom Machwerk seines eignen Kopfes, so wird er in der kapitalistischen Produktion vom Machwerk seiner eignen Hand beherrscht.« (MEW 23, 649)

138 »[H]ebe ich die Freiheit eines Charakters nicht auf, wenn ich verlange, er solle in der Weise eines anderen Charakters frei sein? [...] Die erste Freiheit der Presse besteht darin, kein Gewerbe zu sein.« (Marx, MEW 1, 70 f.)

139 Dazu nun Quadflieg 2019. Natürlich haben viele Dinge einen Einfluss auf menschliches Handeln, für diese grundstürzende Einsicht musste die Menschheit nicht auf den heiligen Bruno (Latour) warten. Dass eine soziale Interaktion dingvermittelt sein kann, ohne notwendigerweise »entfremdet« zu sein, hat schon das vorliegende Buch dargelegt, siehe S. 112 ff., 124. Bereits Rousseau hatte betont, dass ein Eintauchen in den Eigensinn kultureller Artefakte dem ständigen Sich-nach-anderen-Richten mitunter vorzuziehen sei (siehe S. 40 f.). Zur Kritik der Verdinglichungskritik bereits Henning 2012 (siehe S. 239).

140 Die Politik der Sichtbarkeit habe ich inzwischen näher ausgeführt in Henning 2018a; zur Kritik der Immunisierung siehe Henning 2020b. Eine primär politische Lesart von Entfremdung findet sich bei Sörensen 2016.

141 Scott 2019, siehe zuvor bereits Sahlins 1972.

142 So jedenfalls die Analyse von Fraser 2017 und Demirovic 2018.

143 Siehe dazu meinen Kongressbericht zur Frage des Umgangs mit Rechtspopulisten in der Philosophie (Henning 2019).

144 Darauf haben schon Autoren wie Heinz-Dieter Kittsteiner oder Harald Welzer aufmerksam gemacht. Siehe auch Sorge 2018 über »Aggressives Fahrzeugdesign«. Man könnte also von einer Aggro-Industrie sprechen, der auch Grenzwerte für Abgase nichts gelten (Stichwort Dieselgate).

145 So der Titel einer AfD-Dokumention auf youtube (»AfD klärt auf«); siehe *Zeit Online* vom 29.9.2019 (»AfD will Widerstand gegen Klimaschutzpläne zu neuem Hauptthema machen«).

146 Siehe kritisch Vogel 1996; Vetlesen 2015. Mehr mit Adorno anfangen kann Cook 2011.

147 Lasch 1979; Bloom 1987; und Kimball 1990. Heute stößt in dasselbe Horn Lilla 2017. Natürlich gab es auch liberale und linke Kritiken am Poststrukturalismus, man denke an Autoren wie Manfred Frank oder Jan Rehmann.

148 *Pars pro toto* wären zu nennen Altner 1974, Jonas 1979 oder das grandiose Werk von Améry 1976 – grandios, weil es zahlreiche Diskussionen vorwegnimmt, die noch Jahrzehnte später aktuell sind, und dabei vortrefflich pointiert.

149 Wiederum *pars pro toto* seien genannt Morton 2007, Braidotti/Dolphijn 2017 oder Purdy 2018.

150 Zur Kritik an Bruno Latour als Säulenheiligem dieser trendigen De-Naturierung siehe Henning 2020a. Zum sogenannten »neuen Materialismus«, der sich aus poststrukturalistischen Denkmustern heraus erneut (wenn auch seltsam idealistisch schillernd) der Materialität zu versichern versucht, siehe inzwischen Bueno/Henning/Rosa 2020.

151 Siehe dazu neuerdings Saito 2016 sowie bereits Foster 2000.

152 Es gibt heute mehr Sklaven als zu Zeiten der legalen Sklaverei (Kara 2017). Baptist 2016 zeigt, dass es innerhalb der Baumwoll-Sklaverei in den Südstaaten Zonen gab, wo Sklaven im beschränkten Rahmen souverän über Ihre Zwangsarbeit bestimmen konnten, was dann jedoch durch die Einführung eines modernen Personalmanagements radikal ausgetrieben wurde – und darin liegen die Wurzeln des US-amerikanischen Industriekapitalismus.

153 Diesen Gedanken habe ich näher ausgeführt in Henning 2020c. Zur Perfektionierung siehe die interessante empirische Studie von Wagner 2017 sowie das Lehrbuch (!) von Fenner 2019.

154 Solche heideggerianischen Tendenzen gibt es sowohl in der neuen politischen Philosophie, wo »die Politik« als solche unter Verdacht gestellt und ihr »das« geheimnisvoll »Politische« abstrakt gegenübergestellt wird (nicht zufällig landet man mit solchen Zaubertricks beim Verführer Carl Schmitt), als auch in der pauschalen Polemik Bruno Latours gegenüber der bisherigen Ökologiebewegung, die durch einen mythisierenden Kultus um »Gaia« ersetzt wird. Man begegnete ähnlichen Taschenspielertricks auch in der Polemik gegen die Rede von Selbstverwirklichung, an deren Stelle ein fluides und proteisches Selbst treten soll, das sich stets verändert und nie mit sich identisch ist (also auch nicht mehr verlässlich und zurechenbar sein muss – das erinnert an ein Wunschbild des narzisstischen Größen-Selbst, so bereits Lasch, siehe Fn. 147).

155 Das würde zugleich das Programm von Joachim Ritter weiterführen, der den Geisteswissenschaften nicht die Aufgabe zugewiesen hatte, das, was ohnehin geschieht, mit einer beruhigenden Begleitmusik zu versehen (so das verbreitete Missverständnis), sondern vielmehr die, sich der harmonisierenden und darin entfremdenden Aufbereitung so vieler Sinngehalte entgegenzustellen. Dazu inzwischen Henning 2017b.

Literatur

Empfehlungen des Autors sind mit einem Stern* versehen.

0. Überblicksliteratur zur Entfremdung

Geyer, Felix/David Schweizer (Hg.): Theories of Alienation: Critical Perspectives in Philosophy and the Social Sciences, Leiden 1976.

Großheim, Michael: Politischer Existentialismus. Subjektivität zwischen Entfremdung und Engagement, Tübingen 2002.

Hüllen, Jürgen: Entfremdung und Versöhnung als Grundstruktur der Anthropologie, Freiburg/München 1982.

Meyer, Heinz: Alienation, Entfremdung und Selbstverwirklichung, Hildesheim 1984.

Morris, Warren F.: Escaping Alienation. A Philosophy of Alienation and Dealienation, Lanham 2002.

Rotenstreich, Nathan: Alienation. The Concept and its Reception, Leiden 1989.

Ritz, E.: Entfremdung, in: Historisches Wörterbuch der Philosophie, Basel 1972, Band 2, 509–525.

*Trebess, Achim: Entfremdung und Ästhetik. Eine begriffsgeschichtliche Studie und eine Analyse der ästhetischen Theorie Wolfgang Heises, Stuttgart 2001.

Schacht, Richard: Alienation, New York 1971.

ders.: The Future of Alienation, Chicago 1994.

Schrey, Heinz-Horst (Hg.): Entfremdung, Darmstadt 1975.

Schuller, Hermann: Die Logik der Entfremdung. Versuch zu einer wissenschaftlichen Grundlegung der Entfremdungstheorie, Regensburg 1991.

Skempton, Simon: Alienation after Derrida, London/New York 2010.

Zein, Huda: Entfremdung als Form der Vergesellschaftung. Zur Kritik abstrakter Praxis, Diss. Freiburg 2006.
Zima, Peter V.: Entfremdung. Pathologien der modernen Gesellschaft, Tübingen 2014.
Zurek, Adam: Psychologie der Entfremdung: Eigen, fremd, entfremdet, Asanger 2007.

1. Einleitung: Reden über Entfremdung

Anders, Günther: Die Antiquiertheit des Menschen (1956), Band 1, München 1992.
*Brennan, Teresa: Globalisation and its Terrors, London/New York 2003.
Bronfenbrenner, Martin: A Harder Look at Alienation, in: Ethics 83 (1973), 267–282.
Celikates, Robin: Kritik als soziale Praxis. Gesellschaftliche Selbstverständigung und kritische Theorie, Frankfurt/M. 2009.
Cetin, Catan u. a.: Is Alienation only a Problem for the Blue-Collar Workers? A Research on the Alienation of White-Collar Workers in the Age of Information and in the Banking Sector, The Journal of Financial Researches and Studies I.1 (2009), 121–127.
Geißler, Heike: Saisonarbeit, Leipzig 2014.
Halbesleben, Jonathan/Sara Clark: The Experience of Alienation among Temporary Workers in High-Scill Jobs: A Qualitative Analysis of Temporary Firefighters, in: Journal of Managerial Issues 12.4 (2010), 531–545.
*Hochschild, Arlie: The Time Bind: When Work becomes Home and Home becomes Work, New York 1997.
dies.: The Outsorced Self: What Happens When We Pay Others to Live Our Lives for Us, New York 2012.
Hume, David: Of National Characters (1742), in ders.: Essays, Moral, Political, and Literary, Indianapolis 1987, Part I, Essay XI.
Ifeagwazi, Chuka Mike u. a.: Alienation and Psychological Wellbeing: Moderation by Resilience. In: Social Indicators Research 120.2 (Jan. 2015), 525–544.

Lee, A. McLung: An Orbituary of Alienation, in: Social Problems 20.1 (1972), 121–127.
Lytkina, Ekatarina: Anomie and Alienation in the Post-Communist Area: A Reapplication of the Middleton Scale in Russia and Kazakhstan. Higher School of Economics Research Paper No. WP BRP 32/PSY/2015.
Riesman, David: Die einsame Masse. Eine Untersuchung der Wandlungen des amerikanischen Charakters, Darmstadt u.a. 1956.
Schultheis, Franz u.a. (Hg.): Ein halbes Leben. Biographische Zeugnisse aus einer Arbeitswelt im Umbruch, Konstanz 2010.
Spivak, Gayatri C.: Can the Subaltern Speak? (1988), in: Bill Ashcroft u.a. (Hg.): The Postcolonial Studies Reader, London 1995, 66–104.
Titmuss, Richard: The Gift Relationship: From Human Blood to Social Policy, London 1970.
Weber, Christian: Gehöre ich noch hierher? Entfremdung (Reihe: Gemischte Gefühle), Süddeutsche Zeitung vom 11.12.2010.

2. Außer-sich-Sein als Ausnahmezustand: Entfremdung bei Rousseau

Alt, Ernst: Zum Entfremdungsbegriff: Der theoretische Ansatz bei Rousseau, Frankfurt/M. 1982.
Batson, Dan: Altruism in Humans, Oxford 2011.
Campbell, Sally Howard: Rousseau and the Paradox of Alienation, Lanham 2012.
Durkheim, Émile: Montesquieu et Rousseau, précurseurs de la sociologie (1892), deutsch (Auszug) in: L. Heisterberg (Hg.): Émile Durkheim, Frühe Schriften zur Begründung der Sozialwissenschaft, Darmstadt/Neuwied: Luchterhand, 85–128.
Ferrara, Alessandro: Modernity and Authenticity. A Study of the Social and Ethical Thought of Jean-Jacques Rousseau, Albany, NY 1993.
Fetscher, Iring: Rousseaus politische Philosophie. Zur Geschichte des demokratischen Freiheitsbegriffs, Frankfurt/M. [3]1975.
Helvétius: Vom Menschen, seinen geistigen Fähigkeiten und seiner Erziehung (1772), hrsg. von Günther Mensching, Frankfurt/M. 1972.

*Marks, Jonathan: Perfection and Disharmony in the Thought of Jean-Jacques Rousseau, Cambridge 2005.

Müller, Friedrich: Entfremdung. Folgeprobleme der anthropologischen Begründung der Staatstheorie bei Rousseau, Hegel, Marx, Berlin [2]1985 (inzwischen in neuer Auflage: [3]2012).

*Neuhouser, Frederik: Pathologien der Selbstliebe. Freiheit und Anerkennung bei Rousseau, Berlin 2012.

Rousseau, Jean-Jacques: *Abhandlung über die Wissenschaften und Künste* (Erster Diskurs, 1750) und *Ursprung und Grundlagen der Ungleichheit* (Zweiter Diskurs, 1755), in: ders.: Sozialphilosophische und Politische Schriften, München 1981, 4–35 und 41–161.

ders.: Vom Gesellschaftsvertrag (1762a), a.a.O., 269–392.

ders.: Emil oder über die Erziehung (1762b), Paderborn 1993.

ders.: Träumereien eines einsam Schweifenden (verfasst 1776–1778), Berlin 2012.

Schmid, Bruno: Sittliche Existenz in ›Entfremdung‹. Eine Untersuchung zur Ethik Jean-Jacques Rousseaus, Düsseldorf 1983.

Schor, Juliet: Plenitude. The New Economics of True Wealth, New York 2010.

*Spelsberg, Karoline: Entfremdung und Ausdruck in der Philosophie Jean-Jacques Rousseaus, Erlangen 2012.

Starobinski, Jean: Rousseau: Eine Welt von Widerständen, München 1988.

*Sturma, Dieter: Jean-Jacques Rousseau, Berlin/München 2001.

Thoreau, Henry D.: Walden oder Leben in den Wäldern (1854), Zürich 2007.

3. Schiller, Humboldt, Fichte: Kunst und Bildung als Gegenentfremdung

Becker, Franz Josef: Freiheit und Entfremdung bei Fichte, Marx und in der kritischen Theorie, Köln 1972.

Bollenbeck, Georg: Eine Geschichte der Kulturkritik von J. J. Rousseau bis G. Anders, München 2007.

*Buck, Günther: Rückwege aus der Entfremdung. Studien zur Entwicklung der deutschen humanistischen Bildungsphilosophie, Paderborn/München 1984.

Fichte, Johann Gottlieb: Sämmtliche Werke, hrsg. von Immanuel H. Fichte, VIII Bände, Berlin 1845.

Heine, Heinrich: Zur Geschichte der Religion und Philosophie in Deutschland (1834), in: Werke in Fünf Bänden, fünfter Band, Berlin/Weimar 1991, 5–146.

Humboldt, Wilhelm von: Ideen zu einem Versuch, die Grenzen der Wirksamkeit des Staates zu bestimmen (1792), in: ders.: Schriften zur Sprache, Neu-Isenburg 2008, 553–662.

ders.: Theorie der Bildung des Menschen (1793), in: ders.: a.a.O., 899–906.

ders.: Über die innere und äußere Organisation der höheren wissenschaftlichen Anstalten in Berlin (1809), in: Gelegentliche Gedanken über Universitäten, hrsg. von Ernst Müller, Leipzig 1990, 273–283.

Mook, Anette: Die freie Entwicklung innerlicher Kraft. Die Grenzen der Anthropologie in den frühen Schriften der Brüder von Humboldt, Göttingen 2012.

Nolte, Ernst, Selbstentfremdung und Dialektik im deutschen Idealismus und bei Marx, Diss. Freiburg 1952.

Rancière, Jacques: Die Aufteilung des Sinnlichen. Die Politik der Kunst und ihre Paradoxien, Berlin 2006.

Schelling, Friedrich W.J.: System des transzendentalen Idealismus (1800), in: Ausgewählte Schriften I, Frankfurt/M. 1985, 395–702.

Schelsky, Helmut: Einsamkeit und Freiheit. Idee und Gestalt der deutschen Universität und ihrer Reformen, 2. Auflage, Düsseldorf 1971.

Schiller, Friedrich: Über die ästhetische Erziehung des Menschen (1795), Mit Kommentar von Stefan Matuschek, Frankfurt/M. 2009.

Schmitz, Hermann: Die entfremdete Subjektivität: Von Fichte zu Hegel, Bonn 1992.

Spivak, Gayatri C.: An Aesthetic Education in the Era of Globalisation, Cambridge, MA 2012.

*Willms, Bernard: Die totale Freiheit: Fichtes politische Philosophie, Köln 1967.

4. Hegel: Aufhebung und Verstärkung der Entfremdung im System

Barboza, Amalia: Distanzierung als Beruf: Karl Mannheims soziologischer Ansatz als ›Innovationstendenz‹ der deutschen Soziologie, in:

dies./Christoph Henning (Hg.): Deutsch-jüdische Wissenschaftsschicksale, Bielefeld 2006, 232–255.
Esping-Andersen, Gosta: The Three Worlds of Welfare Capitalism, Princeton 1990.
Hegel, Georg Wilhelm Friedrich: Werke in 20 Bänden, Frankfurt/M. 1986.
Honneth, Axel: Leiden an Unbestimmtheit. Eine Reaktualisierung der Hegelschen Rechtsphilosophie, Stuttgart 2001.
*Nicolaus, Helmut: Hegels Theorie der Entfremdung, Heidelberg 1995.
Ritter, Joachim: Hegel und die französische Revolution (1956), in: ders.: Metaphysik und Politik. Erweiterte Neuausgabe, Frankfurt/M. 2003, 183–233 .
Rohrmoser, Günter: Subjektivität und Verdinglichung. Theologie und Gesellschaft im Denken des jungen Hegel, Gütersloh 1961.
Siep, Ludwig: Der Weg der Phänomenologie des Geistes. Ein einführender Kommenter zu Hegels ›Differenzschrift‹ und ›Phänomenologie des Geistes‹, Frankfurt/M 2000.
*Stekeler, Pirmin: Hegels Phänomenologie des Geistes. Ein dialogischer Kommentar, 2 Bände, Hamburg 2014.
Taylor, Charles: Hegel (1975), Frankfurt/M. 1978.
Thomä, Dieter: Hegel, Diderot, Hobbes. Überschneidungen zwischen Politik, Ästhetik und Ökonomie. In: Internationale Hegel-Vereinigung (Hg.): Freiheit. Stuttgarter Hegel Kongress 2011, Frankfurt/M. 2013, 167–194.

5. Gott und Geld: Ludwig Feuerbach und Moses Hess

Feuerbach, Ludwig: Das Wesen des Christentums (1841), Sämtliche Werke 6, Stuttgart 1960 (Ausgabe letzter Hand). Zitate aus der Erstausgabe (Leipzig 1841) werden eigens vermerkt.
Hess, Moses: *Die eine und ganze Freiheit* (1843) und *Philosophie der Tat* (1843), in: Einundzwanzig Bögen aus der Schweiz, Leipzig 1989, 178–184 und 426–252.
ders.: *Das Geldwesen* (1845) und *Die letzten Philosophen* (1845), in: Sozialistische Aufsätze 1841–1847, hrsg. von Theodor Zlocisti, Berlin 1921, 159–187 und 188–206.

Lademacher, Horst: Moses Hess in seiner Zeit, Bonn 2012.
*Löwith, Karl: Von Hegel zu Nietzsche. Der revolutionäre Bruch im Denken des neunzehnten Jahrhunderts (1941), Hamburg 1995.
Sailer, Jan: Das ›gute Leben‹ im Kapitalismus. Aristotelische Gerechtigkeit und der Marxsche Bewertungsmaßstab, Basel 2014 (151–169 zur Entfremdung bei Feuerbach).
Weckwerth, Christine: Ludwig Feuerbach zur Einführung, Hamburg 2002.
Weiß, Volker: Moses Hess. Rheinischer Jude, Revolutionär, früher Zionist, Köln 2015.

6. Karl Marx: Selbstbestimmte Entwicklung und radikale Praxis

Althusser, Louis: Für Marx (1965), Berlin 2011.
Bartky, Sandra L.: Narcissism, Femininity and Alienation, und Janet Slatger: The Concept of Alienation and Feminism, in: Social Theory and Practice 8.2 (1982), 127–143 und 155–164.
*Eberlein, Undine: Einzigartigkeit. Das romantische Individualitätskonzept der Moderne, Frankfurt/M. 2000.
Elbe, Ingo: Entfremdete und abstrakte Arbeit, in: Oldenburger Jahrbuch für Philosophie 2012, Oldenburg 2014 (http://www.rote-ruhr-uni.com/cms/IMG/pdf/Entfremdete_Arbeit.pdf)
Frey, Michael: Autonomie und Aneignung in der Arbeit. Eine soziologische Untersuchung zur Vermarktlichung und Subjektivierung von Arbeit, München 2009.
Friedan, Betty: Der Weiblichkeitswahn, oder die Mystifizierung der Frau, Reinbek 1966.
Habermas, Jürgen: Technik und Wissenschaft als Ideologie, Frankfurt/M. 1968.
ders.: Der philosophische Diskurs der Moderne, Frankfurt/M. 1985.
Haraway, Donna: The Cyborg Manifesto (1985), in: The Haraway Reader, New York 2004, 321–341.
Heinrich, Michael: Die Wissenschaft vom Wert: Die Marxsche Kritik der politischen Ökonomie zwischen wissenschaftlicher Revolution und klassischer Tradition, Münster 2001.

Henning, Christoph: Philosophie nach Marx. 100 Jahre Marxrezeption und die normative Sozialphilosophie der Gegenwart in der Kritik, Bielefeld 2005.
Lamb, Robert: Adam Smith's Concept of Alienation, in: Oxford Economic Papers 25.2 (1973), 275–285.
Marx, Karl/Friedrich Engels: Marx Engels Werke (MEW), Berlin 1956 ff.
*Meszárós, István: Der Entfremdungsbegriff bei Karl Marx, München 1973.
Oppolzer, Alfred A.: Entfremdung und Industriearbeit: Die Kategorie der Entfremdung bei Marx, Köln 1974.
Popitz, Heinrich: Der entfremdete Mensch. Zeitkritik und Geschichtsphilosophie des jungen Marx, Frankfurt/M. 1967.
Quante, Michael: Karl Marx: Ökonomisch-Philosophische Manuskripte (mit Kommentar), Frankfurt/M. 2009.
Schumann, Michael: Das Jahrhundert der Industriearbeit, Weinheim 2013.
Sennett, Richard: Handwerk, Berlin 2008.
Sichler, Ralph: Autonomie in der Arbeitswelt, Göttingen 2006.
Smith, Adam: Reichtum der Nationen (1776), Paderborn 2005.
Swain, Dan: Alienation: An Introduction to Marx's Theory, London 2012.
*Wood, Alan: Karl Marx, New York 2004.

7. Kritik der Entfremdungskritik: Simmel, Plessner und Gehlen

Accarino, Bruno: Phantasia certissima facultas. Entfremdung und Phantasie in der philosophischen Anthropologie, in: Hans Joas/Joachim Fischer (Hg.): Kunst, Macht und Institution (Festschrift für K. S. Rehberg), Frankfurt/M. 2003, 17–34.
Bolz, Norbert: Auszug aus der entzauberten Welt. Philosophischer Extremismus zwischen den Weltkriegen, München 1989.
Brinkmann, Heinrich: Methode und Geschichte: Die Analyse der Entfremdung in Georg Simmels ›Philosophie des Geldes‹, Gießen 1974.
Carlyle, Thomas: Past and Present (1843), Collected Works, London 1869, Band XII.
Fischer, Joachim: Exzentrische Positionalität. Plessners Grundkategorie der philosophischen Anthropologie, in: Deutsche Zeitschrift für Philosophie 48.2 (2000), 265–288.

Gehlen, Arnold: Der Mensch, seine Natur und seine Stellung in der Welt (zuerst 1940). Gesamtausgabe 3.1–2, Frankfurt/M. 1993.

*ders.: Über die Geburt der Freiheit aus der Entfremdung (1952), in: ders.: Gesamtausgabe 4, Frankfurt/M. 1983, 366–379.

ders., Anthropologische Forschung. Zur Selbstbegegnung und Selbstentdeckung des Menschen, Reinbek 1961.

Lethen, Helmut: Verhaltenslehren der Kälte. Lebensversuche zwischen den Kriegen, Frankfurt/M. 1994.

Marquard, Odo: Schwierigkeiten mit der Geschichtsphilosophie, Frankfurt/M. 1973.

Plessner, Helmuth: Grenzen der Gemeinschaft (1924), Gesammelte Schriften V, Frankfurt/M. 1981, 7–133.

ders.: Die Stufen des Organischen und der Mensch. Einleitung in die philosophische Anthropologie (1928), Berlin/New York 1975.

ders.: Das Problem der Öffentlichkeit und die Idee der Entfremdung (1960), in: Gesammelte Schriften X, Frankfurt/M. 1985, 212–226.

ders.: Homo absconditus / Selbstentfremdung, ein anthropologisches Theorem? (1969), in: ders.: Die Frage nach der Conditio Humana. Aufsätze zur philosophischen Anthropologie, Frankfurt/M. 1976, 138–158.

Pöttker, Horst: Entfremdung und Illusion: Soziales Handeln in der Moderne, Tübingen 1997.

Radkau, Joachim: Das Zeitalter der Nervosität. Deutschland zwischen Bismarck und Hitler, München 1998.

*Rehberg, Karl-Siegbert: Existentielle Motive im Werk Arnold Gehlens. ›Persönlichkeit‹ als Schlüsselkategorie der Gehlenschen Anthropologie und Sozialtheorie, in: Helmut Klages/Helmut Quaritsch (Hg.): Zur geisteswissenschaftlichen Bedeutung Arnold Gehlens, Berlin 1994, 491–530.

*Rohrmoser, Günter: Marxismus und Menschlichkeit, Freiburg/Br. 1974.

Rügemer, Werner: Philosophische Anthropologie und Epochenkrise. Studie über den Zusammenhang von allgemeiner Krise des Kapitalismus und anthropologischer Grundlegung der Philosophie am Beispiel Arnold Gehlens, Köln 1979.

Simmel, Georg: Philosophie des Geldes (1900), Gesamtausgabe Bd. 6, Frankfurt/M. 1989.

ders.: Soziologie. Untersuchungen über die Formen der Vergesellschaftung (1908), Gesamtausgabe Bd. 11, Frankfurt/M. 1992.

ders.: Wandel der Kulturformen (1916), in: Brücke und Tür: Essays, Stuttgart 1957, 95–104.
ders.: Begriff und Tragödie der Kultur (1919), in: Gesamtausgabe Band 14, Frankfurt/M. 1996, 385–416.
Wöhrle, Patrick: Metamorphosen des Mängelwesens. Werk und Wirkung Arnold Gehlens, Frankfurt/M. 2010.

8. Soziologische Entfremdungstheorien: Vom Webermarxismus zur Empirie

Adorno, Theodor W.: Gesammelte Schriften (zitiert als GS), Frankfurt/M. 2003.
Bendix, Hans: Herrschaft und Industriearbeit. Untersuchungen über Liberalismus und Autokratie in der Geschichte der Industrialisierung (1956), Frankfurt/M. 1960.
*Blauner, Robert: Alienation and Freedom: The Factory Worker and his Industry, Chicago 1964.
Dannemann, Rüdiger: Das Prinzip Verdinglichung. Studie zur Philosophie Georg Lukács', Frankfurt/M. 1987.
Fromm, Erich: Die Furcht vor der Freiheit (1941), München 2010.
ders.: Psychoanalyse und Ethik. Bausteine zu einer humanistischen Charakterologie (1947), in: Gesamtausgabe 2, Stuttgart 1980, 1–157.
*ders.: Wege aus der kranken Gesellschaft. Eine sozialpsychologische Untersuchung (1955), München 1991.
Goldthorpe, John H. u. a.: The Affluent Worker in the Class Structure, Cambridge 1969.
Habermas, Jürgen: Die Dialektik der Rationalisierung. Vom Pauperismus in Produktion und Konsum (1954), in: Arbeit, Erkenntnis, Fortschritt. Aufsätze 1954–1970, Amsterdam 1970, 7–30.
Henning, Christoph: Verdinglichung in der Anerkennungstheorie und im Marxismus, in: Christian Lotz u.a. (Hg.): Ding und Verdinglichung. Technik- und Sozialphilosophie nach Heidegger und der kritischen Theorie, München 2012, 243–272.
Hennis, Wilhelm: Max Webers Fragestellung. Studien zur Biographie des Werks, Tübingen 1987.

Honneth, Axel: Verdinglichung. Eine anerkennungstheoretische Studie, Frankfurt/M. 2005.
*Israel, Joachim: Der Begriff Entfremdung. Makrosoziologische Untersuchung von Marx bis zur Soziologie der Gegenwart, Reinbek 1972 (die seltene erste Ausgabe ist weit besser als die zweite).
Junker, Jean-Pierre: Entfremdung von der Rolle: Ein Nachtrag zu Goffmans Konzept der Rollendistanz, Diss. Bern 1971.
Lukács, Georg: Geschichte und Klassenbewußtsein. Studien über marxistische Dialektik, Wien 1923.
*Marcuse, Herbert: Der eindimensionale Mensch. Studien zur Ideologie der fortgeschrittenen Industriegesellschaft (1964), München 1994.
ders.: Versuch über Befreiung, Frankfurt/M. 1969.
Markus, György: Entfremdung und Verdinglichung bei Marx und Lukács, in: Rüdiger Dannemann (Hg.): Georg Lukács jenseits der Polemiken. Beiträge zur Rekonstruktion seiner Philosophie, Frankfurt/M. 1986, 71–104.
Mills, Charles Wright: Menschen im Büro. Ein Beitrag zur Soziologie der Angestellten (1951), Köln 1955.
Minssen, Heiner: Arbeits- und Industriesoziologie: Eine Einführung, Berlin 2006.
Nair, Nisha/Neharika Vohra, The concept of alienation: towards conceptual clarity, in: International Journal of Organizational Analysis 20.1 (2012), 25–50.
Nisbet, Robert A.: The Sociological Tradition (1966), New Jersey 2004.
Radkau, Joachim: Max Weber: Die Leidenschaft des Denkens, München/Wien 2005.
Rathenau, Walther: Zur Kritik der Zeit, Berlin 1912.
Reitz, Charles: Art, Alienation, and the Humanities. A Critical Engagement with Herbert Marcuse, Albany 2000.
Schluchter, Wolfgang: Die Entzauberung der Welt. Sechs Studien zu Max Weber, Tübingen 2009.
Seeman, Melvin: On the Meaning of Alienation, in: American Sociological Review 24.6 (1959), 783–791, übersetzt in: Schrey 1975.
ders.: Alienation Studies, in: Annual Review of Sociology 1 (1975), 91–123.
von Held, Phoebe: Alienation and Theatrality: Diderot after Brecht, London 2011.

Wagner, Peter: Sozialwissenschaften und Staat. Frankreich, Italien, Deutschland 1870–1980, Frankfurt/M. 1990.

Weber, Max: *Der Sozialismus* (1918), in: Gesammelte Aufsätze zur Soziologie und Sozialpolitik, 490–518.

ders.: Wissenschaft als Beruf (1919), in: Gesammelte Aufsätze zur Wissenschaftslehre, Tübingen 1988, 581–613.

ders.: Gesammelte Aufsätze zur Religionssoziologie I (1920), Tübingen 1988.

ders.: Wirtschaft und Gesellschaft, Tübingen 1922.

ders.: Gesammelte Politische Schriften, München 1969.

*Yuill, Chris: Forgetting and Remembering Alienation Theory, in: History of the Human Sciences 24.2 (2011), 103-119.

9. Falsche Aufhebung oder Potenzierung der Entfremdung? Zu neueren Debatten

Berlin, Isaiah: Two Concepts of Liberty (1958), in: ders.: Four Essays on Liberty, Oxford 1990.

DesRoches, Brian: Your Boss is not your Mother. Creating Autonomy, Respect, and Success at Work, New York 1995.

Dooley, David et al.: Underemployment and Depression: Longitudinal Relationships, in: Journal of Health and Social Behaviour 41.4 (2000), S. 421-436.

Ehrenberg, Alain: Das Unbehagen in der Gesellschaft, Berlin 2011.

ders.: Das erschöpfte Selbst. Depression und Gesellschaft in der Gegenwart, 2. Auflage, Frankfurt/M. 2015.

Foucault, Michel: Freiheit und Selbstsorge, Frankfurt/M. 1993.

Graefe, Stefanie: Formierte Gefühle, erschöpfte Subjekte, in: Cornelia Koppetsch (Hg.): Nachrichten aus den Innenwelten des Kapitalismus, Wiesbaden 2011, 139–154.

Hartmann, Kathrin: Wir müssen leider draußen bleiben. Die neue Armut in der Konsumgesellschaft, München 2012.

Hellmann, Kai-Uwe: Fetische des Konsums. Studien zur Soziologie der Marke, Wiesbaden 2011.

Henning, Christoph: Freiheit, Gleichheit, Entfaltung: Die politische Philosophie des Perfektionismus, Frankfurt/M. 2015.

Hochschild, Arlie R.: The Managed Heart. Commercialization of Human Feeling, Berkeley 1983.

*dies.: The Commercialization of Intimate Life: Notes from Home and Work, Berkeley 2003.

Hodson, Randy: Dignity in the Workplace under Participative Management: Alienation and Freedom Revisited, in: American Sociological Review 61.5 (1996), 719–738.

Honneth, Axel: Organisierte Selbstverwirklichung. Paradoxien der Individualisierung, in: ders. (Hg.): Befreiung aus der Mündigkeit. Paradoxien des gegenwärtigen Kapitalismus, Frankfurt/M. 2002, 141–158.

Illouz, Eva: Der Konsum der Romantik. Liebe und die kulturellen Widersprüche des Kapitalismus, Frankfurt/M. 2003.

dies.: Gefühle in Zeiten des Kapitalismus. Adorno Vorlesungen 2004, Frankfurt/M. 2006.

dies.: Die Errettung der modernen Seele. Therapien, Gefühle und die Kultur der Selbsthilfe, Frankfurt/M. 2009.

dies.: Warum Liebe weh tut: Eine soziologische Erklärung, Berlin 2012.

Jaeggi, Rahel: Entfremdung. Zur Aktualität eines sozialphilosophischen Problems, Frankfurt/M. 2005.

dies.: Kritik von Lebensformen, Berlin 2013.

Jerich, Lisbeth: Bournout: Ausdruck der Entfremdung, Graz 2008.

*Karger, Howard J.: Burnout as Alienation, in: Social Service Review 55.2 (1981), 270–283.

*Lazzarato, Maurizio: Die Missgeschicke der »Künstlerkritik« und der kulturellen Beschäftigung, in: Gerald Raunig/Ulf Wuggenig (Hg.): Kritik der Kreativität, Wien 2007, 190–206.

Liebl, Frank: Die Leute nicht für blöd halten. Depression und die Strategien ihrer Vermarktung, in: Carl Hegemann (Hg.): Kapitalismus und Depression, 3 Bde., Berlin 2001, III, 113-141.

Neckel, Sighard/Greta Wagner (Hg.): Leistung und Erschöpfung. Burnout in der Wettbewerbsgesellschaft, Berlin 2013.

Nies, Sarah/Dieter Sauer: Arbeit – mehr als Beschäftigung? Zur arbeitssoziologischen Kapitalismuskritik, in: Klaus Dörre u. a. (Hg.): Kapitalismustheorie und Arbeit. Neue Ansätze soziologischer Kritik, Frankfurt/M. 2012, 34-62.

Pauen, Michael/Welzer, Harald: Autonomie: eine Verteidigung, Frankfurt/M. 2015.
*Pearlin, Leonard: Alienation from Work: A Study of Nursing Personnel, in: American Sociological Review 27.3 (1962), 314–326.
Pines, Ayala u. a.: Ausgebrannt. Vom Überdruss zur Selbstentfaltung, Stuttgart 1983.
Rau, Renate u. a.: Untersuchung arbeitsbedingter Ursachen für das Auftreten von depressiven Störungen, Dortmund 2010.
Schor, Juliet: The Overspent American: Why We Want What We Don't Need, New York 1999.
*dies.: Born to Buy, New York 2004.
Thompson, Michael J.: Alienation as atrophied Moral Cognition and its Implications for Political Behavior, in: Journal for the Theory of Social Behaviour 43.3 (2013), 301–321.
Wolf, Harald: Arbeit, Autonomie, Kritik, in: Joachim Beerhorst u. a. (Hg.): Kritische Theorie im gesellschaftlichen Strukturwandel, Frankfurt/M. 2004, 227–242.

10. Zwischen Nostalgie und Freiheit: Zur Zukunft der Entfremdungskritik

Dasan, M. u. a. (Hg.): The Oxford India Anthology of Malayam Dalit Writing, Oxford 2012.
Dasan, M./Rajesh Karankal (Hg.): Counter Cultural Discourse and Dalit Literature in India, Jaipur 2014.
Dickenson, Donna: Property in the Body: Feminist Perspectives, Cambridge 2007.
Giri, Saroj/Anna Niedhart: Who works for Whom under the Conditions of Technology?, Platoon Magazine 1/2015, 30–33.
Hasan, Anjum: Neti, Neti: Not this, Not this (Roman), New Delhi 2009.
Khair, Tabish: Babu Fictions. Alienation in Contemporary Indian English Novels, New Delhi 2005.
Patel, Reena: Working the Night Shift. Women in India's Call Center Industry, Stanford 2010.

*Rae, Gavin: Alienation, Authenticity and the Self, in: History of the Human Sciences 23.4 (2010), 21–36.
*Raghuram, Sumita: Identities on Call: Impact of Impression management on Indian Call Center Agents, in: Human Relations 66.11 (2013), 1471–1496.
Rifkin, Jeremy: Time Wars. The Primary Conflict in Human History, New York 1987.
Rosa, Hartmut: Weltbeziehungen im Zeitalter der Beschleunigung. Umrisse einer neuen Gesellschaftskritik, Berlin 2012.
*ders.: Beschleunigung und Entfremdung, Berlin 2013.
Shantz, Amanda u. a.: Alienation from work: Marxist ideologies and twenty-first-century practice. In: The International Journal of Human Resource Management 25.18 (2012), 2529–2550.
Singh, Archana: Alienation and Estrangement in the Novels of Nayantara Sahgal, New Delhi 2014.
Singh, M. D.: Problems of Alienation in post-independence Indo-anglican Fiction, Bareilly 2003.
Tiwari, Sandhya: Displacements and alienation of Indian diaspora in the selected works of Chitra Divakaruni, Bharati Mukherjee and Jhumpa Lahiri, New Delhi 2013.
Veeranga, Sarita: Alienation and beyond. Recent Indian fiction: Kamala Markandaya, Anita Desai, Arun Joshi, Kiran Desai, Chetan Bhagat, Aravind Adiga, New Delhi 2011.
*Weber, Wolfang: Call Center, in: Christoph Henning (Hg.): Marxglossar, Berlin 2006, 55–68.

Nachwort zur zweiten Auflage: Weiterungen

Altner, Günter: Schöpfung am Abgrund: Die Theologie vor der Umweltfrage, Neukirchen-Vluyn 1974.
Améry, Carl: Natur als Politik. Die ökologische Chance des Menschen, Rowohlt 1976.
Baptist, Edward E.: Towards a Political Economy of Slave-Labour: Hands, Whipping-Machines, and Power, in: Sven Beckert/Seth Rockman (Hg.):

Slavery's Capitalism. A New History of American Economic Development, Philadelphia 2016, 31–60.
Bloom, Allan: The Closing of the American Mind, New York 1987.
Braidotti, Rosi/Rick Dolphijn (Hg.): Philosophy after Nature, London 2017.
Bueno, Arthur/Christoph Henning/Hartmut Rosa (Hg.): Critical Theory and New Materialism(s), Abingdon 2020.
Cook, Deborah: Adorno on Nature, Durham 2011.
Demirovic, Alex: Autoritärer Populismus als neoliberale Krisenbewältigungsstrategie, in: PROKLA. Zeitschrift für Kritische Sozialwissenschaft 48/2018, 27-42.
Fenner, Dagmar: Selbstoptimierung und Enhancement: Ein ethischer Grundriss, Tübingen 2019.
Foster, John B.: Marx's Ecology: Materialism and Nature, New York 2000.
Fraser, Nancy: Vom Regen des progressiven Neoliberalismus in die Traufe des reaktionären Populismus, in: Die große Regression, hrsg. von Heinrich Geiselberger, Berlin 2017.
Grober, Ulrich: Die Entdeckung der Nachhaltigkeit: Kulturgeschichte eines Begriffs, München 2013.
Henning, Christoph: Marx und die Folgen, Stuttgart 2017a.
ders.: Aristotelismus von links. Joachim Ritters Marxlektüren und ihre Bedeutung für sein weiteres Werk, in: Mark Schweda/Ulrich von Bülow (Hg.): Zur Aktualität Joachim Ritters und seiner Schüler, Göttingen 2017b, 91–111.
ders./Hartmut Rosa (Hg.): Good life Beyond Growth: New Perspectives, Abingdon 2017.
ders.: Marx und die Monster des Marktes: Kleine Philosophische Bilderkunde, in: Allgemeine Zeitschrift für Philosophie 3/2018a, 353–374.
ders.: Welches Selbst in der Selbstverwirklichung? Zum Status qualitativer Individualität bei Axel Honneth, in: Magnus Schlette (Hg.): Ist Selbstverwirklichung institutionalisierbar? Axel Honneths Freiheitstheorie in der Diskussion, Frankfurt/M. 2018b, 105–134.
ders.: Meinungsfreiheit als Politikum. Über eine Arbeitstagung der DGPhil zum Rechtspopulismus in der Universität, in: Information Philosophie 2/2019, 113-120, ausführlicher in DGPhil-Mitteilungen 44/2019.
ders./Franz Schultheis/Dieter Thomä: Kreativität als Beruf. Soziologisch-philosophische Erkundungen aus der Welt der Künste, Bielefeld 2019.

ders.: Politics of Nature, left and right: Comparing the Ontologies of Georg Lukács and Bruno Latour, in: Michael J. Thompson (Hg.): Georg Lukács and the Possibility of Critical Social Ontology, Boston 2020a, 289–317.

ders.: Gegenstands-, Darstellungs- und Immunisierungskritik: Drei Ebenen der Kritik bei Marx und in der Kritischen Theorie, erscheint in: Studia Philosophica 2020b.

ders.: Philosophischer Perfektionismus als Kritik des sozialen Perfektionierungs-drangs: Interdisziplinär sortierende Überlegungen, in: ders./ Catrin Heite/Veronika Magyar (Hg.): Perfektionierung (Zürcher Begegnungen 3), Wiesbaden: VS 2020c.

Immler, Hans: Natur in der ökonomischen Theorie, Wiesbaden 1985.

Jonas, Hans: Das Prinzip Verantwortung: Versuch einer Ethik für die technologische Zivilisation, Frankfurt/M. 1979.

Jung, Eva-Maria: Arbeits- und Lebenssituation von Hochqualifizierten: Eine explorative Untersuchung aus vier entfremdungstheoretischen Perspektiven, Masterarbeit Innsbruck 2018.

Kara, Siddarth: Modern Slavery: A Global Perspective, New York 2017.

Kimball, Roger: Tenured Radicals: How Politics has corrupted our Higher Education, New York 1990.

Kothari, Ashish: Towards radical alternatives to development, in: Henning/Rosa 2017, 251–262.

Kump, Sebastian: Zur Arbeits- und Entfremdungstheorie von Karl Marx, Hannah Arendt und Günther Anders, Mainz 2019.

Lasch, Christopher: The Culture of Narcissism: American Life in an Age of Diminishing Expectations, New York 1979.

Lilla, Mark: The Once and Future Liberal: After Identity Politics, New York 2017.

Mau, Steffen: Das metrische Wir. Über die Quantifizierung des Sozialen, Berlin 2017.

Morton, Tim: Ecology without Nature: Rethinking Ecological Aesthetics, Cambridge, Mass. 2007.

Purdy, Jerediah: After Nature: A Politics for the Anthropocene, Cambridge, Mass. 2018.

Quadflieg, Dirk: Vom Geist der Sache: Zur Kritik der Verdinglichung, Frankfurt/M. 2019.

Sahlins, Marshall: Stone Age Economics, Chicago 1972.

Saito, Kohei: Natur gegen Kapital: Marx' Ökologie in seiner unvollendeten Kritik des Kapitalismus, Frankfurt/M. 2016.

Schor, Juliet B.: Plenitude: The Economics of True Wealth, London 2010.

Scott, James C.: Die Mühlen der Zivilisation: Eine Tiefengeschichte der frühesten Staaten, Berlin 2019.

Sörensen, Paul: Entfremdung als Schlüsselbegriff einer kritischen Theorie der Politik, Baden-Baden 2016.

Sorge, Nils-Victor: Aggressives Fahrzeugdesign: Manche Autos wirken wie eine geladene Waffe, in: Der Spiegel, 13.9. 2018.

Vetlesen, Arne Johan: The Denial of Nature: Environmental Philosophy in the Era of Global Capitalism, Abingdon 2015.

Vogel, Steven: Against Nature: The Concept of Nature in Critical Theory, Albany 1996.

Wagner, Greta: Selbstoptimierung: Kritik und Praxis von Neuroenhancement, Frankfurt/M. 2017.

Personenregister*

* *erstellt von Sarah Al-Taher*

Sachregister

Christoph Henning ist Fellow für Philosophie am Max-Weber-Kolleg der Universität Erfurt und Privatdozent an der Universität St. Gallen (Schweiz). Von ihm erschienen 2015 *Freiheit, Gleichheit, Entfaltung: Die politische Philosophie des Perfektionismus* (Campus) sowie eine englische Übersetzung seiner *Philosophie nach Marx* als Paperback (Haymarket Books). 2017 erschien *Marx und die Folgen*, 2019 ein Gemeinschafts-Buch über Kunst und Arbeit. Zahlreiche Herausgaben und Aufsätze zur praktischen und politischen Philosophie, zur Wirtschaftsphilosophie sowie zur kritischen Theorie.